C·H·Beck

Bärbel Kerber und Gabriela Häfner

Das innere Korsett

*Wie Frauen dazu erzogen werden,
sich ausbremsen zu lassen*

C.H.Beck

Originalausgabe

Verlag C.H.Beck oHG, München 2015
Satz: Druckerei C.H.Beck, Nördlingen
Druck und Bindung: Pustet, Regensburg
Umschlaggestaltung: Geviert, Grafik & Typografie, Michaela Kneißl
Printed in Germany
ISBN 978 3 406 67529 4

www.bcck.dc

Inhaltsverzeichnis

Vorwort

Denken wir nicht alle, heutzutage ein Mädchen zu sein, das ist klasse!? Doch um das Selbstbild von Mädchen und weiblichen Teenagern ist es nicht gut bestellt, wie eindrücklich ein Videoclip zeigt, der vor einiger Zeit im Internet die Runde machte. Die Aufgabe war, «wie ein Mädchen» – «Like A Girl» – zu agieren. Kinder und Jugendliche wurden gebeten, vor der Kamera nachzumachen, wie Mädchen rennen und wie Mädchen einen Ball werfen. Das Ergebnis geht unter die Haut: Die Jugendlichen bewegen sich daraufhin ungelenk, kichernd und tapsig. Insbesondere die weiblichen Jugendlichen ziehen sich mit affigen Bewegungen selbst ins Lächerliche. Viel selbstbewusster hingegen zeigen sich die 6- bis 10-jährigen Mädchen, die konzentriert bei der Sache sind und ihr Bestes geben, ohne auch nur einen Hauch ins Groteske abzudriften. Offensichtlich passiert während der Pubertät etwas Entscheidendes: Im Übergang vom Kind zum Teenager merken viele, dass «ein Mädchen sein» heißt, schwach zu sein.

Das Video wurde innerhalb weniger Wochen über 45 Millionen Mal angeklickt. Es scheint einen Nerv getroffen zu haben. So wie das Video zeigt, dass Mädchen im Laufe ihrer Entwicklung unsicher werden, so ist zu beobachten, wie sich Frauen später im Leben freiwillig hinten anstellen und ihre Ziele begraben, statt diese voller Elan zu verfolgen. Dieses Buch will die Mechanismen aufdecken, die dafür verantwortlich sind, dass Mädchen in der Teenagerzeit entmutigt werden und im Erwachsenenalter nicht vorankommen. Denn wir sind davon überzeugt, dass es hier einen direkten und häufig übersehenen Zusammenhang gibt. «Es fängt in der Kindheit an und hört nie auf»,[1] wie die Autorin Soraya Chemaly sagt.

Vor einigen Jahren fiel uns eine Studie[2] in die Hände, die uns fassungslos machte. Sie zeigt auf, wie weibliche Teenager im Zuge ihrer Pubertät an Vertrauen in die eigenen Fähigkeiten, an Ich-Stärke und Selbstbewusstsein verlieren. Die Mädchen werden zögerlich und verstummen, während die Jungen mit stolzgeschwellter Brust an ihnen vorbeiziehen. Wir waren schockiert und konnten es nicht wirklich glauben: Am Anfang des 21. Jahrhunderts plagen sich Mädchen und junge Frauen mit Selbstzweifeln, obwohl sie heute mehr Rechte denn je haben, ihre Schulabschlüsse besser als die der Jungen sind und alle Zeichen auf Frauenförderung stehen. Wir recherchierten weiter. Könnte es sein, dass es mit diesem Schwinden des Selbstvertrauens zu tun hat, weshalb sich Frauen im Erwachsenenalter so schwer damit tun, aus dem Schatten der Männer herauszutreten und ihre Ziele mit derselben Vehemenz wie diese zu verfolgen? Vor allem wollten wir wissen, woran es denn genau liegt, dass die Mädchen an Selbstbewusstsein einbüßen.

Wir stießen auf eine Menge «heimlicher Erzieher», die maßgeblich beeinflussen, wie Frauen sich selbst sehen, was sie meinen zu können und was nicht, wie viel sie sich zutrauen und welche Rolle Frauen glauben, in der Gesellschaft zu spielen. Es beginnt schon in der frühesten Kindheit, in der Erziehung durch Eltern und Lehrer, und setzt sich fort durch die Medien, die Werbung, die Berufswelt, die Politik und die Konsumwelt. Dort überall wird ein Frauenbild gezeichnet, das – ohne dass wir uns dem entziehen könnten – unser Selbstbild formt. Und dieses Bild ist erstaunlich rückständig. Es bedient die ewig alte Leier von den duldsamen und disziplinierten Mädchen, den für Fürsorge und Herzenswärme zuständigen Frauen, die sich möglichst angepasst im Hintergrund aufhalten – und bei allem, was sie tun, möglichst sexy und hübsch auszusehen haben.

Und so passiert es, dass ausgerechnet unsere erfolgreichsten Fußballerinnen meinen, sie müssten ihre Attraktivität besonders hervorheben, indem sie für Marketingaktionen vor laufender Kamera Make-up auflegen und sich bauchnabelfrei in sexy Pose vor dem Fußballtor ablichten lassen. Diese Weiblichkeitsinszenierung soll beweisen, dass sie – weil Profifußball immer noch als «männlich» gilt – ganz Frau geblieben sind. Doch damit nehmen Kim Kulig, Fatmire Bajramaj, Simone Laudehr und ihre Mitspielerinnen in Kauf, dass ihre sportlichen Leistungen in den Hintergrund gedrängt werden. Indem sie versuchen, dem weiblichen Idealbild zu entsprechen, lassen sie es zu, dass ihr Wunsch, als ernst zu nehmende Fußballerinnen wahrgenommen zu werden, in weite Ferne rückt.[3]

Es geht uns in diesem Buch darum, den Blick für die Rollenklischees zu schärfen, die heutzutage fast unmerklich in tieferen Schichten unseres Bewusstseins weiterleben und Frauen auf Äußerlichkeiten reduzieren. Die Botschaften kommen still und heimlich daher und setzen sich in unseren Köpfen fest. Sie flüstern, Mädchen seien weniger bedeutsam, ihr logisches Denkvermögen sei geringer, sie bekämen später ohnehin Kinder und blieben zu Hause. Wir sind geprägt von den Erziehern und Erzieherinnen, die Mädchen nicht auf Bäume klettern lassen, weil sie sich sonst schmutzig machen; von den Lehrern und Lehrerinnen, die Schülerinnen vor allem für Fleiß und Ordnungsliebe loben und Schüler für ihre Intelligenz; von den Eltern, die kämpferische Söhne abtun mit den Worten «Jungen sind halt so» und ihre Töchter zum Nachgeben animieren. Wir haben die Bilder der TV-Serien im Kopf, in denen das alleinige Lebensziel der Heldinnen die Jagd auf Prinz Charming ist und die sonst keine weiteren Interessen zeigen; von den lasziv und dümmlich dreinschauenden Models auf den Werbeplakaten und von Prinzessin Lilifee. Diese Erfahrungen und Erlebnisse formen unser weibliches Selbstbild, sie schränken uns ein und hemmen uns in der Entfaltung unserer Möglichkeiten und Potenziale, unserer Ziele und Wunschvorstellungen von einem gelungenen Leben.

Emanzipation ist erst dann erreicht, wenn Frauen nichts mehr davon abhält, das zu tun, was sie wirklich möchten – nur weil sie eine Frau sind. Doch wir kommen immer noch zu oft vom Weg ab, trauen uns zu wenig zu, weil wir denken, wir müssten uns auf eine bestimmte Weise verhalten, um als weiblich zu gelten. Aus Angst, unweiblich zu wirken, verbringen wir mehr Zeit mit dem überkritischen Betrachten unseres Spiegelbildes als mit dem Verfolgen der Interessen, für die unser Herz brennt. Aus Furcht, aus dem Raster «Frau» zu fallen, stecken wir mehr Energie in den Haushalt und die Familie, als wir möchten – und halten dem Partner den Rücken frei, statt seinen «fair share» einzufordern.

Es ist jedoch nicht etwa «die Schuld» der Gesellschaft oder gar der Männer, dass Frauen nicht selbstbewusster ihre Möglichkeiten ausschöpfen, sondern liegt mindestens ebenso an den Beschränkungen, die sich Frauen selbst auferlegen, weil sie durch den Einfluss der heimlichen Erzieher selbst zu glauben beginnen, sie seien schwächer oder weniger durchsetzungsfähig und weniger analytisch. Es gibt eine Vielzahl an Fallen, welche die Selbstwahrnehmung der Frauen so beeinflussen, dass diese ihre eigenen Anliegen weniger ernst nehmen und sich eher nach anderen richten. Unsere Beobachtungen haben unsere Hoffnung dahingehend, dass sich Chancengleichheit durch Regeln, Vorschriften und Gesetze wie die zur Frauenquote erreichen lässt, gedämpft. Denn diese – auch wenn sie eine wichtige Signalwirkung haben – können die Haltungen gegenüber Frauen und die Erwartungen an sie nicht maßgeblich verändern. Hierfür müssen wir uns der Denkmuster bewusst werden, in denen wir alle (!) noch sehr verhaftet sind. Dann kann es Mädchen auch gelingen, ihre eigenen Ambitionen stärker wahrzunehmen und zu verfolgen.

Wir bewerten in diesem Buch bestimmte Lebenswege von Frauen weder als «richtig» oder «falsch», noch geht es uns um die Debatte, ob und in welcher Form wir heute den Feminismus noch brauchen. Diese Debatte wird schon in anderen Büchern zur Genüge geführt.[4] Uns liegt vielmehr daran, die Augen dafür zu öffnen, was dahinterstecken mag, wenn Frauen sich ausgebremst fühlen und nicht weiterkommen. Natürlich gilt das, was wir in diesem Buch beschreiben, nicht für alle Frauen. Ohne Frage gibt es eine Reihe von Frauen, die unbeirrt und erfolgreich ihren Weg gehen und selbstbewusst in den Vordergrund treten. Leider ist dies jedoch nicht die Mehrheit. Insofern sind die Verallgemeinerungen, die wir in diesem Buch immer wieder vornehmen, zwar nicht ganz korrekt, aber wohl legitim. Alle, die sich in unserem Buch nicht wiedererkennen und rufen: «Bei mir klappt das alles prima, ich habe keine Probleme», mögen bitte Nachsicht walten lassen und berücksichtigen, dass es uns hier um diejenigen geht, die unzufrieden sind mit dem Status quo und die sich in einer Lebenssituation wiederfinden, die sie in dieser Weise nicht wollten, und die sich fragen, wie es dazu kommen konnte.

«Ich habe lange gezögert, ein Buch über die Frau zu schreiben. Das Thema ist ärgerlich, besonders für die Frauen; außerdem ist es nicht neu. Im Streit um den Feminismus ist schon viel Tinte geflossen, zur Zeit ist er fast beendet.»[5] Das schrieb Simone de Beauvoir 1949 im Vorwort zu ihrem Buch «Das andere Geschlecht». Sie hat wohl nicht geahnt, wie viel mehr Tinte und Druckerpatronen es noch brauchen würde, um die Rolle und die Schwierigkeiten der Frauen zu ergründen. Bis heute.

Bärbel Kerber und Gabriela Häfner
Berlin, im September 2014

1. Das große Rätseln

Was wollen Frauen? Was auch immer eine Frau hierauf antworten könnte – für die Kinder da sein, Karriere machen, Bundeskanzlerin oder Fußballweltmeisterin werden, heiraten oder die Scheidung einreichen –, sie darf es. Das war beileibe nicht immer so, wie uns aktuell die amerikanische Kultserie «Mad Men» vor Augen führt. Als Don Draper – der smarte Held der Story, die in die 1960er Jahre zurückblendet – einmal darüber grübelt, was Frauen eigentlich wollen, wovon sie träumen, was ihre Ansprüche, aber auch Nöte sind, antwortet ihm ein anderer Mann, geradezu zeitsymptomatisch: «Wen kümmert's?»[1] Von dieser Haltung sind wir gefühlte Lichtjahre entfernt. Denn inzwischen kümmert es jede und jeden, die Bedürfnisse von Frauen hell auszuleuchten. Es sind bereits unzählige Debattenbücher erschienen, die sich damit beschäftigen, ob Frauen ihr Leben heute genauso gestalten können, wie sie es selbst gerne möchten. In Talkshows wird über die Frauenquote diskutiert und täglich versuchen neue Zeitungsartikel, das «Rätsel Frau» aufzuschlüsseln: Tickt *sie* anders als *er*? Brennen Frauen wirklich ebenso darauf, Karriere zu machen, wie es Männer tun, oder haben sie andere Ambitionen? Brauchen wir mehr Kita-Plätze? Helfen sie den Frauen, beruflich besser Fuß zu fassen? Oder ist uns das Betreuungsgeld doch lieber, weil es weniger Druck macht, alles perfekt und zugleich in den Griff bekommen zu müssen?

Niemand kann ernsthaft behaupten, unsere heutige Gesellschaft würde die Frauen und ihre Belange ausblenden oder sich nicht um ihre Berufs- und Karriereträume, ihre Kinderwünsche und Alltagsprobleme scheren. Und doch stehen wir vor einem Rätsel: Frauen genießen zwar inzwischen die gleichen Rechte und Freiheiten wie Männer, nutzen diese aber keineswegs so, wie es zu erwarten wäre. Keiner schreibt einer Frau heute vor, wie sie zu leben habe, und dennoch landen Frauen fortlaufend dort, wo sie im Grunde auch schon zu «Mad Men»-Zeiten ihre Rolle fanden: Sie sorgen sich um die Kinder, um ihr Aussehen und darum, das Essen auf den Tisch zu bringen. Sie landen wie selbstverständlich in den schlechter bezahlten Jobs und stehen – trotz herausragender Talente – im Schatten der Männer, die das Geld nach Hause bringen und die Chefposten besetzen. Aktuelle Studien zur Gleichstellung von Mann und Frau zeigen auf, dass auch heute noch vieles nach diesem Schema abläuft, auch wenn einige wenige «Vorzeigebeispiele» an weiblichen Karrierewegen darüber hinwegtäuschen, dass nach wie vor ein Großteil der Frauen nach den Rollenbildern der 1950er und 1960er Jahre lebt.

Dieses Buch möchte die Augen dafür öffnen, was genau hier eigentlich passiert – unmerklich, aber folgenreich: Wir blicken noch lange nicht in gleicher Weise auf eine Frau wie auf einen Mann. Bereits in jungen Jahren haben wir in- und auswendig gelernt, wie *sie* «eben so ist» – und wie dagegen *er*. Und als Erwachsene stoßen wir immer wieder auf diese unterschwelligen Erwartungshaltungen, die früh verinnerlicht wurden. Die unbewussten Annahmen und Vorurteile bremsen Frauen aus, denn wie Forscher herausfanden, wirken sich die Unterschiede in den Rollenvorgaben von Mann und Frau stark auf unser Verhalten aus und spiegeln sich in den gesellschaftlichen Optionen, die sich uns öffnen, wider. So können Männer heute noch immer ihre Fähigkeiten und Interessen besser behaupten, Frauen hingegen gelingt das im familiären wie im beruflichen Leben deutlich schlechter: Sie fordern weniger, stecken schneller zurück, werden mit ihren Talenten nicht genauso ernst genommen und landen immer wieder in der zweiten Reihe.

Als im Rahmen einer Studie 100 Psychologen zwei an sich völlig identische Lebensläufe einschätzen sollten – der eine

unter einem männlichen Vornamen vorgelegt, der andere unter einem weiblichen –, schnitt der männliche bei den Gutach-
tern signifikant besser ab. Die Akademiker sollten benennen,
hinter welcher Vita die geeignete Person für eine Stellenbeset-
zung zu finden sei, und sie hielten zu 75 Prozent den Mann für
geeignet, weniger als 50 Prozent trauten der Frau den Job zu.[2]
Wie Bildungsforscher erklären, schreiben Mädchen in der
Schule heute zwar die besseren Noten, können diesen Vorsprung im Berufsleben aber schlecht für sich nutzen.

Viele Frauen sind davon überzeugt, ihre berufliche Stagnation hätte nur mit ihnen selbst zu tun, mit ihren persönlichen
Fähigkeiten und individuellen Möglichkeiten sowie den Entscheidungen, die sie in ihrem Leben getroffen haben. Dieses
Buch möchte zeigen, dass die Ursachen woanders zu suchen
sind und mit Rollenbildern zu tun haben, die uns von klein
auf eingeprägt werden. Auch heute noch impfen wir unseren
Kindern, oft ohne es zu merken, gängige Rollenmuster ein: Jungen sind wild, erobern die Welt und haben Technikverstand,
Frauen dagegen sind schön, sensibel und kümmern sich am
liebsten um den Heimsupport in Küche und Kinderzimmer.

In «Mad Men» gibt es einen Dialog, in dem eine Sekretärin
einer jungen Kollegin erklärt, wie die brandneue Schreibma-
schine funktioniert: «Es sieht kompliziert aus, aber die Männer
haben sie so erfunden und konstruiert, dass auch wir Frauen
sie bedienen können.»[3] So «weit weg» uns diese Argumen-
tation auf den ersten Blick erscheint, ist genau dies das Prinzip,
nach dem uns der heutige Markt verstärkt wieder mit Produkten, insbesondere auch technischer Art überschwemmt, die
«speziell für Frauen gemacht» sind. Da werden Navigations-
geräte namens «pink nüvi» und Notebooks mit einem Display
entwickelt, das per Knopfdruck zum Spiegel wird – für das
Lippenanmalen. Vor einiger Zeit ging ein namhafter Compu-
terhersteller mit einem Portal online, das «Tech Tipps» für
Frauen bereithielt: Damit diese auf ihrem Laptop Kochrezepte
sortieren, Yoga-Videos abspielen oder schnell per Mausklick

eine Diätseite im Netz finden können. Das Wort «Arbeitsspeicher» konnte man lange suchen.[4]

Vielleicht liegt genau hier der Reiz einer Sendung wie «Mad Men»: Sie konfrontiert uns mit Fragen rund um unsere Rolle als Frau, die uns noch immer beschäftigen. Längst gähnt zwar beim Wort «Feminismus» alles müde auf, junge Frauen halten die Frauenquote für überflüssig und das Thema Gleichstellung für bürokratiewütig, doch auch wenn Frauen bereits alle Türen in unserer Gesellschaft offen zu stehen scheinen, erweist sich ihre angebliche Wahlfreiheit im Realitycheck schnell als Farce.[5] Wir sollten kritisch in unsere Gesellschaft hineinleuchten. Wenn nämlich Geschlechterrollenbilder eine so erstaunliche Macht über uns haben, wie Forscher ganz klar belegen können, liefert uns das, was sich in unseren Konsum-, Medien- und Spielzeugwelten abspielt, überraschende Erklärungen, warum Frauen noch immer ihre Potenziale schlecht ausschöpfen können.

«Eine einzige Werbepause reicht, um den jahrzehntelangen Emanzipationsprozess zunichtezumachen»,[6] brachte die Komikerin Hella von Sinnen es einmal auf den Punkt, während ähnlich kritisch eine andere Stimme resümierte: «Vielleicht hat meine Generation, die das Projekt Emanzipation als weitgehend abgeschlossen übernommen hat, nicht so genau hingeschaut, aber was wir Frauen uns in den letzten zwei Jahrzehnten alles haben aufdrücken lassen, wäre schon eine mittelgroße Revolte wert: Waxingstudios und Schamlippenverkleinerung, Size zero und tot gehungerte Laufsteg-Mädchen, ‹Germany's next Topmodel›, Fettunterspritzung und Botox. Schlauchboot-Lippen und Hair-Extensions. Highheels als Daseinszweck und Shapeware für alle.»[7] Was Frauen wollen? Angesichts der widersprüchlichen Botschaften und Erwartungen, mit denen auf Frauen zugegangen wird, erscheint es ergiebiger, nicht zu fragen, wie diese leben wollen, sondern wie sie heute immer noch nicht leben können und was sie daran hindert.

2. Starke Frauen, schwache Bilanz

2.1 Die nackten Fakten

Sie gehört zu den Kindern, *er* ans Steuer von Politik und Wirtschaft: So denkt heute keine und keiner mehr – zumindest nicht laut. Wer möchte daran zweifeln, dass wir als Frauen längst emanzipiert sind? Ganze 100 Jahre Frauenbewegung liegen hinter uns und seit mehr als 25 Jahren gibt es sogar ein Bundesfrauenministerium, das sich für die Chancengleichheit der Geschlechter einsetzt. Was wurde nicht alles auf den Weg gebracht: Mutterschutz, Krippenplätze, Wiedereinstiegshilfen, Frauenfördergesetz, die Frauenquote – um nur ein paar Maßnahmen zu nennen. Gerne wird betont, wie sehr sich unsere Gesellschaft bereits ins Zeug geworfen hat, um Frauen beruflich zu fördern.

Für eine Weile waren wir damit zufrieden, versöhnt und geblendet von einigen wenigen Beispielen an erfolgreichen Superfrauen wie Angela Merkel, Margot Käßmann oder Friede Springer, die uns permanent signalisierten: «Geht doch!» Mit dem allmählichen Aufstieg von Frauen in so manche Spitzenposition unserer Gesellschaft griff ein neues, befreites Lebensgefühl um sich: Die Gleichberechtigung ist erreicht. Unser Land wird von einer Kanzlerin regiert und auch anderswo sitzen Frauen in Führungsrollen: Sheryl Sandberg als Geschäftsführerin bei Facebook, Christine Lagarde beim Internationalen Währungsfonds und Ursula von der Leyen, die uns im Amt als Verteidigungsministerin hierzulande gerade vor macht, wie man, eine Kinderschar im Rücken, die Truppen unserer Bundeswehr dirigiert. Als im Januar 2014 die amerikanische Topmanagerin Mary Barra dazu noch an die Spitze von General Motors trat, schien sogar die allerletzte Denkbastion, wo Frauen hingehören und wo nicht, in unseren Köpfen gefallen. Ein Raunen ging prompt durch die Medien, diese Berufung sei «ein Signal, ein Meilenstein der Gleichberechtigung».[1] Zum ersten Mal legte ein bedeutender Autohersteller die Schlüssel seines Erfolges vertrauensvoll in weibliche Hände. Für die Frauen scheint es also doch ausgesprochen super zu laufen.

Auch diese selbst glauben das zunehmend. Zwischen 1996 und 2008 waren relativ konstant über 70 Prozent der Frauen noch der Ansicht, nicht wirklich gleichberechtigt zu leben. Heute meint das nur noch jede Zweite.[2] In diesen Zahlen spiegelt sich auch der schleichende Verdacht, Frauen seien bereits das «neue starke Geschlecht». Es stimmt zwar, dass Mädchen in der Schule lernwilliger als Jungen auftreten, die besseren Noten schreiben, seltener sitzen bleiben und erfolgreicher das Abitur absolvieren. Selbst im Hochschulstudium können sie meist gut auftrumpfen – doch was passiert dann? Unseren gängigen Medienbildern zufolge geht es für die Frauen immer so weiter. «Frauen erweitern heute beständig ihr Terrain, werden Pilotinnen, Jägerinnen, fliegen zum Mond und leben seit der sexuellen Revolution auch ihr Liebesleben selbstbestimmt»,[3] lesen wir etwa in der Zeitung. «Die Power-Frauen erobern Davos», wurde uns über ein Jahrestreffen des Weltwirtschaftsforums in den Medien berichtet. «Die Alphafrauen sind die neuen Stars»,[4] heißt es.

Umso größer fällt die Ernüchterung aus, wenn wir einen Blick in die zahllosen Gleichstellungsstudien werfen, die uns ein vollkommen anderes Bild aufzeichnen: Deutschland fällt bei der Gleichberechtigung zurück – so zeigt etwa der «Global Gender Gap Report» auf.[5] Dieser Bericht wird alljährlich vom Weltwirtschaftsforum erstellt und führt uns vor Augen, wie chancenreich Frauen in verschiedenen Ländern dastehen, was ihre Erwerbsmöglichkeiten, die Besetzung von Führungsjobs und ihre politische Teilhabe angeht (neben dem Zugang zu Bildung und Gesundheit). Als der Bericht im Jahr 2006 erstmals vorgelegt wurde, war Deutschland noch auf Platz 5 – seitdem rutschen wir kontinuierlich ab, zuletzt auf Platz 14 im Ranking. Beim Thema Lohngleichheit landete Deutschland im Jahr 2013 auf Platz 93 von 136 und war damit «fast gleichauf mit Iran».[6] Inzwischen sind im Gesamtvergleich sogar Länder wie die Philippinen (Platz 5) oder auch Nicaragua (Platz 10) an uns vorbeigezogen. Und auch die deutschen Hochschulen schneiden in mancherlei Hinsicht verblüffend schlecht ab: Unser studentischer Nachwuchs ist zwar heute so weiblich wie noch nie zuvor, doch andernorts studieren eben noch mehr Frauen als bei uns (Platz 101 von 136).[7]

Allen Mühen zum Trotz kommen wir also dennoch nicht vom Fleck. Dies bekräftigen auch andere Studien: Bei einem Vergleich von 34 OECD-Ländern landete Deutschland vor zwei Jahren in puncto Kinderkriegen, Gleichberechtigung und Rentengerechtigkeit auf dem allerletzten Platz.[8] Nirgendwo anders in Europa liegt beispielsweise der Verdienst von Frauen und Männern so weit auseinander wie bei uns – weil Frauen öfter zu Jobs greifen, die schlechter bezahlt sind, und häufiger im Beruf pausieren oder kürzer treten, um für die Familie zu sorgen.[9] Es wird meist darauf verwiesen, dass Frauen dadurch durchschnittlich um 22 Prozent weniger Stundenlohn einstecken,[10] doch jüngst veröffentlichte das Deutsche Institut für Wirtschaftsforschung (DIW), dass die Einkommenslücke zwischen Mann und Frau hierzulande um vieles größer ist, als bisher angenommen: Frauen verdienen tatsächlich nur halb so viel wie Männer, wenn man nicht auf den Stundenlohn blickt, sondern auf die Einkommensverteilung insgesamt. Das DIW hatte sich erstmalig die gesamte Lohn- und Einkommenssteuerstatistik vorgenommen und getrennt nach Geschlecht ausgewertet. Das Ergebnis ist frappierend: Bei den Arbeitsverdiensten bis 25 000 Euro sind die Frauen, wie zu erwarten war, in der übergroßen Mehrheit zu finden, daneben erreichen sie nur halb so oft ein mittleres Bruttoeinkommen von 40 000 Euro, und bei den Top-Verdiensten ab 75 000 Euro sind sie höchstens noch zu 20 Prozent und weniger vertreten.[11] Der Unterschied zeugt davon, wie weit Frauen noch von den Einkommensmöglichkeiten von Männern entfernt sind.

«Wirtschaftsfeminismus»

Die Schriftstellerin Juli Zeh merkte in einem Interview einmal skeptisch an, Frauen seien heute zwar stärker berufstätig als früher, doch sei es damit nicht getan: «Arbeiten oder gar Karriere zu machen, bedeutet ja nicht automatisch, emanzipiert zu sein»,[12] platzte es der Autorin heraus. Solange im Hintergrund noch die uralten Rollenzuweisungen regieren, es also die Frauen sind, die täglich den Müll runterschleppen, die Kinder aus der Kita holen und den Staub aus den Ecken kehren, sei wenig gewonnen. Für Juli Zeh sind die Doppel- und Dreifachbelastungen, die Frauen inzwischen mit Laptop hier, Windeltüten da und mit schlechter ökonomischer Bilanz aus beidem auf sich nehmen, kein Zeichen ihrer Emanzipation, sondern ein klarer Beleg dafür, dass irgendetwas schiefläuft.

Längst äußern zumindest vereinzelte Frauenstimmen ihren Unmut darüber, dass einige Fragen der Gleichberechtigung noch gar nicht gestellt sind. Zwar sind Frauen heute auf dem Arbeitsmarkt präsent, doch reicht das Arbeiten allein schon aus, um von Gleichberechtigung sprechen zu können? Oder steuern wir damit nur auf einen «Wirtschaftsfeminismus» zu? Man könne den Eindruck gewinnen, unsere Geschlechterdebatte habe im Grunde nur noch ein Thema: «Wie können Frauen möglichst zackig in die Wirtschaft reinstalliert werden und wie vereinbart man das mit den Kindern»,[13] so warf unlängst Antonia Baum in einem Artikel in der *Frankfurter Allgemeinen Zeitung* ein. In diesem kritisierte die Journalistin den allzu festgefahrenen Blick auf die Karriereleitern von Frauen

heute, mit dem wir rigoros ausklammern würden, wo uns darüber hinaus der Schuh in der Rolle als Frau noch drücken könnte.

Zweifelsfrei wird viel getan, um Frauen beruflich zu fördern – die Politik will es schon lange, die Wirtschaft jetzt
auch –, doch viele Frauen können das nach wie vor kaum für
sich nutzen. Was Frauen heute noch ausbremst, sind jedoch
nicht fehlende Kita-Plätze oder mangelnder Ehrgeiz. Es ist
auch nicht ein genetisch bedingter Faible für häusliche Dinge
und Kinder oder sogar Schüchtern- und Bescheidenheit, die
dazu führen, dass berufliche Pläne von Frauen auf halbem
Wege verblassen. Es ist das, was diese von sich selbst als Frau
erwarten – und natürlich auch ihr Umfeld. In unseren Köpfen
sind im Laufe des Erwachsenwerdens ganz klare Bilder ent-
standen, wie eine Frau und wie ein Mann zu sein haben. Und
wir wollen diesen Bildern entsprechen, auch wenn wir gestan-
dene und modern denkende Frauen sind.

Ein Journalist beschrieb eines der Rollenmuster, das Frauen
scheinbar aus dem Nichts heraus bedienen, einmal am Beispiel
seiner Schwester. Diese hatte Maschinenbau studiert, ihre Pro-
motion mit summa cum laude abgeschlossen und anschlie-
ßend viele Forschungsgelder an ihre Universität holen können. Alles lief beruflich bestens, dann bekam sie zwei Kinder –
und blieb daheim. Er fand diese Entscheidung zwar
hochrespektabel, doch auch skandalös: Seine Schwester hätte
beruflich durchstarten können, wollte aber lieber bei den Kindern bleiben. «Das ist, als hätte Josef Ackermann seine Karriere
aufgegeben, um auf Spielplätzen rumzusitzen», brachte er diesen Entschluss auf den Punkt.[14]

Wir wähnen uns gleichberechtigter denn je – doch unser
Rollenverständnis von Mann und Frau tickt noch immer so,
dass Kindergeburtstage organisieren, Arzttermine mit den
Kleinen wahrnehmen und möglichst gesunde Ernährung auf
den Tisch zaubern weiterhin überwiegend in *ihren* Händen
landet.[15] Und das bleibt nicht ohne Folgen, wie auch die Feministin Laurie Penny analysiert, die das spezifische Problem be-

obachtet, in dem Frauen fortlaufend festsitzen: «Ein Jahrhundert nach dem Aufkommen des Feminismus verrichten Frauen noch immer den Löwenanteil der Betreuung, der Nahrungszubereitung und des Saubermachens, und zwar unentgeltlich.»[16]

Unsere Führungsetagen hingegen sind – auch heute noch – männliche Hoheitsgewässer. Das gilt nicht nur für die Vorstandsetagen der 200 größten deutschen Unternehmen, in denen Frauen höchstens vereinzelt vorkommen, wie eine Studie des Deutschen Instituts für Wirtschaftsforschung (DIW) herausfand.[17] Dieser zufolge sind nur 4 Prozent Frauen auf den wichtigsten Vorstandsposten unserer Wirtschaft zu finden. Die zwei *ZEIT*-Journalistinnen Tina Hildebrandt und Elisabeth Niejahr analysieren messerscharf: «Die Chefetagen unserer größten Unternehmen sind in etwa so weiblich wie der Vatikan.»[18] Eine offizielle, 800 Seiten starke «Lobbyliste», auf der große und kleine Interessenvertretungen beim Bundestag registriert sind, zeigt, dass auch unser deutsches «Verbändeland» noch fest «in Männerhand» ist.[19] Gerade einmal zu 11 Prozent findet man Frauen führend in den Spitzen des Vereins- und Verbandswesens. Heike Maria Kunstmann sollte 2005 dazu beitragen, daran etwas zu ändern und den Lobbyismus um eine Note weiblicher machen. Per Quereinstieg wurde sie deshalb zum Arbeitgeberverband Gesamtmetall geholt, um dort für frischen Wind zu sorgen. Ein Experiment, das 2008 für beendet erklärt wurde: «Sie hat vieles auf den Kopf gestellt, aber nicht zur Kultur des Hauses gepasst», so gab ein Metaller einer Zeitung preis. Und er räumte dabei mit Blick auf die Situation der Ex-Chefin selbstkritisch ein: «Wir waren einfach nicht auf eine Frau vorbereitet.»[20]

Wie erstaunlich wenig in Bewegung geraten ist, macht sich aber nicht nur in den Spitzenpositionen bemerkbar, sondern das Problem ist auf allen Ebenen zu beobachten und zeigt sich unter anderem auch in den Medien: «Frauen haben weder Macht noch Meinung»,[21] bilanzierte hier etwa die *Spiegel*-Journalistin Barbara Hans. Sie hatte nachgerechnet, wer eigentlich die meinungsstarken Leitartikel in unseren Zeitungen schreibt, und fand heraus, dass – freundlich berechnet – gerade einmal 18 Prozent dieser Artikel von Frauen verfasst sind. Und wie daneben das sogenannte Gender Media Monitoring Project uns erklärt, kommen Frauen auch in den deutschen Nachrichten höchst wenig zu Wort: Nur ein Fünftel all derer, über die hier berichtet wird, sind Frauen, so stellte die Initiative, die zu den größten weltweit in der Medienbeobachtung gehört, 2010 fest.[22] «Frauen werden vor allem dann zu Nachrichtensubjekten, wenn es thematisch um das Nahe geht, ums Lokale, um eigene persönliche Eindrücke, den Alltag, Familie, Gefühle» und sie bleiben «jenseits von Haushalt und Kindern so gut wie unsichtbar».[23] Angesichts der harten Ereignisse und Fakten, die unser Weltgeschehen beschäftigen, spielen Frauen in diesem keine bedeutende Rolle. Ist eine Expertenstimme gefragt, werden Männer zurate gezogen, nur zu 12 Prozent tauchen Frauen als solche auf. Im *Stern*-Magazin merkte Swantje Dake einmal vor dem Hintergrund anderer Zahlen, die ähnlich ernüchternd wirkten, an: Das alles «müsste doch einen ohrenbetäubenden Aufschrei zur Folge haben. Doch man hört kaum etwas. Kein Jammern, kein Stöhnen, nur geräuschloses Achselzucken. Ist das Resignation?»[24]

Die Frauen selbst finden auf die Frage, wo sie inzwischen stehen und warum sie nicht viel mehr wollen und fordern, kaum noch eine Antwort – zumindest keine gemeinsame mehr. Frauen sind einfach «zu feige», meinte etwa Bascha Mika 2011 in ihrem Debattenbuch zum Thema.[25] Sie könnten es längst, aber würden freiwillig darauf verzichten, aus ihren Chancen mehr zu machen. Und Kristina Schröder, damals noch im Amt als Frauen- und Familienministerin, konterte 2012 in ihrem Buch «Danke, emanzipiert sind wir selber»: Frauen seien nicht feige, sondern einfach nur selbstbestimmt genug, nur noch das zu tun, was sie selbst gerne möchten. Ob eine Frau nun an einem Kinderbett oder auf einer Karriereleiter steht, entscheide ja wohl jede Einzelne am besten selbst.[26]

Beide Bücher ernteten empörte, verärgerte Reaktionen seitens ihrer Leserinnen, weil hier etwas in ein seltsames Licht getaucht wird: Wir wiegen uns, mit Angela Merkel regierend, in dem Glauben, Frauen stünde jetzt wirklich nichts mehr im Wege. Daher schieben wir, wenn der berufliche Aufstieg nicht gelingt, das «Versagen» den Frauen selbst in die Schuhe. Mit dieser Individualisierung eines geschlechtsspezifischen Problems spielen wir aber wichtige Faktoren herunter, die noch immer verhindern, dass Frauen sich neue Rollen in unserer Gesellschaft erobern. Wie nehmen wir denn Frauen eigentlich wahr? Tun wir das wirklich unvoreingenommen, frei von Vorurteilen und Klischees?

«Mutti Merkel»

Die Journalistin Caren Miosga gab in einem Interview eine Anekdote preis, die zeigt, dass Frauen noch immer weniger ernst genommen werden als die Männer neben ihnen. Als nach immerhin sechs Jahren ihrer Moderation der «Tagesthemen» schließlich ihr Kollege Tom Buhrow sich aus der Sendung verabschiedete, wurde Miosga sogar im eigenen Sender gefragt, wer denn jetzt ihr neuer Chef werde. Sie habe sich totgelacht: «Offenbar wussten weder viele Medienjournalisten noch einige Kollegen in der ARD, dass wir dieselben Verträge haben und beide ‹Erste Moderatoren› sind.»[27]

Angela Merkel regiert unser Land, aber wie wird dieser Führungsstil bewertet? Da ist schnell von einer «Verhäkeldeckung der deutschen Politik»[28] die Rede oder es wird inmitten mühsamer Koalitionsverhandlungen berichtet: «Keiner will Mutti.»[29] Und wenn «Mutti» nicht gerade verdächtigt wird, unser Land böse einzulullen und mit ihrem trägen Pragmatismus in den Schlaf zu summen, dann wird der Kanzlerin die «Medea»-Rolle angehängt – also das Bild der Frau, die ihre eigenen (hier politischen) Zöglinge skrupellos beseitigt. Egal, wie die Kanzlerin agiert, ihr Führungsstil wird als vermeintlich «weiblich» abgewertet. Man muss kein Merkel-Fan sein, um das bedenklich zu finden: «Was bei Männern als hohe Kunst des Taktierens gilt, wird bei der Kanzlerin als zögerliches Verhalten abgetan, was Stärke offenbart, als eiskalte Meuchelei geschmäht.»[30]

Diese Sichtweise zeigt, wie eng die Rollenbilder für Frauen auf öffentlicher Bühne – insbesondere in den einstigen Männerdomänen – noch heute sind und wie bemerkenswert schlecht unsere Gesellschaft damit umgehen kann, dass Frauen jetzt überall dort mitspielen dürfen, wo früher eigentlich nur Männer ihr Terrain hatten. Es sind unbewusste Reflexe, die Frauen in ihren Möglichkeiten beschränken. Und diese Reflexe sitzen in den Köpfen beider Geschlechter – in Form von Rollenbildern, die noch knietief im Gestern ankern. Wir sollten endlich aufhören, davon zu träumen, Chancengleichheit sei bereits erreicht. Denn anscheinend stoßen Frauen noch immer zu schnell an Grenzen, die ihnen – zum Teil von außen, zum Teil von sich selbst – gesetzt werden. Gleiche Chancen für Männer und Frauen soll natürlich nicht heißen, dass am Ende alle genau das Gleiche wollen – wohl aber, dass jede und jeder mit den gleichen Spielregeln rechnen darf.

2.2 Verschenkte Potenziale oder Spagat auf High Heels

Es ist eine Ernüchterung, die spät kommt – aber mit Wucht: «Wir Mädchen der 70er Jahre waren ehrgeizig, hungrig nach Büchern, nach Wissen, nach Welt. 40 Jahre später finden sich viele von uns in genau jener Lage wieder, die wir immer vermeiden wollten.»[1] Viele Frauen, die heute um die 40 oder 50 sind, wissen, wovon die Rede ist. Unter ihnen fragen sich etliche, was aus ihren ursprünglichen Plänen wurde. Sie hatten anspruchsvolle Ziele, wollten sich nicht abhängig machen, sich nicht über andere definieren, nicht einzig und allein für Kinder und Haushalt da sein und nicht alles auf eine Karte, den Partner und die Versorgerehe, setzen.

Mit den sogenannten Babyboomern, den geburtenstarken Jahrgängen der 1960er Jahre, hatte Deutschland zum ersten Mal eine weibliche Generation vor sich, die so gut ausgebildet war, dass der Sprung an die Universitäten und in die Arbeitswelt hinein im Grunde für diese wie vorgezeichnet wirkte. Diese Frauen «waren oft die Ersten in ihrer Familie, die Abitur machten, die Ersten, die studierten».[2] Sie haben versucht, es anders zu machen als ihre Mütter, waren stolz darauf, gute Diplomarbeiten hinzulegen, im Beruf zu stehen und mit Männern, die sie liebten, auf Augenhöhe zu leben. Sie waren felsenfest davon überzeugt, dass der Begriff der Chancengleichheit nicht nur ein leeres Versprechen sei. Doch mehr als 40 Prozent der westdeutschen Frauen, die zwischen 1962 und 1966 geboren wurden, werden im Alter weniger als 600 Euro Rente haben, während ihre Brüder und Lebensgefährten im Durchschnitt mit dem Doppelten rechnen dürfen. Ganz besonders düster sieht die Bilanz des Frauenjahrgangs 1964 aus – des kinderreichsten, den wir je hierzulande hatten. Man kann sich fragen, was ist schiefgelaufen, wenn hier auf den Rentenbescheiden durchschnittlich nur 656 Euro stehen werden.[3]

Die Ergebnisse einer OECD-Studie aus dem Jahr 2012 zeigen, dass Frauen in Deutschland im Schnitt nur halb so viel eigene Rente erhalten, wie es Männer in ihren späteren Lebensjahren tun. Diese Kluft ist hierzulande so groß wie sonst nirgendwo innerhalb der OECD.[4] Natürlich kann nicht von einer direkten Rentendiskriminierung die Rede sein – vielmehr spiegelt diese Kluft das Resultat aus einer ganzen Reihe von «typischen» Entscheidungen, die Frauen in ihrem Leben treffen, meist um Job und Familie unter einen Hut zu bringen. So arbeiten beispielsweise viele Frauen, jedoch nur höchst selten Männer (knapp 10 Prozent) in Teilzeitjobs. Zwar sind heute so viele Frauen wie noch nie, darunter auch junge Mütter mit kleinen

Kindern, auf dem Arbeitsmarkt präsent – doch jede Einzelne durchschnittlich mit immer weniger Arbeitsstunden. Im Grunde teilen sich die Frauen die «Arbeit da draußen» also einfach nur viel stärker untereinander auf, als es früher der Fall war.[5] Dies hat den Effekt, dass ein Großteil der Frauen trotz eigener Erwerbstätigkeit von einer eigenständigen Existenzsicherung noch weit entfernt ist.[6]

Längst definieren sich auch Frauen über ihre beruflichen Ambitionen und Erfolge, doch das gelingt den meisten fortlaufend schlecht. Ihre Träume verpuffen in der Abwärtsdynamik, die manch ein Teilzeitjob und berufliches Aussetzen «nun mal» mit sich bringt: schlechtere Bezahlung, schlechtes Weiterkommen im Beruf, bisweilen auch der Abstieg in den Minijobsektor. So ist es auch zu erklären, dass Niedriglohn in Deutschland zu mehr als 70 Prozent in das Portemonnaie von Frauen fließt.[7] Daneben bleibt ebenso Elternzeit eine Erfahrung, die vornehmlich Frauen machen. Mittlerweile pausieren zwar auch zunehmend Väter (bereits 23 Prozent gingen 2010 in Elternzeit), dennoch muss man hier erwähnen, dass zwei Drittel dieser Väter ihre vorübergehende Auszeit auf die zwei Partnermonate beschränkt. Die meisten Männer steigen also in jenen beiden Monaten ein, die nur *er* nehmen kann und die ansonsten verschenkt würden. Mama dagegen überbrückt – in der Regel – den Rest.[8]

Sie *bleibt beim Kind* – er *im Beruf*

Warum ist das so brisant? Weil, auch wenn die Rollen von Mann und Frau noch nahezu ungebrochen wirken, sich eines mittlerweile gewandelt hat: Mit dem neuen Unterhaltsrecht sind Frauen nun verstärkt aufgefordert, möglichst schnell wieder auf eigenen Beinen zu stehen und finanziell für sich selbst zu sorgen für den Fall, dass die Liebe platzt und die Ehe zerbricht. Wer womöglich über Jahre auf eigene berufliche Chancen verzichtet und dem Partner den Vortritt gelassen hat, im Job voranzukommen, gerät nun ins Hintertreffen: «Obwohl viele Mütter bald versuchen, den Einkommensverlust durch verstärkte eigene Erwerbstätigkeit zu kompensieren, verdoppelt sich ihr Armutsrisiko innerhalb des ersten Jahres nach der Trennung. Bei Männern ändert sich das Armutsrisiko kaum.»[9] So heißt es in einem aktuellen Gleichstellungsbericht der Bundesregierung. In diesem kommt eine unabhängige Sachverständigenkommission nach eingehender Analyse so kritisch wie sachlich zu dem Schluss, dass dieses Unterhaltsrecht den Frauen nicht gerecht wird. Denn wer heute was macht – wer Kinder und Küche und wer dagegen Karriere –, das ergibt sich in einer familiären Konstellation meist in alltäglicher Übereinkunft und wird von beiden Partnern zunächst gemeinsam getragen. Doch «die negativen Folgen dieser Entscheidungen sind sehr häufig alleine von den Frauen zu tragen».[10] Angesichts der Rollen und Aufgaben, die Frauen über weite Strecken ihres Leben noch immer auf sich nehmen, ziehen sie eindeutig den Kürzeren, wenn die Rechnung, dass *er* die Familie ernährt – also auch *sie* finanziell mitträgt –, nicht lebenslang aufgeht.

Natürlich lässt sich die Frage, ob beide Geschlechter heute schon gleichberechtigt leben, keineswegs allein in barer ökonomischer Münze oder an den Karriereerfolgen von Frauen messen. Aber wenn es darum geht, nüchtern zu betrachten, was uns 40 Jahre Emanzipation unterm Strich beschert haben, ist der Blick auf die Unterschiede bei den Einkommen sowie Renten von Männern und Frauen unverzichtbar. Und auch die Nachteile, die Mütter und Väter tragen, dadurch dass sie zwischen Kindern und Arbeitswelt noch oft sehr verschieden aufgestellt sind, sollten uns nicht gleichgültig sein.

Es ist nicht zuletzt unsere Familienpolitik, die mit ihren widersprüchlichen Anreizen das reinste Hü und Hott betreibt und dazu führt, dass Frauen immer wieder beruflich aus dem Sattel fliegen. So bieten etwa das Ehegattensplitting, die beitragsfreie Krankenmitversicherung beim Partner und auch das neue Betreuungsgeld starke Anreize, die es jungen Paaren schmackhaft machen, dass einer von beiden im Job kürzertritt, wenn ein Kind kommt. Doch in der Regel sind es die Frauen, die zurückstecken, fortan meist nur noch «dazuverdienen», während *er* zum «Ernährer» wird. Dieses Modell einer arbeitsteiligen Ehe hatte einst «zur Voraussetzung, dass die Frau auch nach einer Scheidung auf finanzielle Versorgung zählen kann. Genau das aber findet in der Realität und auch im geltenden Recht keine Entsprechung mehr.»[11] Es ist ein bemerkenswerter Widerspruch, dass heutzutage zum einen längere Berufspausen von Frauen positiv gewürdigt werden, zum anderen aber das Unterhaltsrecht auf eine eigenständige Existenzsicherung ausgerichtet ist.[12] Keine Frau kann beides leisten und in einem Lebensentwurf vereinen – selbstlos für die Familie da zu sein und zugleich ununterbrochen für die eigene Unabhängigkeit zu sorgen.

Insbesondere für die Frauen der «Generation Babyboomer» war dieser Spagat zwischen zwei vollauf konträren Rollenerwartungen kaum hinzubekommen. «Die meisten Frauen dieser Generation haben trotzdem immer gearbeitet, sie sind ausgestiegen und eingestiegen und umgestiegen»,[13] doch die wenigsten sind dort angekommen, wo sie in jungen Jahren einmal hinwollten. Wir brauchen nur auf das Heer der weiblichen Arbeitskräfte zu blicken, das heute in unseren Hotels und Büros, Pflegeheimen und Supermärkten putzt und pflegt und an der Kasse steht, mini- oder teilzeitjobbend. Es sind nicht nur Frauen mit entsprechenden Berufsabsichten, die wir hier wiederfinden, denn selbst jene, die hoch qualifiziert einst ambitioniert andere Ziele verfolgten, finden sich nach Jahren des Aussetzens und Zurücktretens in solchen Jobs wieder. Sogar unter Hochschulabsolventen sind Frauen – und hier insbesondere Mütter – deutlich häufiger «unterwertiger» Beschäftigung ausgesetzt als Männer. «Höhere Bildung rentiert sich für Frauen also oft nur unterproportional»,[14] resümiert hierzu der erwähnte «Gleichstellungsbericht» aus dem Jahr 2011 und Christina

Bylow und Kristina Vaillant stellen in ihrem Sachbuch «Die verratene Generation» fest: «Vater Staat hat seine Töchter, vor allem die Wissbegierigen unter ihnen, im Stich gelassen.»[15]

Unerfüllte Wünsche und brachliegende Talente

Eine 52-jährige Designerin berichtete dem *Stern* gegenüber, wie sie selbst immer stärker ins Hintertreffen geriet, weil sie ein ums andere Mal ihre beruflichen Ziele hintanstellte. Entscheidend seien gar nicht die zwei Erziehungsurlaube gewesen, die sie für ihre Kinder nahm. Danach wurde ihr sogar noch die Leitung der «Tagesschau»-Grafik angeboten. Doch sie lehnte ab, mit Rücksicht darauf, dass ein Umzug der Familie die berufliche Situation ihres Mannes erheblich verschlechtert hätte. Das ist nun Jahre her, inzwischen verdient die Designerin ihr Geld hier und da – sie hilft bei der Hausaufgabenbetreuung in einer Kirchengemeinde, gibt Malkurse und schminkt Kinder auf Wochenmärkten. Von ihrem Mann lebt sie getrennt, alleinerziehend und ohne Aussicht darauf, über ihren Rentenbescheid später einmal laut jubeln zu können. «Manche, mich eingeschlossen, haben die Emanzipation echt missverstanden. Nämlich: Die Frau macht jetzt alles. Kinder, Haushalt, Geldverdienen und die Renovierung der Wohnung.»[16]

In den letzten Jahren ist vieles passiert, um die Chancen für berufstätige Frauen, insbesondere für Mütter, deutlich zu verbessern, doch der Rollenspagat der Frauen ist damit nicht vom Tisch: Weiterhin ist für den Erfolg in der Arbeitswelt und die eigene Rente eine möglichst lückenlose Erwerbsbiographie entscheidend. Frauen können ein solches Erwerbsleben ohne jegliche Unterbrechungen jedoch nicht gewährleisten, solange sie diejenigen sind, die pausieren und die Stundenzahl minimieren, um das familiäre Back-up zu sichern. Drei von vier Mütter mit Kindern unter 16 Jahren geben an, sie würden sich persönlich um «alles» (4 Prozent) oder «das meiste» (72 Prozent) im Haushalt und bei der Erziehung kümmern.[17] Die Männer bestätigen dieses Bild fast ohne Abstriche. Sie sehen ihre Aufgabe darin, beruflich erfolgreich zu sein: «Rund 85 Prozent der Väter wollen Vollzeit, also mindestens 37 Wochenstunden, arbeiten.»[18] Entsprechend lautet die Formel, mit der sich der gemeinsame Nachwuchs in die Erwerbsrealitäten von Männern und Frauen einschreibt: «Je mehr Kinder ein Mann hat, desto länger sind seine Arbeitszeiten, je mehr Kinder dagegen eine Frau hat, desto kürzer sind ihre Arbeitszeiten.»[19]

Es gibt aber nicht nur zahlreiche Frauen, die darauf verzichten, eigene Berufschancen zu nutzen, eigenes Einkommen zu haben und eigene Rentenansprüche zu schaffen, sondern der Verzicht hat gerade unter den Frauen, die ehrgeizige Ziele in der Berufswelt anvisieren und diese nicht aufgeben möchten, noch ein anderes Gesicht hinzugewonnen: den unerfüllten Kinderwunsch. Viele karriereorientierte Frauen nehmen mittlerweile davon Abstand, einmal Mutter zu werden, zumindest in der heißen Phase, in der es für sie gravierend darauf ankommt, am Arbeitsplatz präsent zu sein. Im Jahr 2006 waren 70 Prozent der Frauen in Führungspositionen (noch) kinderlos, 2008 waren es bereits nahezu 80 Prozent.[20]

Auch Akademikerinnen bleiben häufiger ohne Kinder als ihre männlichen Kollegen. Eine Studie, die den Familienstand und seinen Einfluss auf männliche und weibliche Aufstiegsmöglichkeiten untersuchte, zeigte: «Verheiratet zu sein und Kinder zu haben, hat nur bei Männern positive Effekte auf die Wahrscheinlichkeit, eine Führungsposition auszuüben.»[21] Denn während wir bei Männern – wie selbstverständlich – davon ausgehen, eine Familie zu haben, sei für *ihn* ein kräftiger Anstoß, am Arbeitsplatz noch weiter nach oben zu streben, neigen wir bei Frauen dazu, den Verdacht zu hegen, diese würden sich mit ihren Ambitionen direkt auf ein Minenfeld drohender Vereinbarkeitsprobleme zubewegen. Wie aber sehen die Frauen das selbst?

Auch Mütter mit kleinen Kindern haben mit einem Frei-
fahrtschein, sich ins Häusliche zurückziehen zu dürfen, nur
wenig am Hut. «Die übergroße Mehrheit» unter den jüngeren
Frauen will heute berufstätig sein, allerdings «ohne deshalb
auf Kinder zu verzichten».[22] Eine ausbalancierte Rollenverteilung mit dem eigenen Partner erhoffen sich immerhin 80 Prozent. Sie möchten also genauso viel zum Lebensunterhalt der
Familie beitragen wie ihre Partner und dafür stärker den Rücken durch diese freigehalten bekommen. Doch die meisten
Männer reagieren auf dieses Angebot deutlich reserviert: Nur
40 Prozent wünschen sich ebenfalls ein egalitäres Partner-
schaftsmodell, fanden entsprechende Befragungen heraus:
Selbst die jungen Männer, die zu den «modern eingestellten»
gerechnet werden konnten, zeigten wenig Neigung, auf ihre
eigenen beruflichen Chancen zu verzichten, um an der Wi-
ckel- und Waschmaschinenfront mehr Einsatz zu geben. Auch
sie bevorzugten und wünschten sich eher «viel Zeit für die eigene Karriere, eine romantische Beziehung und viel Freizeit».[23]
Forschende sprechen hier von einer sogenannten 40/80-Mi-
sere, die zeige, dass Frauen längst den Aufbruch in die Arbeitswelt angetreten hätten, wohingegen sich bei den Männern
zwar die verbale Zustimmung zu einer neuen Rolle vielfach
abzeichne – bislang folgten dieser allerdings nur zögerlich Taten.[24]

«Die muss ja nicht!»

Wir schielen zwar immerzu auf den Zeitmangel, der Frauen
beruflich einschränkt, sobald diese für Kinder sorgen, sowie
fehlende Kita-Plätze und Beschäftigungsoptionen oder sogar
mangelnde Qualifikationen als denkbare Gründe dafür, dass
Frauen nicht weiter kommen, doch was diese immer wieder
zurückwirft, ist nicht zuletzt unsere verstaubte Vorstellung,
dass es für einen Mann wichtiger sei, sich im Berufsleben zu

beweisen, als für eine Frau. Wir glauben, Frauen hätten ja noch andere Optionen in der Hinterhand – den Rückzug in die Rolle als Mutter und Ehefrau, mit einem Ernährer an ihrer Seite. Wir denken, sie müssten deshalb nicht genauso sicher in der Berufswelt landen und nach einer längeren Auszeit wieder in diese einsteigen.

Aufgrund dieser Vorstellung erleben Frauen, die lange nicht berufstätig waren, wie sie als «berufliche Wiedereinsteigerinnen» bei der Vermittlung von Jobs hintangestellt werden. Es wird davon ausgegangen, dass *sie* durch einen Ernährer ja schon finanziell abgesichert ist, frei nach dem Motto: «Die muss ja jetzt nicht.» Eine Beauftragte für Chancengleichheit auf dem Arbeitsmarkt beschreibt diesen, oft völlig unbewussten, Reflex in den Köpfen von zuständigen Beratern so: «Da kommt eine Frau, die hat sieben Jahre nicht gearbeitet, die muss also nicht arbeiten.»[25] Und auch der Umstand, dass die sogenannten Wiedereinsteigerinnen meist keine Leistungen wie Arbeitslosengeld beziehen, wird diesen zu einem Nachteil, denn es bringt den Jobvermittlern mehr, zunächst denjenigen einen Arbeitsplatz zu vermitteln, die damit aus der staatlichen Unterstützung herausfallen. Nein, bewusst und mit übler Absicht geschieht das nicht. Die Frauen werden dadurch aber dennoch benachteiligt und finden nicht aus dem Spuk heraus, stets diejenigen zu sein, die zunächst andere an sich vorbeiziehen lassen müssen, bevor sie selbst loslegen dürfen. Erst bekommt der eigene Partner den Vortritt, später verlängert sich dann in den Köpfen von Jobvermittlern eine Logik, die früh in den Erwerbsverläufen von Mann und Frau einsetzt: Auf *seinen* Verdienst kommt es an, *sie* profitiert davon mit.

Die andere Seite der Medaille ist, dass die Frauen sich selbst häufig viel zu stark infrage stellen, unsicher und skeptisch sind, ob ihre Erwerbswünsche auf dem Schreibtisch eines Arbeitsvermittlers überhaupt noch Sinn machen. «Es besteht eine große Übereinstimmung bei den Wiedereinsteigerinnen und Berufsrückkehrerinnen in ihrem beruflichen Minderwertigkeitsgefühl. Wir haben die hoch qualifizierte Akademikerin und die Verkäuferin, sie bleiben ein Jahr zu Hause oder 20 Jahre, wir sehen viele Unterschiede zwischen den Frauen, aber das ist die Gemeinsamkeit»,[26] so weiß ein Mitarbeiter der Bundesagentur für Arbeit zu berichten. «Ich erlebe bei Informationsveranstaltungen, dass viele Frauen kommen und sie scheinbar vergessen haben, was sie können, welche Kompetenzen sie erworben haben», erzählte ein anderer.[27] Die Frauen, so scheint es, «fühlen sich richtig außen vor»[28] und tun sich schwer, den Anforderungen des Arbeitsmarktes selbstbewusst zu begegnen, wenn sie aus diesem erst einmal länger ausgestiegen sind.

Wir glauben und hoffen, die Frauenquote und mehr öffentliche Kinderbetreuung würden dazu führen, dass Frauen zukünftig keinen Grund mehr haben, sich über ungleiche Chancen zu beklagen. Beide Maßnahmen sind zwar nicht falsch, aber auch kein Allheilmittel. Das eigentliche Dilemma, das sich für die Frauen auftut, beginnt tatsächlich schon meilenweit unterhalb von Karriereplanung und täglicher Vereinbarkeitsnot – und zwar da, wo Mädchen von klein auf nahegelegt wird, sie wären für andere Dinge im Leben prädestiniert als Jungen, mit anderen Kompetenzen als diese ausgestattet. Noch heute neigen Frauen dazu, lieber einen klassischen Fürsorge- und Pflegeberuf zu ergreifen als einen, mit dem sie auf einem gut bezahlten und sicheren Arbeitsplatz landen. Auf diese Berufsneigungen sollten wir einmal genauer blicken und uns fragen, wo diese eigentlich herrühren.

2.3 Das Gleichstellungsparadox – über «Gehirnwäsche» und «Neurosexismus»

«Gibt's denn hier keine Männer?» «Nein», sagt eine der vielen Frauen, die im Personalraum einer norwegischen Klinik versammelt sitzen. «Gibt es überhaupt keine männlichen Pfleger bei euch?», bohrt Harald Eia nach. Eine der Krankenschwes-

tern räumt ein: «Es waren schon mal welche da. Aber die bleiben immer nur kurz.»[1]

Harald Eia ist in seiner Heimat beliebt, in Norwegen eigentlich als Komiker bekannt – doch 2011 gelang ihm ein viel
beachteter journalistischer Coup, der im Grunde gar nichts
mit Spaßmachen zu tun hatte. Eia drehte eine brisante TV-Reportage über eine der schwierigsten Baustellen in der Gleich-
stellungspolitik seines Landes. Es wurde dort bereits enorm
viel Geld in Initiativen und Förderprogramme gesteckt, um
Frauen zu bewegen, vermehrt technische Berufe zu ergreifen
und Männer in frauentypische Domänen zu ziehen, was bislang aber ohne Erfolg blieb. Zwar gilt Norwegen als vorbildlich
darin, beiden Geschlechtern gleiche Chancen und Wege zu
eröffnen, doch scheint sich dies nicht in der Berufswahl wider-
zuspiegeln: Die meisten Norwegerinnen möchten noch immer
viel lieber als Erzieherin, Pflegerin, Ärztin oder Journalistin
arbeiten als in der Elektromechanik, der Baubranche, mit Bag-
gern, Rechnern oder Datensystemen. Diese unsichtbare Grenze
zwischen den Arbeitswelten von *ihm* und *ihr* ist auch bei uns,
in Deutschland, zu beobachten. In der Kantine eines Ingenieur-
betriebs mit einem Frauenanteil von 10 Prozent erhält Elia
hierfür eine Erklärung: «Niederreißen und Bauen, das ist eben
Männersache.»

Einstellungen wie diese sind der Albtraum eines jeden, der
versucht, an den gängigen Vorlieben bei der Berufswahl von
Jungen und Mädchen etwas zu ändern – auch hierzulande. Mit
Aktionen wie beispielsweise dem «Girls' Day» ist man seit Jahren bestrebt, mehr Mädchen in die Ausbildungen und Studien-
gänge der MINT-Fächer (Mathematik, Informatik, Naturwis-
senschaft und Technik) zu holen. Bei verschiedenen Kampagnen – von «Miss MINT» über «Frauen in MINT» bis hin
zu «Women-MINT-Slams» – treten Wissenschaftlerinnen auf
und machen vor, wie «hipp» es sein kann, als Frau auch besonders viel über Hybridautos oder Solartechnik zu wissen und
weiterzugeben. Ob bei Schulwettbewerben oder in den Bro-

schüren der Berufsberatung: Es wird gezielt darauf geachtet, weibliche Teenager neugierig auf Technik und Handwerk zu stimmen. Doch wo zieht es diese dann hin?

Die meisten jungen Frauen träumen weiterhin nicht davon, in einem Labor oder an einer Werkbank zu stehen, sondern wollen im Büro, im Friseursalon oder beim Arzt ihr Geld verdienen, in einer Schule unterrichten oder Verkäuferin werden. Zwar ist der Frauenanteil in den MINT-Fächern seit den 1970er Jahren angestiegen, doch in den vergangenen 10 bis 15 Jahren geriet diese Entwicklung ins Stocken.[2] Eine Arbeitsmarktstudie von 2014 blickt auf die westdeutschen Beschäftigungsverhältnisse im Zeitraum von 1976 bis 2010 und kommt dabei zu dem Schluss, dass Männer und Frauen im Grunde noch genauso getrennt nebeneinanderher arbeiten, wie sie es bereits vor 35 Jahren schon taten.[3] Kaufmännische und gastronomische Berufe sind zwar weitgehend geschlechtergemischt besetzt, doch rund 60 Prozent der Frauen arbeiten nach wie vor in «frauentypischen Berufen» – das sind solche, die zu über 70 Prozent weiblich dominiert sind. Daneben entscheiden sich zwei von drei Männern ungebremst für tradierte «Männerberufe». Auch die Wahl von Lieblingsfächern unter jungen Studierenden spricht Bände: Zwar landet Betriebswirtschaft bei beiden Geschlechtern auf Platz eins, danach aber streben Frauen an, Germanistin, Juristin, Medizinerin, Pädagogin oder Psychologin zu werden. Ihre männlichen Altersgenossen wenden sich dagegen lieber dem Maschinenbau, der Informatik, Elektrotechnik, Jura oder Wirtschaftswissenschaften (in genau diesen Reihenfolgen) zu.[4]

Wie wenig sich verändert hat, wird uns zudem täglich vor Augen gehalten: Gehen wir zum Arzt, ist es dort in 99 Prozent aller Fälle eine weibliche Sprechstundenhilfe, die uns begrüßt. Wer sein Auto hingegen in eine Werkstatt bringt, darf damit rechnen, dass ein Mann dieses reparieren wird, Frauen finden wir höchstens im Büro oder Verkauf, uns die Kostenabrechnung reichend. Ganz anders sieht es wiederum in den Berei-

chen von Pflege, Reinigung und bei einfachen Bürojobs aus, die
noch zu weit über 80 Prozent von Frauen besetzt sind, während
sich kaum eine Frau genauso gut vorstellen kann, Maurerin,
Tischlerin oder Elektromonteurin zu werden.[5] In der Ausbildung zur Industriemechanik liegt der Frauenanteil bei nur
knapp 6 Prozent, in der zur Kfz-Mechanik bei höchstens 4 Prozent.[6]

Selbst schuld an dem geringen Lohn?

Dabei gelten doch technische Berufe als besonders attraktiv, da
sie ein höheres Gehalt und einen sicheren Arbeitsplatz versprechen. Würden sich mehr Frauen für diese Berufe entscheiden, würde sich auch die Lohnlücke zwischen Männern und
Frauen schließen, denn dass Männer im Durchschnitt 20 Prozent mehr Stundenlohn verdienen als Frauen, «liegt größten-
teils daran, dass gut bezahlte Industrieberufe von Männern
ausgeübt werden», merkt der Wirtschaftsexperte Oliver Koppel an. «Mechatroniker verdienen nun mal mehr als Friseurin-
nen.»[7]

Dieses Argument ist regelmäßig zum «Equal Pay Day» zu
hören, einem internationalen Aktionstag, der bewusst machen
möchte, wie unterschiedlich noch immer Mann und Frau für
ihre Arbeit bezahlt werden. Es ist nicht von der Hand zu weisen, dass Frauen nicht zuletzt deshalb oft schlechter abschneiden, weil sie so selten zu den lukrativen «Männerberufen»
greifen, die mehr Gehalt bringen. Das Problem der Lohnschere
wäre zwar nicht gänzlich vom Tisch, wohl aber geringer ausgeprägt, würden sich Frauen umorientieren und nicht so oft für
überlaufene und sogenannte Sackgassen-Studienfächer und
Sackgassen-Berufe entscheiden.[8] Doch so laut auch gemahnt
wird, bei den Frauen findet es kaum Gehör: «Insbesondere seit
den 2000er Jahren hat sich die tatsächliche Trennung der Geschlechter (auf unterschiedliche Berufsbereiche) nicht mehr

verringert, und das obwohl der Frauenanteil unter den Beschäftigten kontinuierlich weiter gestiegen ist»,[9] heißt es in
der bereits erwähnten Arbeitsmarktstudie.

Die Ergebnisse solcher Studien sind deswegen so interessant und verdienen eine differenziertere Betrachtung, weil
Frauen keineswegs überall dazu neigen, geschlechtertypische
Berufe zu wählen – jedenfalls nicht weltweit. Sie tun es vielmehr bei uns, in Deutschland, sowie einigen anderen reichen
Industrieländern.[10] Dagegen sitzen heutzutage beispielsweise
in Armenien in den Hörsälen, in denen Informatik gelehrt
wird, zur Hälfte Frauen. Einst waren es sogar 70 Prozent, mittlerweile haben aber auch die Männer dort entdeckt, welche Zu-
kunftschancen dieses Studium birgt.[11] Daneben zeigen auch
Zahlen von 2005 auf, dass in wohlhabenden Ländern wie
Deutschland, Japan oder Kanada nicht mehr, sondern weniger
Frauen Physik studierten als beispielsweise in Russland, Thai-
land, Polen oder der Türkei. Hier lag ihr Anteil nicht bei lediglich 5 Prozent, wie bei uns, sondern bei über 30 Prozent.[12] Angesichts dieser Zahlen kann man also nicht darauf schließen,
dass Frauen generell nichts für Technik übrighaben.

Camilla Schreiner und Svein Sjøberg, die an der Universität
Oslo seit Jahren das internationale Forschungsprojekt ROSE
begleiten, erkunden in einer Studie, wie interessiert sich weltweit Jugendliche an Dingen zeigen, die mit Technik und naturwissenschaftlichen Themen zu tun haben.[13] Während die
15-Jährigen in Uganda und Ghana begeistert auf alles reagieren, was mit chemischen Stoffen, Elektronik, Computern und
Maschinen zu tun hat – Jungen und Mädchen nahezu identisch –, sind ihre Altersgenossen in den reicheren Ländern
deutlich verhaltener.[14] Insbesondere die weiblichen Teenager
zeigen bemerkenswert wenig Interesse daran, genauer zu erfahren, wie beispielsweise ein Computer funktioniert. Sobald
es um Maschinen und Motoren geht, bekunden nur rund
15 Prozent ihre Neugierde. Bei den Jungen sind es 60 Prozent.[15]
Geht es dagegen aber um die Frage, wie man fit bleibt, sich ge-

sund ernährt oder wie lieb einem ein späterer Beruf wäre, bei dem man anderen Menschen hilft, sieht das Bild geradewegs umgekehrt aus: Die Mädchen haben plötzlich die Nase weit vorn (mit 80-prozentigem Feedback), die Jungen dahinter erscheinen völlig abgehängt und ohne Interesse.[16] Erstaunlich, wenn man bedenkt, dass in den ärmeren, weniger entwickelten Ländern genau diese beachtlichen Unterschiede zwischen Jungen und Mädchen so nicht auftauchen.

Auch Svein Sjøberg äußert sich darüber verwundert: «Es ist paradox, dass reiche Nationen, wo die Gleichstellung der Geschlechter seit Jahrzehnten ganz oben auf der politischen Agenda steht, sehr viel ausgeprägter geschlechtsbezogene Unterschiede aufweisen als andere Länder, wenn es um Werte und Prioritäten hinsichtlich Wissenschaft und Technologie geht – und auch hinsichtlich vieler anderer Aspekte des Lebens.»[17] Forschende sprechen hier gerne vom sogenannten modernen Gleichstellungsparadox – dem Widerspruch also, dass anscheinend unsere Frauenförderung sowie angeblich aufgeschlossene Erziehung nicht automatisch das bewirken, was zu erwarten wäre, nämlich eine allmähliche Angleichung von persönlichen Neigungen und Ambitionen zwischen beiden Geschlechtern.

Nature *versus* Nurture

Rund um das Gleichstellungsparadox tobt unter Wissenschaftlern ein erbitterter Streit, wie dieses nun zu deuten sei. Dabei gehen die Meinungen, ob unsere «typisch männlichen» oder «typisch weiblichen» Interessen bereits angeboren oder einfach nur anerzogen sind, weit auseinander, und es wird hitzig darüber diskutiert, ob es unser Aufwachsen («Nurture») oder die Biologie («Nature») sei, die uns prägt und darüber bestimmt, was wir gerne mögen oder tun. Auch Harald Eia führte für seine TV-Reportage zahlreiche Interviews, sprach mit Genderforschern sowie renommierten Neurowissenschaftlern. Als im März 2010 seine Dokumentation im norwegischen Fernsehen gesendet wurde, versetzte Eias Schlussfolgerung das Land in einen Schockzustand: Es sei «Gehirnwäsche», wenn man versuche, junge Mädchen in technische und naturwissenschaftliche Bahnen zu lenken. Das alles laufe nämlich den angeborenen Neigungen dieser völlig zuwider. Niemand im aufgeklärten Norwegen hatte damit gerechnet, dass es irgendwer wagen würde, so einseitig biologistisch zu argumentieren.

Dabei hat Harald Eia aber nur das gemacht, was hierzulande ebenso stattfindet: Auch in unseren Medien wird gerne einigen fragwürdigen «Erkenntnissen» gehuldigt, mit denen uns eingeredet wird, Frauen seien «anders» als Männer, nicht vom Mars, sondern von der Venus. Sie wollten aus biologischen Gründen gar nicht das Gleiche wie diese, beispielsweise hinauf in die Chefetagen. Solche Ambitionen hätten die meisten Frauen gar nicht, argumentierte etwa auch Susan Pinker in ihrem Buch «Das Geschlechterparadox», mit dem die kanadische Psychologin 2008 einen internationalen Bestseller landete.[18] Bei Männern spiele das Testosteron eine wichtige Rolle, dieses mache abenteuerlustig, kampfbereit, aggressiv und damit die Männer in der Berufswelt wettbewerbsfähig und ehrgeizig.[19] Dagegen seien Mädchen von klein auf anders gepolt, ihnen sei Zeit für Familie, Freunde, Hobbys wichtiger – und zwar aus hormonellen Gründen!

Auch der Psychologe Simon Baron-Cohen erklärt Differenzen zwischen den Geschlechtern als biologisch bedingt: Frauen seien in Pflegeberufen und im Dienstleistungssektor einfach besser aufgehoben und auch in der Hausarbeit irgendwie «daheim», weil sie neurologisch ganz anders gerüstet seien als Männer.[20] Hier begegnen uns – wissenschaftlich neu eingekleidet – uralte Klischees und Rollenzuweisungen, die wir schon lange abgeschüttelt glaubten. «Wer gestern noch zu den altmodischen Sexisten gehörte, steht plötzlich auf der Seite der modernen Naturwissenschaften», beobachten auch einige

Wissenschaftlerinnen, die diesen Trend zum populären Neurosexismus kritisch verfolgen.[21]

Vermutlich zeigt uns das «moderne Gleichstellungsparadox» nur auf, dass wir noch lange nicht in einer Zeit leben, die
sich davon verabschiedet hat, Männer und Frauen als grund-
verschieden zu betrachten. Somit haben Mädchen immer noch
keine Welt vor Augen, die ihnen zeigt, dass Autos frisieren –
statt Köpfe – auch etwas für ihre Hände sein könnte. Mädchen
haben zwar durchaus Interesse an Technik – in verschiedenen
Ländern und Kulturen aber unterschiedlich stark ausgeprägt.
Diese Tatsache spricht dafür, dass gesellschaftliche und kulturelle Faktoren ausschlaggebend sind und zuvorderst darauf
einwirken, wie Frauen und Mädchen ihre eigenen Chancen
und Fähigkeiten einschätzen, begreifen und wahrnehmen.

«Es sind einfach kaum Mütter Ingenieurinnen», wirft etwa
der Ökonom Oliver Koppel erklärend ein, wenn er in Interviews verständlich zu machen versucht, warum Mädchen so
selten Ingenieurin werden möchten. «Wenn es in einer Familie technisches Know-how gibt, dann hat es meist der Vater,
und Väter geben ihre Berufe an die Söhne weiter statt an ihre
Töchter. Es ist eine Art Reproduktion der technischen Männer-
elite.»[22] Wenn wir also meinen, MINT sei nichts für Mädchen,
dann liegt das an dem, was wir unseren Töchtern von klein auf
vermitteln, an den Botschaften, die im Laufe ihrer gesamten
Entwicklung auf diese einprasseln. Unsere Medien- und Kon-
sumwelten und auch unsere angeblich so avancierten Jugendkulturen stecken voll gängiger Rollenklischees und tragen
somit dazu bei, die einen auf «richtige Jungen» und die anderen auf «superweiblich» zu prägen. «Jugendkultur», erklärt
uns so etwa auch Camilla Schreiner die Ergebnisse aus der
ROSE-Studie, «ist ein modernes Merkmal, das in westlichen
Gesellschaften sehr ausgeprägt ist, aber in traditionelleren
Ländern in dieser Form nicht existiert.»[23] Und wie sehen die
Bilder von den Boys und Girls in unserer heutigen Zeit aus?
Während die einen als Computer-Nerds und Rap-Kanonen mit

coolen Mikros und Mischpulten, Mausklicks und Tasten an ihren Beats und Festplatten basteln, haben die Mädchen eher Top-Model-Kandidatinnen vor Augen, die versuchen, hochkompetent den Catwalk auf High Heels zu meistern. Und das ist natürlich noch lange nicht alles.

Der «Girls' Day» und die verschiedenen MINT-Kampagnen sind ein gutes Signal, doch vermag eine nur einmal im Jahr stattfindende Veranstaltung – inmitten vieler anderer Konditionierungen – nicht den Mädchen dauerhaft neue Perspektiven zu eröffnen. Die Botschaften dieser Initiativen kommen zu spät, erst wenn Geschlechterklischees sich bereits in den Köpfen eingenistet haben. Und natürlich werden nicht nur Mädchen durch solche Klischees eingeschränkt, sondern auch Jungen. «Beide Geschlechter sitzen im selben Boot», merkt die Psychologin Ursula Nuber hierzu an, allerdings hinzufügend, dass «der Kurs dieses Bootes für Frauen gefährlicher ist als für Männer».[24]

3. Persönliche Wendepunkte

3.1 Das Verstummen der Mädchen

Auf dem Titelblatt des größten deutschen Nachrichtenmagazins prangte im Sommer 2007 in großen Lettern: «Die Alpha-Mädchen».[1] Von da an hatte ein neuer, emanzipierter Mädchentypus seinen Namen. «Sie sind pragmatischer als ihre Mütter, sie sind ehrgeiziger, zielstrebiger, gebildeter als die Männer. Sie glauben nicht mehr an die Versorgung durch die Ehe, sondern an den Erfolg»,[2] jubelte *Der Spiegel*. Ein Jahr später gab es das Buch dazu, das nachlegte: «Alle jungen Frauen, die mitdenken und Ziele haben; die sich für die Welt interessieren und frei und selbstbestimmt leben möchten, jede nach ihrer Art – das sind wir Alphamädchen.»[3] Spätestens damit war ein neues Idealbild des modernen Mädchens geschaffen. Es ist das Bild von einem Mädchen, das sich gleichberechtigt gegenüber Jungen fühlt und keinen Zweifel daran lässt, dass nichts und niemand es aufhalten kann.

Und eigentlich müsste es auch genau so sein. Mädchen seien die «Bildungsgewinner»,[4] ist zu lesen. «Die Zukunft ist weiblich»,[5] lauten die Headlines der Zeitungen. «Frustrierte Emanzen»[6] aus der Alice-Schwarzer-Fraktion? Vergessen und Vergangenheit! Alles ist gut, könnte man meinen. Wäre da nicht ein Phänomen zu beobachten, das überhaupt nicht zu dem Bild passt und sehr nachdenklich stimmt: Bereits im Alter von zehn Jahren sagen heutige Kinder über sich: «Jungen sind stärker» und «als Mädchen kann man schöne Sachen anziehen». Wie häufig derart traditionelle Ansichten noch bei Kindern verbreitet sind, zeigte eine Studie von Renate Valtin,

Grundschulpädagogin und Professorin an der Berliner Humboldt-Universität. Sie ließ Kinder Aufsätze zum Thema «Warum ich gerne ein Junge bin, warum ich gern ein Mädchen bin» schreiben und stieß auf die klassischen Geschlechterstereotype. Die Jungen fühlen sich geschickter und überlegen, die Mädchen betonen ihre Schönheit, modische Attribute und ihre Bravheit. Und während Mädchen mit der ihnen zugedachten gesellschaftlichen Rolle hadern, sind die Jungen mit sich und ihrer Rolle zufrieden.

Dass in den Augen der Jungen die Mädchen immer noch das schwächere Geschlecht sind, überrascht weniger. Dass aber in den letzten 30 Jahren bei den Mädchen selbst so wenig passiert ist, verblüfft schon. Sie nehmen sich selbst nicht als stark wahr, beneiden sogar die Jungen um «mehr Abenteuer in ihrem Leben»[7]. Und das, obwohl sich ihnen doch heute Rollenvorbilder, wie das der «coolen Girlies» oder der «toughen Karrierefrauen», bieten, die brave Angepasstheit, Fügsamkeit und Bescheidenheit durch Frechheit, Selbstbewusstsein, auch Provokation ersetzen – getreu dem Motto «Brave Mädchen kommen in den Himmel, freche Mädchen kommen überall hin». Wir haben heute Rapperinnen wie Sookee, die sich lautstark gegen Gewalt und Sexismus äußern; TV-Moderatorinnen wie Charlotte Roche, die kein Blatt vor den Mund nehmen; Jungpolitikerinnen wie Katja Kipping oder Julia Seeliger, die sich unbeirrt und mit provokativen Positionen gegen deutlich ältere Parteimitglieder durchsetzen können. Doch scheint dies nicht zu genügen. Etwas verunsichert die Mädchen.

Schwaches Selbstbild

Dass sich das Problem nicht mit dem Älterwerden löst, sondern in der Pubertät sogar größer wird, deckt die AIDA-Studie auf (AIDA steht für «Adaption in der Adoleszenz»), in der untersucht wurde, über welches psychosoziale Rüstzeug heutige Jugendliche verfügen, um den Schulalltag, aber auch das Leben nach der Schule, zu meistern.[8] Das Ergebnis: Weibliche Teenager haben ein negativeres Selbstbild als die männlichen, das heißt, sie schätzen ihren Selbstwert schlechter ein. Außerdem sind sie leistungsängstlicher, was bedeutet, dass sie weniger Vertrauen haben in ihre Fähigkeiten und weniger Zuversicht in ihren Erfolg. «Das sehe ich täglich bei mir in der Schule: Viele Mädchen nehmen sich zu sehr zurück und glauben weniger an sich. Während die Jungen dieses ‹Ich kann das!›-Gehabe total draufhaben»,[9] erzählt eine Gymnasiallehrerin.

Auf diese irritierende Tatsache weist eine erstaunlich große Zahl neuerer Studien hin.[10] Bis etwa ins vierte Schuljahr ist das Selbstbewusstsein der Mädchen noch unerschüttert. Doch dann gerät es aus dem Lot: Bei Mädchen und jungen Frauen sinkt der Selbstwert – bei den Jungen bzw. jungen Männern hingegen bleibt dieser stabil. Mädchen und Frauen halten sich tatsächlich für weniger intelligent und schätzen ihre eigenen Leistungen schwächer ein, als sie in Wirklichkeit sind. Der Wendepunkt dafür ist die Pubertät. Was Mädchen und weibliche Teenager im Alltag erleben, manifestiert sich bei ihnen offenbar in dem Gefühl, weniger wert zu sein. Von klein auf erfahren sie in der Schule, bei ihren Eltern und in den Medien, dass die Lebenswirklichkeit eine andere ist, als ihnen das gängige Gleichberechtigungspostulat vorgaukelt. Und sie sehen, dass gleichaltrige Jungen ihnen ständig signalisieren, dass sie sich als die Stärkeren betrachten. In der Summe erwächst daraus eine geringere Zuversicht für die eigene Zukunft.[11]

Das heißt, obwohl es in der Politik und den Medien permanent tönt, wie weit es Frauen heute gebracht haben, ist für die jungen Frauen davon nicht viel zu merken. Selbst kleine Mädchen registrieren schon ganz genau, «dass viele Frauen im Spannungsfeld zwischen Berufs- und Hausarbeit stehen und wie groß die alltägliche Belastung ist»,[12] schreibt dazu Astrid Kaiser vom Institut für Pädagogik der Universität Oldenburg nach der Auswertung eines Schulversuchs mit Kindern aus der Grundschule. Diese sollten ein Bild malen, wie sie sich selbst in 30 Jahren sehen. Ein 8-jähriges Mädchen zeichnete sich als Erwachsene in einer Bilderreihe folgendermaßen: im ersten Bild am Herd; im zweiten Bild beim Putzen, während das Baby auf dem Boden spielt; im dritten Bild als Tierärztin, die einen Hund untersucht. Gekrönt wurde das Gemälde von dem abschließenden Spruch: «Und dann geht das Jahr von vorne los.» Dass Mädchen bereits in so jungen Jahren derart abgeklärt die Realität betrachten, ist schon erschütternd genug, doch wirklich alarmierend ist, wie sie damit umgehen und welche Konsequenzen sie daraus für sich ziehen. Warum führt die Unzufriedenheit der Mädchen mit ihrer Lebensperspektive zum Verstummen und zum Rückzug anstatt zu lautem Protest? Wieso passen sie sich an, statt auf ihre Rechte zu pochen?

Die verlorene Stimme

In einer Untersuchung führten Carol Gilligan und Lyn Brown über einen Zeitraum von fünf Jahren mit Mädchen verschiedenster Altersgruppen zahlreiche Gespräche. Ihr Ziel war es herauszufinden, was dahintersteckt, wenn junge Frauen ihre kräftige, selbstbewusste Stimme der Kindheit verlieren, und welcher Anpassungsprozess Frauen dazu bringt, ihre Vitalität und ihr Gefühl für sich selbst aufzugeben.[13] Sie erkannten, dass Mädchen vor der Pubertät oft noch absolut resolut und durchsetzungsfähig sind, allerdings im Erwachsenenalter passiv und unsicher werden. 8- bis 11-jährige Mädchen – so stellten die beiden Psychologinnen fest – können noch ungehemmt Streit und Konflikte austragen und als etwas Selbstverständliches hinnehmen. Sie zeigen Vitalität und Widerstandskraft. Sobald sie aber in die Pubertät kommen, stürzen sie in eine Entwicklungskrise. Plötzlich können sie nicht mehr handeln, wenn sie in einen Konflikt geraten – sie sehen sich nun in einem Widerspruch zwischen den eigenen Gefühlen und Bedürfnissen einerseits und den Beziehungen zu ihrer Umwelt andererseits. Sie fühlen sich unter Druck, «selbstlos zu werden beziehungsweise ihre Stimme aufzugeben».[14]

«Das liegt nicht an den Hormonen»,[15] sagt Entwicklungspsychologin Elizabeth Debold, sondern daran, dass sie sehen, welche Erwartungen an Frauen gestellt werden und wie weibliche Güte plötzlich eine Wichtigkeit bekommt. Sie nehmen sich die erwachsenen Frauen in ihrem Leben zum Vorbild, und so wie diese auch im Erwachsenenalter noch wie «gute kleine Mädchen»[16] handeln, so tun es ihnen die Teenager nach und versuchen, reibungslos zu funktionieren – indem sie Widerspruch deckeln und ihre eigene Stimme zum Verstummen bringen. «Ich kenne die Botschaften, die ich bekam, als ich so alt war wie sie, und das ist nicht das, was ich für sie möchte», erzählt eine Mutter über ihre Tochter. «Ich möchte, dass sie in erster Linie ein Individuum ist, sich nicht durch ihre Beziehung zu Jungen definiert. Aber ich fühle mich wie eine Heuchlerin. Schauen Sie sich an, wer in der Familie die Versorgung übernimmt, wer seine Karriere aufgegeben hat, um den Bedürfnissen der Familie Vorrang zu geben, wer sich um alles kümmert, wer das Geld nicht verdient.»[17]

Die Journalistin Peggy Orenstein hatte ein Jahr lang zwei Schulklassen besucht, um zu ergründen, warum Mädchen in der Pubertät an Selbstbewusstsein verlieren. Aus ihren Aufzeichnungen der Gespräche mit den Teenagern sowie den Beobachtungen aus der Schule geht hervor, worin das Problem liegt: Von Mädchen wird erwartet, still und nachgiebig zu sein. Lehrer und Lehrinnen schätzen die Mädchen für ihre Fügsamkeit, aber das hilft den Mädchen nicht weiter.[18] Weil sie für Passivität gelobt werden, fehlt ihnen später der Mut für aktiveres, risikofreudigeres Verhalten – das sie dringend brauchen, um sich mit ihren Interessen und Ambitionen erfolgreich behaupten zu können. Schon in der sechsten Klasse haben sie verinnerlicht, dass «Männlichkeit mit Chancen und Weiblichkeit mit Einschränkungen»[19] verbunden ist.

Von einer Frau werden Sensibilität und Empathie erwartet, ein sorgendes Wesen sollte sie idealerweise haben. Doch wie kommt man mit einem derart einfühlsamen Wesen zu Autonomie und Durchsetzungsfähigkeit? Suzy, ein Mädchen der siebten Klasse, das sich mit ihrer Freundin Lindsay über Berufspläne unterhält, sagt, sie wolle vielleicht Anwältin werden. Daraufhin äußert sich Freundin Lindsay über Suzys Pläne: «Ich versuche mir vorzustellen, wie dieses liebe Mädchen jemanden im Zeugenstand befragt. Du würdest es so machen: ‹Haben Sie ihn getötet? Nein? Oh, in Ordnung, tut mir leid.›»[20] Hier stoßen wir auf ein Kernbedürfnis von Frauen: Nett zu sein und einen guten Kontakt zu anderen zu haben, ist für sie zentral, wie Ursula Nuber, Psychologin und Autorin des Buches «Wer bin ich ohne dich» sagt. «Die Bindung an andere Menschen ist für das weibliche Geschlecht von enormer Bedeutung und zunächst wichtiger als Autonomie.»[21] Doch das lässt Mädchen und Frauen sich in jenen Momenten zurücknehmen, in denen eigentlich genau das Gegenteil gefordert wäre. Dadurch, dass sie sich durch Beziehungen zu anderen definieren, bauen sie ihre weibliche Identität förmlich auf ihrer Bindungsfähigkeit auf. Allerdings nicht, weil ihnen das die Natur in die Wiege gelegt hat, sondern weil es von ihnen erwartet wird.[22] Jungen hingegen werden eher darin bestärkt, möglichst unabhängig von anderen und autark zu sein.

Fatalerweise hat der Drang, sich mit anderen verbunden fühlen zu wollen, die unerwünschte Nebenwirkung, den eigenen Selbstwert zu schwächen. Denn dadurch beginnen Mädchen und Frauen, ihr Licht unter den Scheffel zu stellen – was letztlich nichts anderes ist als der Versuch, Nähe zu anderen auszudrücken und herzustellen. «Beschreibt eine Person ihre Fähigkeiten eher als mittelmäßig oder durchschnittlich, so betont sie damit, dass sie ähnlich wie andere ist»,[23] erklärt die Psychologin von der Freien Universität Berlin Bettina Hannover. Diese ständige Orientierung am anderen fasst ein Mädchen in folgende Worte: «Wenn ich einem großen Menschen begegne, meine ich, größer sein zu müssen. Wenn ich einem kleineren Menschen begegne, denke ich kleiner und zierlicher sein zu müssen. Ich sehe mich immer im Verhältnis zu anderen, und ich sehe nie mich selbst.»[24] Von entscheidender Bedeutung ist, ob es gelingt, eine Balance zwischen Beziehungsorientierung einerseits und individuellen Interessen und Talenten andererseits zu wahren. Denn ohne Frage: Die Fähigkeit, sich in Beziehung zu anderen zu sehen und sich in diese hineinversetzen zu können, ist eine Kompetenz, doch hat diese Stärke auch eine Kehrseite. Wenn ich mich ständig mit anderen auf eine Stufe stellen will, nur um mich mit ihnen verbunden zu fühlen, zwingt mich dies zu einer permanenten Anpassung. Ich sage nicht mehr *meine* Meinung. Ich tue nicht mehr, was *ich* will. Mit anderen Worten: Ich bringe meine innere Stimme zum Schweigen.

«Jessi hatte mit acht Jahren noch Power. Wenn ihr beim Abendbrot im Kreis der Familie niemand zuhörte, nahm sie eine Trillerpfeife zu Hilfe, um sich Gehör zu verschaffen. Mit 13 Jahren ist Jessis Stimme zögerlich, fast unhörbar geworden. Sie weiß, dass Lautsein zu Schwierigkeiten führt.»[25] Selbst viele Jahrzehnte nach Beginn der Feminismusbewegung gilt noch: Ein Mann ist aktiv, eine Frau passiv; ein Mann ist konfliktbereit, eine Frau ist zurückhaltend; ein Mann begehrt, eine Frau wird begehrt. Sobald ein Mädchen in die Pubertät kommt, wird erwartet, dass es sich in die Geschlechterrolle fügt. Die 15. Shellstudie von 2006 spricht davon, dass nach wie vor Prozesse stattfinden, die Mädchen und jungen Frauen stärker eine helfende, unterstützende und eine für andere Personen verantwortliche Rolle in der Gesellschaft zuschreiben.[26] So werden Mädchen immer noch von einem Frauenbild geprägt, das wir glaubten, längst abgelegt zu haben. Infolgedessen überlassen sie das Feld kampflos den Jungen, die sich vordrängeln und reinrufen, und verlegen sich nunmehr aufs Schminken und Haare schön machen – sie werden still und konfliktunfähig.

Doch sehen wir nicht auch weibliche Teenager, die sich gleichermaßen provokativ gebärden, ähnlich wie es beispielsweise in der Girlie-Bewegung der 1990er Jahre die «Spice Girls» vorgelebt haben? Auf den Bühnen dieser Welt riefen sie in aufreizenden Outfits die neue «Girl Power» aus und machten vor, dass von nun an Mädchen gemeinsam unschlagbar seien. Solche «Girlies» sind – damals wie heute – ein gutes Beispiel dafür, was in heutigen Mädchen vorgeht: Mit sexy Minirock und derben Boots signalisieren sie einerseits Angriffslust, doch stellen sie gleichzeitig ihre Attraktivität offensiv zur Schau. Dabei spiegelt ihr Äußeres ihre innere Zerrissenheit wider. Auf diese Weise versuchen Mädchen, den Widerspruch zwischen modernem und traditionellem Mädchenbild auszuhalten – ja, sogar zu inszenieren.

Expertinnen des Zwiespalts

Wenn Mädchen heute also gelegentlich lautstark, spaßbetont und kess daherkommen, sollten wir uns davon nicht blenden lassen und nicht vorschnell daraus schließen, dass sie tatsächlich so souverän und emanzipiert sind, wie sie auftreten. Denn hinter der Fassade mühen sich die Mädchen verzweifelt ab, nach außen möglichst so zu wirken, als ob sie alles locker und leicht geregelt bekämen. Das moderne Mädchenbild der Gesellschaft ist für sie ein Problem geworden: «Mädchen heute sind dem aktuellen Bild entsprechend stark, selbstbewusst, schlau, schlank, sexy, sexuell aktiv und aufgeklärt, gut gebildet, familien- und berufsorientiert, heterosexuell, weiblich aber auch cool, selbständig aber auch anschmiegsam, es kann alles bewältigen und kennt keine Probleme, keinen Schmerz – *all dies in Summe, nicht wahlweise.*»[27] Dieses Idealbild überfrachtet die jungen Frauen geradezu mit seinen unterschiedlichen und zum Teil widersprüchlichen Anforderungen.

Der Wunsch, den Erwartungen zu entsprechen, ist groß.[28] Und das bringt die Mädchen in eine Zwangslage: Wie sollen sie einen Kompromiss aushandeln zwischen der Unabhängigkeit, die notwendig ist, um ihre Möglichkeiten auszuschöpfen, und der Unterwürfigkeit, die zwar von ihnen erwartet wird, aber in direktem Konflikt damit steht, sich hervorzutun? Ständig wird ihnen vermittelt, dass jetzt alles möglich sei und sie mit besseren Schulabschlüssen und besseren Diplomnoten Vorteile gegenüber Jungen hätten. Doch die Wirklichkeit zeigt Sexismus in der Werbung, eine allgegenwärtige Vermarktung des weiblichen Körpers und geringere berufliche Chancen für Frauen. «Unter dem Feenstaub moderner Weiblichkeitsattribute bleibt eine dicke Schicht von konservativen Erwartungshaltungen an Mädchen als Teil einer vermeintlich gleichgestellten Position bestehen.»[29]

Wenn sich das Versprechen eines selbstbestimmten Lebens nicht einlöst, ist dies für die Mädchen doppelt frustrierend. Denn solange die Botschaft verbreitet wird, dass Gleichberechtigung längst existiere, bedeutet jedes Scheitern nichts anderes als persönliches Versagen. Wenn alles möglich ist und alles frei gewählt werden kann, verschiebt dies jedes Unvermögen in den Bereich von individuellen Schuldzuschreibungen: «‹Du hast es halt nicht wirklich gewollt!› ‹Selbst schuld!› Schuld, weil die gebotenen Möglichkeiten nicht ausgeschöpft wurden.»[30] Es wird geleugnet, dass es immer noch Benachteiligungen von Mädchen und Frauen gibt. Unablässig werden die Chancen und offenen Türen betont, doch über die Schwierigkeit, dem modernen Frauenbild zu entsprechen, das zwischen «Starkseinmüssen» und «weiblicher Unterordnung» pendelt, wird kaum gesprochen.[31]

Sobald die Mädchen merken, dass die Wirklichkeit eine andere ist, als ihnen vorgemacht wird, versuchen sie, den Widerspruch selbst zu lösen. Plötzlich wird ihnen klar: Es gibt eine Welt der eigenen Erfahrungen – und eine Welt, die von diesen Erfahrungen nichts wissen will. Den Konflikt, in den diese Erkenntnis sie stürzt, nach außen zu tragen, kommt für sie nicht infrage, denn nur indem sie das Spiel von der starken jungen Frau mitspielen, gelten sie als *der Norm entsprechend*. Und als *normal* betrachtet zu werden, ist ihnen wichtig, denn nur so können sie «dazugehören». Verweigerung ist deshalb für die meisten keine Option.

Wir sollten uns nicht davon in die Irre führen lassen, dass überall vehement das hippe, freche und selbstbewusste Mädchen zum neuen Prototyp erklärt wird. Denn das macht uns blind für die inneren Nöte der weiblichen Teenager, die in Wirklichkeit mit «klassisch-konservativen Erwartungen wie süß, sexy, anschmiegsam und schlank zu sein»[32] zu kämpfen haben. Sie registrieren sehr genau, wie heute den Frauen abverlangt wird, berufstätig zu sein und trotzdem gleichzeitig die Kinder zu erziehen und den Haushalt zu wuppen. Am Ende werden sie zu «Expertinnen des Zwiespalts»[33] – allerdings zu einem hohen Preis, denn die Bewältigung des Dilemmas geht auf Kosten ihrer Selbstsicherheit und Konfliktfähigkeit.

3.2 Barrieren aus Beton – die Berufsjahre

«Meine Eltern haben meiner Schwester und mir immer gesagt: Macht das, was für euch gut ist»,[1] erzählt die 26-jährige Nina Mattenklotz in einem Interview. Und eine 21-jährige Studentin der Nautik, deren großes Ziel es ist, Schiffskapitänin zu werden, ist überzeugt: «Es gibt keinen Grund, warum Frauen es nicht ganz nach oben schaffen sollten, auf die Kommandobrücke. Sogar auf dem Meer.»[2] Tatsächlich käme keiner heute mehr auf die Idee, einer jungen Frau zu sagen: Das kannst du nicht. Oder: Das ist nichts für Frauen. Es gibt eigentlich nichts mehr, das sie aufhalten könnte. «All die Eigenschaften, die am Anfang wichtig sind – gute Schulnoten, Wissbegier, Fleiß, Sozialkompetenz, Flirtkompetenz –, sind bei 23-jährigen Frauen häufiger vorhanden als bei gleichaltrigen Männern», erinnert sich die Journalistin Heike Faller, Jahrgang 1971, an ihren Einstieg ins Arbeitsleben. Und setzt nach: «Ich habe lange gedacht, dass es Frauen im Beruf sogar einfacher haben.»[3]

Irgendwann kommen fast jeder Frau die ersten Zweifel. Nur etwa ein Drittel Ausnahmefrauen, so schätzt die Femtec-Geschäftsführerin Heike Lukoschat, werden ihre selbstgesteckten Ziele erreichen.[4] Der Rest «versandet» – macht die Erfahrung, «stecken zu bleiben».[5] Auch der Gleichstellungsbericht der Bundesregierung aus dem Jahr 2011 spricht von «geringeren Verwirklichungschancen der weiblichen Jugendlichen»[6] am Ausbildungs- und Arbeitsmarkt. Trotzdem betrachten Frauen in jungen Jahren die Gleichberechtigung als völlig selbstverständlich und als etwas, das längst erreicht ist, weswegen sie zunächst oftmals gegen eine Frauenquote sind. Erst später kommt mit den ersten irritierenden Erfahrungen die Ernüchterung – und damit der Zweifel an der Chancengleichheit. Teresa Bücker, eine angesehene Bloggerin und Autorin, Jahrgang 1984, erklärt hierzu: «Am Anfang war ich gegen die Quote. Das ist eine typische Haltung junger Studentinnen.» Seit sie im Berufsleben stehe, sei sie immer feministischer geworden, so sagt sie, und «durchaus pro Quote».[7]

Im Laufe des Berufslebens stellt sich das Gefühl ein, auf der Stelle zu treten, vor verschlossenen Türen zu stehen, die eigenen Ziele in unerreichbare Gefilde schwinden zu sehen. «Gläserne Decke» wird das genannt, was Frauen im Beruf «unten» hält: eine unsichtbare Barriere, die verhindert, dass es Frauen an die Spitze schaffen. Doch dass Frauen immer noch gegenüber Männern im Nachteil sind, wird teils laut und empört zurückgewiesen. «Gläserne Decke» und «überholte Rollenbilder» seien Vergangenheit, wettert Bettina Weiguny in der *Frankfurter Allgemeinen Zeitung*. Lernt Mathe, wagt etwas, setzt die richtigen Prioritäten – aber bitte, jammert bloß nicht mehr, so die Analyse der Journalistin.[8] Was aber, wenn die Erfahrungen zeigen, dass ich noch so tough und zielgerichtet vorwärtspreschen kann – und dann trotzdem gegen Mauern anrenne? Was, wenn ich mich dafür wappne und trotzdem spüre, dass ich anders beurteilt, sogar benachteiligt werde, nur weil ich eine Frau bin?

Als weniger qualifiziert gesehen und unterschätzt zu werden – das erleben Frauen heute immer noch. «Ich frage Arbeitgeber oft, warum sie weibliche Beschäftigte schätzen. Solange man mir antwortet, dass Frauen fürs Betriebsklima gut sind, solange man sagt, die gießt die Blumen, tut das Klopapier hin und sorgt dafür, dass die Menschen nett miteinander sind, solange sieht man die Frauen nicht als qualifizierte Kräfte», erzählt eine Beauftragte für Chancengleichheit bei der Bundesagentur für Arbeit und fügt hinzu: «Das zu ändern ist Schwerstarbeit.»[9] Die Mechanismen, die Frauen ausbremsen, sind offensichtlich hartnäckig.

Die Hausfrau im Kopf

Besonders auffällig sind für Frauen die Benachteiligungen, die sie als Mütter erleben. So erzählt eine Frau in der *ZEIT* davon, wie sie nach einem Jahr Elternzeit zurück in den Betrieb kam und wieder Vollzeit im selben Job arbeitete.[10] Davor war sie eine Karrierekandidatin mit der Aussicht, weiter aufzusteigen und noch mehr zu verdienen, und für sie stand außer Frage, dass sie nach der kurzen Babypause daran anknüpfen könne. Doch nach ihrer Rückkehr bekam sie nicht nur weniger Gehalt, sondern auch noch ihren ehemaligen Kollegen als Vorgesetzten – der ebenfalls ein kleines Kind hatte. Allerdings schien das anders bewertet zu werden.

Wird ein Mitarbeiter Vater, ist die Reaktion meist große Freude. Nimmt er gar Vaterschaftsurlaub, wird ihm anerkennend auf die Schulter geklopft und nach seiner Rückkehr an den Arbeitsplatz ist für ihn alles wie zuvor. An diesen unterschiedlichen Reaktionen zeigt sich, dass immer noch «die Hausfrau im Kopf» existiert – das traditionelle Rollenmuster von dem Mann als Ernährer der Familie, dessen Frau ihm daheim den Rücken frei hält. Dies führt zu der Annahme, Frauen würden spätestens mit der Familiengründung weniger arbeiten und häufiger ausfallen, weswegen Vorgesetzte und Personalchefs zögerlicher bei der Beförderung von Frauen sind.

Stereotype sind auch mitverantwortlich für den «Schmidt sucht Schmidtchen»[11]-Effekt, der den Umstand beschreibt, dass Männer ihre Geschlechtsgenossen bevorzugen und lieber unter ihresgleichen bleiben. Dies führt im Berufsleben dazu, dass besonders die höheren Etagen männlich dominiert sind und den Frauen der Zugang versperrt bleibt.[12] Egal, wie unzeitgemäß es scheint: Ein Mann stellt eher einen Mann ein und befördert diesen eher als eine Frau. Dabei handele es sich durchaus um «ökonomisch rationales» Verhalten, wie Mathematikprofessor Wolfgang Mackens nüchtern erklärt, weil es mit weniger Risiko verbunden sei, sich an das Bekannte zu halten.[13] Männer holen sich lieber männliche Kollegen und Mitarbeiter ins Boot, weil sie meinen zu wissen, wie diese ticken. Außerdem fallen Männer nicht durch Schwangerschaften und Erziehungszeiten aus und gelten in dieser Hinsicht selbst als Väter als berechenbarer. Von Frauen wird nach wie vor geglaubt, diese seien nicht nur weniger verlässlich, sondern auch weicher, unsicherer und könnten dadurch weniger Leistung bringen bzw. zum Erfolg beitragen. «Sie gelten als nicht so produktiv, weniger belastbar und weniger karriereorientiert.»[14]

Es gibt latente Mentalitätsmuster bei den Männern, die den Frauen Türen verschließen, erkannte der Soziologe Carsten Wippermann – auch wenn es anfangs gar nicht danach aussähe. Denn die von ihm in einer Forschungsstudie befragten Manager sprachen sehr positiv über Frauen und zeigten auf ihrer Einstellungsebene eine große Sympathie für Frauen in Führungspositionen. Doch wenn man in die Tiefe gehe, könne man das leicht als «gender political correctness» entlarven, so der Forscher aus Heidelberg.[15] Kratzt man an der Oberfläche, kommen folgende drei Grundhaltungen bei den Männern hervor: Der konservative Typus findet, dass Frauen schlichtweg aufgrund ihres Geschlechts weniger geeignet seien und man sie eher für den familiären Background brauche. Der emanzipierte Typus findet zwar, dass Frauen und Männer in gleichem Maße auf allen Hierarchieebenen vertreten sein sollten, glaubt aber, dass Frauen chancenlos gegenüber den Machtritualen der Männer seien. Und der individuelle Typus meint, dass das Geschlecht keine Rolle spiele, sondern nur die Persönlichkeit entscheide, ob man es in die Topetagen schafft. Seiner Ansicht nach aber mangelt es an Frauen, die alle Voraussetzungen erfüllen und sich für diese Positionen bewerben. Bei aller Unterschiedlichkeit der drei Mentalitätstypen fiel in den Erzählungen der Männer eines besonders auf: Alle beschrieben nur, was *gegen* Frauen spricht – was *für* Frauen spricht, kam nicht vor. Dies, so Wippermann, sei der übliche Reflex in den Führungsetagen und deute auf eine vorbewusste Blockade gegenüber Frauen hin.[16]

Trotzdem wäre es zu kurz gedacht, die Schuld alleine bei den Männern zu suchen. Die «Hüter der gläsernen Decke» sind nicht die einzelnen Männer, sondern die «zementierten Mentalitätsmuster».[17] Das heißt, es sind vielmehr die unbewussten Einstellungen und Rollenbilder, die dafür sorgen, dass Frauen als nachgiebiger, zögerlicher und schwächer betrachtet werden, und somit dazu führen, dass Frauen nicht weiterkommen. Diese Denkmuster finden sich in den Köpfen von Frauen ebenso wie in denen von Männern.

Dass hier etwas ganz subtil im Hintergrund wirkt, bestätigt auch eine andere Studie. Diese blickte auf Bedeutung und Größe der Projekte und verglich jene, die Männern anvertraut werden, mit denen, die Frauen zugeteilt bekommen. Das Ergebnis zeigte erbarmungslos, dass die großen, wichtigen und internationalen Projekte an Männer übertragen werden, Frauen hingegen lediglich die kleineren, risikoärmeren Projekte leiten. Zudem war das Budget der von Männern betreuten Projekte zweimal so groß und die Projektteams hatten dreimal mehr Mitarbeiter als jene der Frauen.[18]

Von echter Gleichberechtigung sind wir offensichtlich noch weit entfernt, wenn Männer und Frauen immer noch unterschiedlich betrachtet werden. Übt ein Mann Kritik, gilt er als durchsetzungsfähig und als guter Geschäftsmann, wenn aber eine Frau etwas beanstandet, heißt es, sie sei ‹schwierig› oder gar eine ‹Zicke›. Vor allem, wenn sie nicht in das gängige Klischee von Weiblichkeit passen, erfahren Frauen Widerstand und erhalten abwertende Signale. Mehr Respekt wünschen sich vor allem jene, die in Männerdomänen vordringen. Sie haben besonders mit Skepsis und Abwertungen zu kämpfen: «Können Sie das alles auch?» ist eine Frage, die Handwerksgesellinnen immer noch regelmäßig gestellt wird. «Ist der Meister nicht da?» bekommen weibliche Kfz-Mechatroniker häufig zu hören.[19]

Was Männern zugeschrieben wird und was – im Kontrast dazu – als typisch weiblich gilt, trägt enorm dazu bei, dass Frauen es nicht schaffen, aus dem Schatten der Männer herauszutreten. Ein gutes Beispiel hierfür ist ein Reflex, der plakativ mit «think manager – think male»[20] beschrieben wird: Wer sich eine Führungskraft vorstellt, denkt automatisch an einen Mann. Tatsächlich ist heute noch die Denkweise verbreitet, dass Führungsqualität etwas typisch Männliches sei und Frauen die Kompetenz dafür fehle. Denn Führungskompetenz wird mit Durchsetzungsfähigkeit und Selbstbewusstsein gleichgesetzt – und beides wird Frauen abgesprochen. Dass wir uns damit schon in dem Grenzbereich zum Sexismus bewegen, ist vielen nicht bewusst, doch immer dann der Fall, wenn jemandem, nur weil sie eine Frau ist, eine ganz bestimmte Rolle zuwiesen wird.[21]

«Die Selbstverständlichkeit von Sexismus 2013»[22]

Auch wenn sich Sexismus mittlerweile meist in subtile Formen kleidet, gibt es durchaus derbe Grenzverletzungen. Dabei ist es ein Unterschied, ob ein blöder Spruch auf einer Party fällt oder am Arbeitsplatz, wo ein entsprechendes Machtgefüge

herrscht. Von unverhohlenen Anzüglichkeiten im Beruf erzählt Hatice Akyün vom *Tagesspiegel*: «Einmal äußerte ich
impulsiv inhaltliche Kritik an einer Geschichte. Mein dama-
liger Chefredakteur meinte: ‹Was ist denn mit dir los, bist du
schlecht gevögelt?› Die männlichen Kollegen grinsten, die
weiblichen schwiegen und schauten betreten auf den Boden.
Und ich antwortete mit Herzklopfen: ‹Falls das ein Angebot
war, würde ich gerne den Betriebsrat mit in die Verhandlungen
einbeziehen.›»[23]

Auch im politischen Betrieb gehört Sexismus noch dazu,
wie die Politikredakteurin bei *Spiegel Online*, Annett Meiritz,
aus persönlicher Erfahrung zu berichten weiß: «Tittenbonus»
habe ein Politiker der Berliner Piratenpartei die Frauenquote
genannt, und ein Fraktionskollege von ihm habe eine ehema-
lige Partnerin als «Ex-Fickse» bezeichnet.[24] Das Medienecho
war entsprechend vernichtend. Und so verprellten die Piraten
damit nicht nur ihre weiblichen Mitstreiterinnen, sondern
auch Wähler und Wählerinnen, Bürger und Bürgerinnen. Am
Ende vermitteln derartige Auswüchse, dass weiblich minder-
wertig bedeutet. Spätestens mit dem Brüderle-Vorfall und der
anschließenden #aufschrei-Debatte auf Twitter ist deutlich
geworden, was lange totgeschwiegen wurde, nämlich dass
Sexismus nicht etwa ein Relikt der Vergangenheit ist, sondern
mit einer gewissen Selbstverständlichkeit noch im heutigen
Alltag existiert.

Natürlich sind nicht alle Männer in dieser Ecke zu finden
und es gibt durchaus einige, denen das Verhalten ihrer Geschlechtsgenossen peinlich ist. So beschreibt zum Beispiel der
Journalist Till Raether, wie ein Kollege über eine Mitarbeiterin
sagt: «Das ist die Frau mit dem besten Arsch im ganzen Büro.»[25]
Für Raether als Mann ist ganz klar: Hier geht es weder um
Erotisches, noch Flirterei und ebenso wenig um Sexuelles.
«Das hat ausschließlich mit Macht zu tun. Männer reden so,
um sich gegenseitig zu versichern: In diesem Spiel bestimmen
wir die Regeln.»[26] Herrenwitze und Anzüglichkeiten sind

weniger sexuelle Aufdringlichkeiten, sondern in erster Linie Machtgesten.

Männer, die sich solche Überheblichkeiten und Unverschämtheiten herausnehmen, fühlen sich allerdings nicht unbedingt überlegen, sondern eher verunsichert. «Wenn da eine Frau reinkommt, dann sind sie erst mal irritiert und denken, die gehört doch hier gar nicht her. Die gehört doch in ihr angestammtes Feld, und das ist die Häuslichkeit und das ist die Erotik. Durch den Herrenwitz und durch die Anmache stupsen sie sie, schubsen sie sie dahin symbolisch zurück», sagt die Publizistin Barbara Sichtermann. Demzufolge ist dieses Gebaren eine «Dominanzgeste, die der Frau ihren Platz zuweist».[27] Das heißt, Sexismus drückt eine Geringschätzung von Frauen aus. Mit diesen Haltungen und Werten werden wir im Alltag immer noch regelmäßig konfrontiert. Sie verunsichern Frauen und tragen dazu bei, dass sie sich zurücknehmen und sich weniger durchsetzen. Und so werden die Barrieren in den Köpfen der anderen auch zu Barrieren in den Köpfen der Frauen.

Innere Barrieren

Statt auf die eigenen Leistungen aufmerksam zu machen, halten sich Frauen oft damit zurück. «Ich wehre mich immer, wenn man mich auf so 'n Podest stellt, wo ich denke, da war nichts»,[28] sagt eine Teilnehmerin eines Workshops für Karrierefrauen. Wie eine Studie des Frauennetzwerks «European Women's Management Development» deutlich macht, fehlt es den Frauen ganz und gar nicht an Führungsqualitäten wie Mut oder Durchsetzungsfähigkeit, sondern an dem Glauben an sich selbst.[29] Frauen vertrauen zu wenig ihren eigenen Fähigkeiten und Leistungen. Daraus erwachsen Angst vor Erfolg und Angst vor Verantwortung – ein Teufelskreis. Frauen glauben, nur weil sie Frauen sind, könnten sie bestimmte Dinge nicht, und tappen dadurch in Klischeefallen, mit denen sie sich selbst ausbremsen. «Das Sich-selbst-aus-dem-Rennen-Nehmen, das Sich-im-Hintergrund-wohler-Fühlen und das Ich-muss-nicht-von- allem-Haben sind vielleicht die alarmierendsten Konsequenzen der über Jahrhunderte gewachsenen und tradierten Denk- und Verhaltensmuster. In einer Art ‹amor fati›, einer Liebe zu ihrem sozialen Schicksal, bestätigen Frauen unbewusst die tief in ihnen verwurzelten Geschlechterstereotypen»,[30] analysiert Karrierecoach und Sozialwissenschaftlerin Ulrike Ley. Dadurch entstehen innere Blockaden, die das Weiterkommen behindern.

Hinzu kommt ein typisches Musterschülerinnen-Verhalten, das für die Frauen im Berufsleben einen großen Nachteil darstellt, wie Thea Dorn, die Autorin des Buches «Die neue F-Klasse», findet.[31] Frauen erfüllen gerne brav ihre Aufgaben und möchten alles richtig machen. Dabei hoffen sie, dass ihnen die Anerkennung dafür von ganz alleine zufällt und dass es schon irgendwie bemerkt wird, wie gut und fähig sie sind, ohne dass sie dafür nach vorne treten müssen. Auf der Hochschule zählten in erster Linie Leistung und Noten, um weiterzukommen, weiß Angelika Wagner, die seit 1990 das «Expertinnen-Beratungsnetz» an der Universität Hamburg leitet. Im Beruf hingegen träfen Frauen dann auf eine ganz andere Welt – mit Männern, die es von klein auf gewohnt seien, um ihren Platz zu rangeln. Auf viele Frauen wirke das, als hätten sie Tennis spielen gelernt und müssten sich nun auf dem Fußballfeld beweisen.[32] Sie präsentieren sich und ihre Leistungen einfach nicht deutlich genug. Sie drängen sich nicht vor, wenn es darum geht, Posten zu verteilen oder Ergebnisse vorzuzeigen.

Hier spielen zwei Faktoren eine Rolle: Zum einen werden Frauen schon als Mädchen dazu erzogen, fleißig zu sein und sich freundlich zurückzunehmen. Zum anderen belegen Studien, dass Frauen eher den Wettbewerb scheuen.[33] Diese Scheu verhindert, von anderen wahrgenommen zu werden. Wenn Frauen zögerlicher wirken und vor einer Führungsrolle zurückscheuen, liegt das daran, dass sie in einen Konflikt geraten, weil Macht und Konkurrenz als unweiblich gelten. Delegieren, dominieren oder Anweisungen erteilen ist etwas, das nicht in unserem weiblichen Rollenbild vorgesehen ist. Führung wird immer noch als Männerdomäne betrachtet, und das lehrt Frauen, dass dies nicht ihr Terrain ist.[34]

Von den Barrieren, die einer Frau im Weg stehen, wenn sie an die Spitze will, berichtet auch Sheryl Sandberg in ihrem Buch «Lean in». Anfangs, so erzählt sie, habe man ihr eindrücklich davon abgeraten, ihre persönlichen Erlebnisse zu veröffentlichen. Sie würde nie wieder als Geschäftsfrau ernst genommen werden, wenn sie darüber rede, hieß es. Die wenigsten Frauen wollen über ihre Erfahrungen offen sprechen. Nicht nur, weil sie nicht als humorlos gelten und sich nicht in die Opferrolle begeben möchten, sondern auch weil sie «Abstrafung» befürchten. Forscherinnen, die mit jungen Wissenschaftlerinnen sprachen, trafen auf eine enorme Angst davor, aufgedeckt zu werden.[35] Denn sich über Diskriminierung zu beschweren, würde bedeuten, seine berufliche Reputation aufs Spiel zu setzen und die Karriere noch mehr zu behindern. Keine will als unprofessionell gelten oder als eine, die die Schuld auf andere schiebt. «Jeder, der sein Geschlecht zum Thema macht, watet in tiefes, schlammiges Gewässer.»[36]

Sandberg tat es trotzdem, das Buch wurde ein Bestseller und ist in 24 Sprachen übersetzt worden. Die Geschäftsführerin von Facebook ermuntert die Frauen dazu, sich nicht bescheiden im Hintergrund aufzuhalten. Gleichzeitig holt sie die Frauen in ihrer Verunsicherung ab, ob und wie es gehen soll, als Frau Karriere zu machen – eventuell sogar als Mutter. «Manchmal ertappe ich mich bei ‹typisch weiblichen Verhaltensweisen›, bin in Versuchung, zurückzustecken, mich zu sehr zu rechtfertigen – dann denke ich: Halt, denk an Sheryl!»,[37] beschreibt eine Unternehmerin, wie ihr das Buch geholfen hat. Sandberg schildert in vielen Beispielen, was viele ihrer Leserinnen auch erlebt haben: Von Frauen wird erwartet, dass sie nett zu anderen sind, anderen helfen und an andere denken. Es passt nicht ins Bild, wenn Frauen hart verhandeln, ihre Erfolge vorzeigen und Entscheidungen über andere treffen. Sie gelten dann nicht als echte Frau. Und so kommt es, dass Frauen sich zurücknehmen, statt laut ‹hier› oder ‹ich› zu rufen.

Das eigentliche Übel ist die «Genderbrille», durch die wir alles und jeden betrachten. «Immer noch existiert in unserer Welt eine bestimmte Art und Weise, die Frauen daran zu erinnern, dass sie Frauen sind, und die Mädchen daran zu erinnern, dass sie Mädchen sind»,[38] mahnt Sandberg. Allerdings dürfen wir nicht vergessen, dass solche Denkmuster auch in den Köpfen der Frauen selbst existieren, die häufig ebenso unterschiedliche Maßstäbe anlegen – bei sich und bei anderen Frauen. Alles, was Frauen versanden und stecken bleiben lässt – das mangelnde Selbstbewusstsein und die Selbstzweifel sowie die tatsächlich existierenden Ungerechtigkeiten und Ungleichbehandlungen in der Arbeitswelt –, all das hat damit zu tun, dass Frauen und Männer mit verschiedenen Augen betrachtet werden. Immer noch. Es sind hartnäckige Geschlechterklischees, die wie Barrieren aus Beton wirken.

3.3 «Bitterfotze» – Tiefpunkte einer Paarbeziehung

Vier Freundinnen treffen sich regelmäßig an einem Nachmittag in der Woche. Sie alle haben eine hoch qualifizierte Ausbildung – eine ist Unternehmensberaterin, eine ist Ärztin, zwei sind Anwältinnen. Sie alle haben Kinder. Und sie alle hatten einst vor, trotz der Kinder in ihrem Beruf so zielstrebig weiterzumachen wie zuvor. In einem Zeitungsartikel kann man nachlesen, was daraus wurde. Wie ihre Pläne an der Realität scheiterten. Wie sie sich wundern, dass sie es nicht haben kommen sehen. Wie sie der Lüge von der Vereinbarkeit aufgesessen sind. «Nach ihren Jobs gefragt, werden die Freundinnen einsilbiger. Denn in dem Maße, wie ihre Familien wuchsen, sind ihre

Karriereaussichten geschrumpft. Hätte man sie vor fünf Jahren gefragt, ob die Kinder etwas daran ändern würden, hätten die Freundinnen den Kopf geschüttelt.»[1] Doch aus dem ursprünglichen Plan, rasch wieder Vollzeit zu arbeiten, wurde nichts. Die Energie, die es kostet, ein Kind aufzuziehen, wurde unterschätzt. Wenn jemand zu Hause bleiben musste, weil das Kind krank wurde, war *sie* das – und nicht der Partner. Die häufigen Krankheiten der Kinder in den ersten Lebensjahren führten zu vielen Fehlzeiten am Arbeitsplatz. Den Rest kann man sich denken. Viele Frauen in ähnlichen Situationen landen in der beruflichen Sackgasse und irgendwann geben sie alles auf: die Ambitionen, die inneren Widerstände, ihre ursprünglichen Pläne.

Da will eine Frau eine Familie haben, trotzdem möchte sie sich beruflich weiterentwickeln, wünscht sich geistige Beanspruchung und neue Herausforderungen – das, was für einen Mann ganz selbstverständlich ist. Dann soll sie plötzlich «Kastanien sammeln, Kuchen backen», wie sich Judith Holofernes darüber aufregt, dass Mütter ständig und überall in die Pflicht genommen werden. «Ich bin voller Liebe, aber ich möchte nicht den ganzen Tag Spielzeugautos hin- und herschieben. Ich habe Hirn!»[2] Mit der Geburt des ersten Kindes passiert etwas, womit die wenigsten Frauen rechnen: Sie bleiben nicht nur beruflich stecken, sondern sind auch noch nahezu alleine für die gesamte Hausarbeit und Versorgung der Kinder verantwortlich. Dabei wird seit Jahren nichts lauter propagiert als die Vereinbarkeit von Beruf und Familie. Wenn es damit hin und wieder hapert, schiebt man das den fehlenden Kita-Plätzen zu. Doch dass es längst nicht damit getan ist, die Kinder morgens in die Krippe zu bringen oder in die Schule zu schicken, wird verschwiegen. Fröhlich wird jungen Frauen erzählt, sobald *sie* die Betreuung ihrer Kinder geregelt hätten, könnten sie im Job wieder voll durchstarten. Die Wahrheit ist: Mit der Familiengründung begibt sich die Frau in einen Kosmos, der ihr zuvor völlig unbekannt war und für den sie wie selbstverständlich die Zuständigkeit zugeschoben bekommt. Salate für Schulfeste zubereiten, Arztbesuche, Wadenwickel, Spuckeimer halten, trösten, bei den Hausaufgaben helfen, Kindergeburtstage organisieren, Geschenke besorgen, Elternabende, Fahrdienste, Kleidung und neue Schuhe kaufen, Essen kochen, dazu noch Putzen und Wäsche waschen – das «bisschen Haushalt» eben. Das alles macht meist Mutti neben der Arbeit. «Die ‹neuen Väter› bleiben ein urbaner Mythos. Die Frau kann sich also ausrechnen, wie viel Zeit er mit den Kindern verbringen wird. Sie hat demnach die Wahl zwischen einem Dreifachjob, also Hausarbeit, Kindererziehung und Beruf zu dreiviertel der Bezüge des Mannes – oder sie bleibt zu Hause und lernt das Gesamtwerk Benjamin Blümchens kennen.»[3] Das schreibt Malte Welding, der Mann, der auch sagt, die Frau sei der «Packesel der Emanzipation».

Junge Frauen mit konkreten beruflichen Zielen haben meist eine sehr klare Auffassung davon, dass für sie nur ein Lebensgefährte infrage kommt, der ihre Vorstellungen von einer gleichgestellten Partnerschaft teilt, wie eine Studie aus dem Jahr 2007 zeigt.[4] Auch eine Befragung des Deutschen Jugendinstituts bestätigt, dass es den Mädchen und Frauen wichtig ist, sich die Hausarbeit mit ihrem Partner zu teilen.[5] Am Anfang der Partnerschaft und Ehe klappt das noch recht gut. Über die Hälfte der Paare teilt sich zum Zeitpunkt der Eheschließung die üblichen Hausarbeiten wie Kochen, Spülen, Putzen, Wäsche waschen. Doch je länger eine Ehe dauert, desto eher schleifen sich alte, traditionelle Verhaltensmuster ein: Der Mann beteiligt sich immer weniger an den Hausarbeiten, von gleicher Verteilung ist weniger und weniger zu spüren und am Ende trägt die Frau die Hauptlast.[6] Die Veränderungen und Modernisierungen unserer Lebenswelten haben daran offensichtlich nichts geändert.

Das erste Kind verändert alles

Den entscheidenden Wendepunkt bringt meist das erste Kind. Spätestens dann werden viele ehemals gefassten Vorsätze und Ideale über Bord geworfen und es kommt zur altbekannten Zuweisung: Sie konzentriert sich auf den Haushalt – er auf das Geldverdienen. Wie aber kommt es zu diesem Bruch? Im ersten Jahr nach der Geburt bleiben viele Mütter zu Hause – teils weil *sie* es selbst wollen, teils weil man es von einer frischgebackenen Mutter so erwartet. Damit verlagern sich neben der Pflege des Kindes auch immer mehr Haushaltstätigkeiten klammheimlich auf die Mütter. Was dann noch erschwerend hinzukommt, ist die «Trägheit»: Beide Partner gewöhnen sich an das neue Arrangement und leben so weiter. Im Laufe der Zeit wird diese Aufteilung zementiert.[7]

Diese «Retraditionalisierung bisheriger Rollenvorstellungen» ist nicht nur erstaunlich, sondern auch ziemlich folgenreich, wie das Deutsche Jugendinstitut aufzeigt: Die Aufgaben zwischen Mann und Frau werden mit Beginn der Elternschaft plötzlich ungleich verteilt – und dadurch die Chancen junger Mütter zu arbeiten für längere Zeit beschränkt.[8] Bemerkenswert ist vor allem, was Forscher aus Potsdam in diesem Zusammenhang bei den Frauen aufgefallen ist: Diese reaktivieren hier jene traditionellen Rollenbilder, die sie in ihrer Kindheit und Jugend verinnerlicht haben: «Frauen werden durch eine Elternschaft gewissermaßen auf die Muster des Jugendalters zurückgeworfen.»[9] Das heißt, das, was wir im Jugendalter als kollektive Normen erleben, prägt uns nachhaltig. Und je nach äußeren Umständen werden diese wieder aktiviert.

Das bedeutet allerdings nicht, dass die Frauen mit der «Rückwärtsrolle» in traditionelle Muster einverstanden oder gar zufrieden sind. Im Gegenteil: Weil diese Aufgabenverteilung nachteilig auf ihre berufliche Entwicklung wirkt, beeinflusst das ihre Partnerschaft negativ. Derartige «Spillover-

Effekte» sind explosiv: «Fast die Hälfte der Paarbeziehungen ist fünf Jahre nach der Geburt eines Kindes auf dem Tiefpunkt ihrer Partnerschaftsqualität angelangt.»[10]

Dabei fängt alles so vielversprechend an. Erwartungsvoll starten junge Frauen ins Berufsleben, wollen arbeiten, sich beweisen. Doch dann kommt vieles anders als gedacht und damit häufig die Erkenntnis, dass Familie, Haushalt *und* Beruf schlichtweg zu viel, zu anstrengend, zu zermürbend sind. Plötzlich sieht es so aus, als drängten die Frauen mit aller Macht wieder an Herd und Wickeltisch. Gerade hoch qualifizierte Frauen, Akademikerinnen, bleiben neuerdings nach der Geburt lieber zu Hause und kehren nach der Babypause nicht zurück – allerdings nicht weil sie dazu keine Lust haben, sondern weil der Druck zu groß wird. «Die Erwartungen sind so hoch, dass sie den jungen Frauen die Freiheiten und den Spaß zu nehmen scheinen»,[11] sagt eine Spitzenfrau der deutschen Wirtschaft. Voller Einsatz ist heute nicht nur im Beruf gefordert. Perfektionismus regiert in allen Lebensbereichen. Nebenbei soll frau noch die Supermama mit perfektem Vorzeigekind und blitzblankem Zuhause sein. Die Messlatte wurde enorm hochgelegt. Dies hat entsprechende Folgen: «Fast 60 Prozent gehen zwei Jahre oder länger in Elternzeit. Danach arbeiten viele – wenn überhaupt – nur noch Teilzeit»,[12] hat eine Studie unlängst nachgerechnet. Die «Rolle rückwärts» kommt überraschend, doch wenn beides – Kind und Karriere – nicht gleichzeitig zu leisten ist, dann fällt die Wahl nicht selten darauf, zu Hause zu bleiben. Manchmal ist die Macht der «gesellschaftlichen Rollenbilder»[13] größer als der Ehrgeiz, die ursprünglichen Ziele weiterzuverfolgen, wie es Bernd Fitzenberger sagt, der mit seinem Team 6000 Erwerbsbiografien weiblicher Mitarbeiter, die ein Kind bekommen hatten, unter die Lupe nahm.

Stumme Wut

Bemerkenswert ist, dass dies alles ohne Protest passiert, dass die Frauen ihre Träume und Ziele scheinbar ganz stillschweigend begraben. Nur wenige thematisieren die Wut der Frauen – wie Jutta Allmendinger, die Soziologin und Arbeitsmarktforscherin, die aus zwei groß angelegten Befragungen ziemlich genau weiß, was die Frauen über ihr Leben denken. Dafür hat sie über 2000 Frauen und Männer interviewen lassen, um herauszufinden, welche Vorstellungen sie von ihrem Leben haben und wie es sich dann tatsächlich entwickelt. «70 Prozent der befragten Frauen sind wütend, weil so viel an ihnen hängt»,[14] erzählt Jutta Allmendinger von der Empörung, von dem Druck, dem Sich-allein-gelassen-Fühlen und der Zerrissenheit der jungen Frauen. «Sie wollen Kinder, aber sehen sich mit ihrem Nachwuchs auf einer Halbtagesstelle hocken, alles schön flexibel, aber in Wahrheit sind sie aussortiert.»

Auch Maria Sveland hat viel von der unterdrückten Wut der Mütter über die ungerechte Verteilung der häuslichen Arbeit ans Tageslicht gebracht. Ihr Roman «Bitterfotze» erzählt schonungslos von der vielfältigen Frustration einer jungen Mutter, die ausgelaugt und verbittert ihren Ärger darüber rauslässt, dass sie sich zwischen Arbeit und Kind zerreißt, während ihr Ehemann seelenruhig unterwegs ist. Dass die Schwedin damit auch einen Nerv bei den deutschen Müttern trifft, zeigen die Verkaufszahlen sowie die Kommentare und Rezensionen.[15] Gleichzeitig wurde der Roman wegen des provozierenden Titels und weil darin angeprangert wird, wie wenig Gleichberechtigung zwischen Frau und Mann tatsächlich existiert, als Skandalbuch verschrien. Der KiWi-Verlag, in dem die deutsche Ausgabe erschien, erzählt, wie das Buch bei ihnen im Haus «so heftige Diskussionen auslöste, dass ein (männlicher) Kollege beleidigt das Zimmer verließ und noch Stunden später kleine Grüppchen auf dem Gang zusammenstanden, um sich auszu-

tauschen.»[16] Der Verlag entschloss sich dennoch für die Veröffentlichung, weil man glaubte, dass sich viele Frauen in dem
kompromisslos ehrlichen Roman wiederfinden. Und tatsächlich bestätigten Leserinnen prompt die Erfahrungen der Mutter in dem Buch: Frauen dürften zwar heute «zum seelischen
Wohlbefinden etwas arbeiten», müssten «ansonsten aber Küche, Kinder, Krankheiten wie in den vergangenen Jahrzehnten
einfach zusätzlich versorgen».[17]

Warum drückt sich diese Frustration denn aber nicht in Empörung aus? Weil hier etwas wirkt, dem sich Frauen (sowie
Männer) schutzlos ausgeliefert fühlen: die Macht der Rollenbilder. Die Frauen wehren sich nicht, weil sie denken, sie müssten den Bildern entsprechen, die wir von einer Frau haben: die
Fürsorgliche. Die Kümmernde. Die Rotznasen Putzende. Die
Kochende. Mit diesen Bildern sind Erwartungen verknüpft, die
man selbst dann erfüllt, wenn sie den eigenen Interessen zuwi-
derlaufen. Eine Frau bekommt ein schlechtes Gewissen bei
dem Gedanken daran, dass das Kind alleine ist und die Küche
im Dreck versinkt, weil es nicht dem gesellschaftlichen Bild
von einer Frau entspricht, so etwas zuzulassen. Und so nimmt
sie rasch den Spüllappen zur Hand und das Kind auf den Arm.
Von einem Mann wird hingegen erwartet, dass er die Familie
ernährt und sich in der Welt «da draußen» behauptet (und
damit unterliegen Männer ebenso Rollenerwartungen wie
Frauen). Deswegen hört man von ihm auch selten, er habe ein
schlechtes Gewissen, wenn er seine Kinder tagelang kaum
oder gar nicht sieht, oder wenn es 19 Uhr ist, die Familie hungrig und der Kühlschrank leer ist, oder wenn sich die Dreckwäsche stapelt und der Nachwuchs wartend in der Kita sitzt.
Sich darüber Gedanken zu machen, wird von ihm auch nicht
erwartet. Er kann darauf bauen, dass sich eine Frau zu Hause
darum kümmert. Eine, die sich an ihrem Bild von Weiblichkeit
und Mütterlichkeit abarbeitet.

Übermächtiges Mutterbild

Auch heute noch leben wir mit einem Müttermythos, der uns weismachen möchte, dass das Wohl der deutschen Kinder von der ungeteilten Aufmerksamkeit ihrer Mütter und deren Anwesenheit für 24 Stunden an 7 Tagen die Woche abhänge. Dieses Mütterbild ist so dominant, dass man sich daraus kaum zu befreien vermag. In unseren Vorstellungen kann eine Frau mit einem kleinen Kind nicht arbeiten gehen – schon gar nicht Vollzeit. Wenn sich der Nachwuchs nicht perfekt entwickelt, wird das der Mutter angelastet. Besonders dann, wenn sie berufstätig ist. Ist ein Kind schüchtern oder hat nur wenige Freunde, liegt es an der Vernachlässigung durch die Mutter. Hat ein Kind Schulprobleme, wurde es von der Mutter nicht genug unterstützt. Die Vorstellung von einer «guten Mutter», die zu Hause bei ihren Kindern zu bleiben habe, ist in Deutschland auch heute noch ein «kulturelles Leitbild»,[18] stellte das Bundesinstitut für Bevölkerungsforschung erst unlängst fest und warnt: Dieses Leitbild wirke so stark, dass den deutschen Frauen dadurch zunehmend die Lust auf Kinder vergehe. Die Frauen sehen sich offensichtlich vor die Wahl gestellt, entweder Mutter zu werden und zu Hause zu bleiben – oder beruflich aktiv zu sein, dann aber auf Kinder zu verzichten. Diejenigen, die trotzdem beides versuchen, sind unablässiger Einmischung ausgesetzt. «Ich will mich nicht rechtfertigen müssen dafür, dass ich zwei Dinge tue, die mich unabhängig voneinander gleichermaßen glücklich machen: arbeiten und Mutter sein»,[19] beklagt sich eine berufstätige Mutter. Als wenn es nicht genug wäre, dass die Kombination «Kind und Beruf» auch so schon Doppelstress erzeugt, macht einem das Umfeld auch noch ein schlechtes Gewissen.

Trotzdem tauchen viele Bücher, Filme und Blogs den Mütteralltag mit lockeren Sprüchen in ein heiteres Licht. In Filmen wie «Working Mum» trotzt die berufstätige Mutter heldinnenhaft dem täglichen Wahnsinn und versucht strahlend, alles zu schaffen. Bücher nach dem Muster von «Wie man eine glückliche Mutter wird» wischen mit launig formulierten Wohlfühltipps den anstrengenden Alltag zwischen Windeln und Babybrei vom Tisch und sollen Trost spenden nach dem Motto: Geteiltes Leid ist halbes Leid. Wut oder Enttäuschung der Frauen darüber, dass sie einmal mit einem ganz anderen Vorhaben gestartet sind, scheinen nicht zu existieren. Stattdessen wird unablässig betont, wie glücklich einen doch die Kinder machen.

Solches Verhalten ist im Grunde nichts anderes als Selbstverleugnung. «Selektive Wahrnehmung» nennen es Sozialpsychologen, wenn man nur bestimmte Aspekte im eigenen Umfeld wahrnimmt und andere ausblendet. Das Phänomen hilft einem, unangenehme Spannungen – sogenannte kognitive Dissonanzen[20] – abzubauen, die dadurch entstehen, dass man etwas tut, das nicht der eigenen Einstellung oder Überzeugung entspricht. Diese kognitiven Dissonanzen macht die Kommunikationswissenschaftlerin Miriam Meckel in einer überzeugenden und klugen Analyse dafür verantwortlich, dass Frauen häufig dazu neigen, die Defizite in der Gleichberechtigung totzuschweigen oder eben wegzulächeln. «Will eine Frau wirklich zugeben, dass sie immer noch nicht gleichberechtigt mit ihrem Partner lebt?»[21]

Dabei ist den Frauen durchaus bewusst, dass sie sich hierdurch in ein Lebensmodell begeben, das sie so nicht angestrebt hatten, und dass ihre Ansprüche und ihr eigenes Tun hier weit auseinanderfallen. Dem Soziologen Michael Meuser fiel in Interviews mit Paaren auf, wie sehr Frauen ihre Ansprüche auf Gleichberechtigung betonten, auch wenn sie in einer traditionellen Rollenverteilung lebten.[22] Wir rechtfertigen das Verhalten unseres Partners – zum Beispiel durch ökonomische Zwänge. Wir sagen, er verdient eben mehr, daher macht es Sinn, dass wir den Haushalt schmeißen. Oder wir erklären, dass wir uns nun einmal notgedrungen beruflich aufs Abstellgleis begeben müssen, solange die Kinderbetreuung staatlich nicht besser geregelt sei. Ganz offenbar fehlt es Frauen am Mut, mehr Einsatz von ihrem Partner einzufordern, und somit auch an der Bereitschaft, unbequem zu sein. Wir akzeptieren damit still und heimlich, dass es *unsere* Aufgabe ist, die Vereinbarkeit von Beruf und Familie irgendwie geregelt zu bekommen. Solange aber die Emanzipation als ein Problem der Frauen betrachtet wird, wird sich nichts ändern. «Es scheint, als schreckten junge berufstätige Mütter vor jeglicher Auseinandersetzung über ungleich verteilte Hausarbeit zurück, um stattdessen mit der Unterstützung der Regierung Mittel und Wege zu finden, ihre Doppelbelastung zu bewältigen»,[23] schreibt hierzu die Kulturwissenschaftlerin Angela McRobbie. Frauen schielen, wie wenn sie einen Nichtangriffspakt mit ihrem Partner abgeschlossen hätten, lieber auf den Staat und hoffen auf dessen Unterstützung, zum Beispiel durch Kita-Plätze, anstatt ihren Mann mehr in die Pflicht zu nehmen.

Es liegt durchaus nahe, lieber die «Rolle rückwärts» zu machen als den Spagat. Nach einer gewissen Zeit ist es attraktiver, aufzugeben und mit einem Lebensentwurf weiterzumachen, den man so nicht gewählt hätte, der aber nicht diese permanente Anstrengung, den täglichen Kampf beinhaltet und die ständige Frustration darüber, dass es nicht klappt, wie man es sich vorgestellt hatte.

Natürlich ist es nicht der Wunsch *aller* Frauen, Kind und Beruf oder sogar Karriere zu verbinden. Ohne Frage gibt es zahlreiche Frauen, die voll und ganz glücklich sind, als Hausfrau und Mutter zu Hause bei ihrem Kind zu bleiben. Wir möchten hier aber davon reden, wie es dazu kommt, dass sich so viele Frauen in einer Rolle wiederfinden, die sie nicht wollten, und deshalb damit hadern und unzufrieden sind. «Über die tödliche Langeweile der Frauen, die nicht aus freien Stücken zu Hause bleiben, wird viel zu selten gesprochen»,[24] gibt die französische Philosophin Elisabeth Badinter zu bedenken. Stattdessen stecken wir fest in jahrhundertealten Vorstellungen von Weiblichkeit und Männlichkeit, weil diese uns täglich und unablässig in unserem Alltag vor die Nase gehalten werden. Medien, Werbung, Schule und Konsumartikel wirken hier allesamt wie heimliche Erzieher, die uns einflüstern: *Er* verdient und *sie* erzieht. Oder: Der *Mann* ist aktiv, zielstrebig und dominant – die *Frau* ist fürsorglich, ordentlich und zuständig für das Schöne im Leben. Doch in Wirklichkeit sind das nur Klischees, denen Frauen zu entsprechen versuchen, mit dem Effekt, dass die Erwartungen hinter den Klischees viele Frauen darin bremsen, ihre Ziele und Bedürfnisse ernst zu nehmen und umzusetzen.

4. Die (un)heimlichen Erzieher

4.1 Trügerische Geschlechterklischees

Als Charlotte mit 13 Jahren für eine Physikarbeit lernen musste, fragte sie ihre Eltern genervt: «Wozu brauche ich das eigentlich?» Diese antworteten: «Physik braucht man beispielsweise, wenn man Ingenieurwissenschaften studieren will oder bei der Pilotenausbildung.» Daraufhin Charlotte: «Und warum unterrichtet man Physik dann nicht einfach nur Jungen?»[1] Offensichtlich sitzt geschlechtertypisches Denken recht tief. Selbst im Jahr 2010 erklären 10-jährige Mädchen noch: «Ich bin gerne ein Mädchen, weil ich später Kinder kriegen und das Baby füttern kann.» Oder sie sagen: «Als Mädchen kann man die Haare schön frisieren.»[2] Obwohl sie gut ausgebildet sind und ihnen die Welt offenstehen könnte, denken Mädchen noch in den Kategorien «schön» und «fürsorglich». Junge Frauen wollen beruflich meist «etwas mit Menschen» machen, und das am liebsten in Teilzeit, damit Zeit für die Kinder bleibt. Das ist das Bild, das sich uns zeigt, wenn wir uns in der heutigen Gesellschaft umschauen. Wir leben in einem freien, modernen Land, seit über 25 Jahren arbeitet man in Deutschland im Frauenministerium daran, Frauen die gleichen Chancen zu eröffnen. Warum also ergreifen sie diese nicht? Wenn Frauen allen Optionen und aller Wahlfreiheit zum Trotz freiwillig Teilzeit oder gar nicht arbeiten, um den Haushalt und die Kinder zu versorgen, dann ist das eine Tatsache, die uns zum Nachdenken bringen sollte.

Vielleicht agieren wir ja wider die Natur, wenn wir die betriebliche Frauenförderung, die Vereinbarkeit von Kind und

Beruf und Lohngleichheit fordern. In diese Richtung argumentiert Birgit Kelle, die Autorin von «‹Dann mach doch die Bluse zu› – Ein Aufschrei gegen den Gleichheitswahn»,[3] die sich in ihrem Buch vehement gegen die «Diktatur des Feminismus»[4] wehrt. Dass es den Frauen in den Genen liege, sich lieber um Familie und Beziehungen zu kümmern, ist ein durchaus häufig bemühtes Argument. Ebenso wie jenes, dass Frauen schon von klein auf ordentlicher seien, deshalb früher den Dreck sähen und gerne sauber machten. Und wir hören oft, dass eine Frau fürsorglicher sei als ein Mann und deshalb auch geeigneter dafür, die Kinder zu betreuen. Außerdem seien Frauen, so eine verbreitete Ansicht, rein genetisch weniger aggressiv angelegt und könnten sich deshalb schlechter durchsetzen. Und weil es ihnen leichter falle, sich an Regeln zu halten und sich anzupassen, mangele es ihnen leider auch an Mut zu ungewöhnlichen Taten. Schon fast ein Klassiker ist die Überzeugung, dass Frauen weniger Begabung für Mathematik hätten und dadurch eben auch kein Interesse an den deutlich besser bezahlten naturwissenschaftlichen Berufen. Die Frage ist also, wie groß die unterschiedlichen Interessen, Neigungen und Fähigkeiten von Mann und Frau wirklich sind und woher diese rühren. Vielleicht sind Männer und Frauen ja tatsächlich anders «verdrahtet». Vielleicht sind Überzeugungen wie «Mädchen können kein Mathe» und «Frauen sind fürsorglich» aber auch Mythen und Klischees, denen wir blind aufsitzen und von denen wir uns leiten und vom Weg abbringen lassen.

«Mädchen können kein Mathe»

Die einen fanden es witzig, die anderen schlichtweg «bescheuert» und «reaktionär», als der Otto-Versand Mädchen-T-Shirts mit dem Aufdruck «In Mathe bin ich Deko» verkaufte. Am Ende sah sich das Versandunternehmen allerdings gezwungen, das T-Shirt wieder aus dem Sortiment zu nehmen. Die Empörung war zu groß. Doch ganz egal, wie sensibel die Frauen heute für derlei diskriminierende Sprüche geworden sind, es bleibt eine Grundüberzeugung unserer Gesellschaft, dass Mathematik nicht zu den Begabungen von Frauen und Mädchen zähle. Mathematik ist unbestritten eine Grundlage für naturwissenschaftliche Berufe sowie für Berufe in der Informationstechnologie und im Ingenieurswesen. Wenn also Mathe tatsächlich eine männliche Begabung ist und das weibliche Gehirn hier nicht mithalten kann, ist es wenig verwunderlich, dass diese Branchen Männerdomänen sind und bleiben. In dieses Bild passt – zumindest scheinbar – die Tatsache, dass Frauen nur selten Erfinderinnen sind, Schachweltmeisterin werden oder Nobelpreise gewinnen. Auch die PISA-Studien zeigen, dass in fast der Hälfte aller Länder die Jungen bessere Rechenergebnisse aufweisen als die Mädchen.[5] Dieser Unterschied ist über die Jahre sogar noch größer geworden. Doch in vielen Staaten schnitten die Mädchen durchaus gleich gut ab und in manchen Ländern – so zum Beispiel in Island, Schweden oder Russland – waren sie sogar besser.[6] Die Vorstellung, weibliche Gehirne wären weniger für mathematisches Denken geeignet, ist also falsch.

Es geht hier nämlich um etwas ganz anderes. Interessanterweise sind Mädchen im Vorschulalter und in der Grundschule in Mathematik durchaus noch genauso gut wie die Jungen. Allerdings zeigen Studien auch, dass sich die Leistungen von Jungen und Mädchen in den ersten vier Schuljahren insgesamt kaum unterscheiden, ab der Sekundarstufe jedoch die Leistungen der Mädchen deutlich abfallen.[7] Etwas Entscheidendes passiert in dieser Zeit: Die Mädchen verlieren das Vertrauen in ihre Mathefähigkeiten. Unter Pädagogen ist inzwischen bekannt, «dass in der Mathematik die Leistungen der Geschlechter weniger differieren als ihre Selbsteinschätzung».[8] Noch drastischer formuliert es der PISA-Bericht von 2012: Mädchen hätten in Deutschland sogar «Angst vor Mathe».[9] Es liegt also nicht an ihrem Geschlecht, wenn Mädchen in Mathematik schlechter sind als Jungen, sondern an der destruktiven Wirkung klischeehafter Vorurteile. Anders gesagt: Wer glaubt, dass er Mathe nicht kann, der kann Mathe tatsächlich nicht. Das Selbstvertrauen in die eigene Leistung hängt stark von den Erwartungen und Zuschreibungen anderer ab. Und nur wer an seine eigene Fähigkeit glaubt, strengt sich an und lässt sich auch von Schwierigkeiten und Rückschlägen nicht beirren.[10]

Wissenschaftliche Tests konnten diese Beobachtung sehr gut nachweisen. Gibt man Kindern Matheaufgaben und teilt ihnen vorher mit, dass Jungen darin normalerweise besser seien, schaffen die Mädchen zwar die Aufgaben, sind darin aber schlechter als die Jungen. Erklärt man ihnen im Vorfeld das Gegenteil, also dass Mädchen in diesen Tests meist besser abschneiden, dann passiert genau das: Die Mädchen haben bessere Resultate.[11] Das geht sogar so weit, dass sich die Mathematikergebnisse allein dadurch verschlechtern, dass Frauen zu Beginn des Tests ihr Geschlecht angeben müssen oder in einer Testsituation Männer lediglich anwesend sind. Eine Untersuchung konnte zeigen, dass die Leistung einer Frau, die als Einzige in einem Raum mit Männern zusammen einen Mathematiktest ablegt, mit jedem weiteren Mann, der in den Raum hinzukommt, schwächer wird.[12]

Sobald sich also eine Frau in einer Situation bewusst als Frau wahrnimmt, setzt etwas ein, was «Stereotypen-Bedrohung» genannt wird. Die Angst davor, ein negatives Vorurteil – hier «Frauen sind schlecht in Mathe» – zu bestätigen, bindet Energie, die für das Lösen anspruchsvoller Testaufgaben fehlt. Ein besonders eindrückliches Beispiel hierfür ist eine Studie, die Frauen in Badeanzügen bekleidet zu Mathetests bat. Diese lieferten tatsächlich schlechtere Ergebnisse ab als in Tests, in denen sie einen Pullover trugen. Männer dagegen zeigten unabhängig von ihrer Kleidung konstant die gleichen mathematischen Leistungen.[13] Durch die Kleidung wird – unterschwellig – die weibliche Identität der Frauen angesprochen, also ihre «Genderidentität» aktiviert. «Die Forschung lässt vermuten, dass die tödliche Kombination von ‹Wissen und Sein› (*Frauen sind schlecht in Mathe*, und *Ich bin eine Frau*) die Leistungserwartungen vermindert und Versagensangst und andere negative Emotionen auslöst.»[14]

Die Macht der Rollenerwartungen ist subtil, sodass wir uns von ihrer Wirkung unbemerkt manipulieren lassen. Wissenschaftler testeten die «Stereotypen-Bedrohung» in zahlreichen Versuchen und konnten mit ihren Ergebnissen eine beunruhigende Tendenz belegen: Je subtiler die Auslöser, desto schädlicher die Wirkung der Stereotype.[15] Kaum jemand wertet heute noch direkt die Fähigkeiten von Frauen herab. Trotzdem sind Geschlechterstereotype wie «Mathe ist nichts für Frauen» ständig weiter am Werk. Indem geschlechterspezifische Vorurteile nicht mehr ausgesprochen werden, sind sie damit nicht weniger wirksam, sondern umso frappierender in ihrer destruktiven Wirkung.[16]

Ohne Navi verloren?

Auch räumliches Denken wird oft als Paradebeispiel dafür benutzt, wie unterschiedlich Frauen und Männer ticken. Getreu dem Motto: «Orientierungssinn? Fehlanzeige! Sich mit einer Landkarte auf Anhieb zurechtfinden? Keine Chance!», wird Frauen gerne unterstellt, sie wären, was das räumliche Vorstellungsvermögen angeht, hoffnungslos unterlegen und würden daher wohl kaum Interesse für einen technischen Beruf aufbringen, denn Design und Konstruktion, aber auch viele handwerkliche Tätigkeiten sind schließlich ohne diese Eigenschaft nicht denkbar. Zwar schneiden Mädchen und Frauen in Tests zur mentalen Rotationsfähigkeit tatsächlich deutlich schlechter ab als Jungen und Männer, allerdings müssen wir in Betracht ziehen, dass die Letzteren das deshalb so gut können, weil sie es von klein auf häufig geübt haben.

Jeder kennt sie, die Jungen, die flink und erfolgreich Computerspiele spielen – etwas, bei dem es sehr auf räumliches Denken ankommt. Nun stellt sich die Frage, ob Männer deshalb so gut in Computerspielen sind, weil sie ein überragendes räumliches Vorstellungsvermögen haben, oder ob sie so ein gutes räumliches Vorstellungsvermögen haben, weil sie so viel Zeit mit Videogames verbringen. Kanadische Forscher testeten Personen, die regelmäßig Computerspiele spielen, sowie solche, die in ihrer Freizeit nichts damit am Hut haben. Tatsächlich konnte bei denjenigen, die Computerspiele spielten, ein besseres räumliches Vorstellungsvermögen nachgewiesen werden. Bemerkenswert ist jedoch die Beobachtung, dass jemand, dem zehn Stunden Zeit zum Üben gegeben wurden, die gleich gute mentale Rotationsfähigkeit entwickelte – und zwar unabhängig vom Geschlecht.[17] «Die Unterschiede zwischen Männern und Frauen bei der räumlichen Orientierung sind sicher real, aber nicht angeboren»,[18] erklärt deshalb auch die Sozialmedizinerin und Expertin für Geschlechterdifferenzen, Rebecca Jordan-Young, von der Columbia-Universität in New York.

Auch wenn Mädchen heute ebenso mit Playstation oder Videogames spielen, sind diese für Jungen und Mädchen verschiedenartig konzipiert und fordern sie somit unterschiedlich heraus. Hier Pferdewelten und Tierarztgeschichten für Mädchen – dort Eroberer- oder Konstruktionsspiele sowie Actionszenen mit Verfolgungsjagden für Jungen. Das hat zur Folge, dass jene Fertigkeiten verstärkt werden, die als mädchentypisch und jungentypisch gelten. Dementsprechend bilden sich geschlechtsspezifische Fähigkeiten – wie etwa gutes oder schlechtes räumliches Denken – mehr als eine Folge der Bedingungen, unter denen wir groß werden und leben, heraus. Die Unterschiede entstehen im Laufe des Heranwachsens und nicht im Mutterleib.

«Frauen reden viel»

Jeder von uns sieht nur zu gern seine Vorurteile gegenüber seiner Umwelt bestätigt. Ebenso macht auch jeder persönliche Erfahrungen mit den Geschlechtern und wertet sie oft unüberlegt als einen Beleg der üblichen «Typisch Frau»-«Typisch Mann»-Kategorisierung. Selten ist uns bewusst, wie oft wir damit in eine Falle tappen und wie sehr wir auf diese Weise Klischees verstärken und es uns selbst erschweren, aus ihnen auszubrechen. Frauen würden viel reden, gehört zu solch beliebten Vorurteilen. Sie würden sich ständig über Befindlichkeiten austauschen, seien harmoniesüchtig und hätten ein «Wohlfühl-Gen». Mehrere Studien überprüften, ob Frauen tatsächlich mehr reden als Männer und keine konnte das Klischee bestätigen. Zählt man die im Laufe eines Tages gesprochenen Wörter, kommt man bei Frauen im Durchschnitt auf 16 215, bei Männern auf 15 599. Der Unterschied ist zu gering, um von Bedeutung zu sein.[19]

Hier die männlichen Problemlöser, die nach vorne preschen und keine Angst davor haben, sich unbeliebt zu machen, dort die freundlichen Trouble-Shooterinnen in der zweiten Reihe. Wie kam es eigentlich dazu? Sind Frauen wirklich geborene Kommunikatorinnen? Mädchen lernen tatsächlich früher und schneller Sprechen und haben einen größeren Wortschatz, doch ist der Unterschied in den Kleinkindjahren relativ gering. Auffällig ist vielmehr, dass die Mädchen ihren Vorsprung mit den Jahren vergrößern.[20] Es ist wahrscheinlich, erklären Hirnforscher, dass durch das spielerische Übernehmen der Elternrolle der vorhandene sprachliche Vorteil der Mädchen weiter ausgebaut wird. Beim Vater-Mutter-Kind-Spielen üben Kinder eine Menge sprachlicher und kommunikativer Abläufe ein. Das von Mädchen geliebte Puppenspiel unterstützt den bereits vorhandenen Vorsprung, was soziale und sprachliche Fähigkeiten angeht. Dadurch legt die auch heute noch typische Unterscheidung in Mädchenspiel und Jungenspiel den Grundstein für spätere Stärken (und Schwächen): «Der Redebedarf ist beim Hantieren mit Duplosteinen, beim Fußballspielen oder beim Zur-Strecke-Bringen imaginärer Schurken schlicht und einfach geringer als beim Füttern einer Puppe, beim Vater-Mutter-Kind-Spiel oder beim Betreuen eines virtuellen Schmusetiers via Internet.»[21] Geschlechterstereotypen haben den fatalen Effekt, als gegebene Tatsachen betrachtet und somit als «natürlich» empfunden zu werden. Dadurch fördern wir bei Mädchen ein Handeln, das nicht zwangsläufig ihren biologischen Neigungen entsprechen muss – und gleichzeitig werden andere Verhaltensweisen und Fähigkeiten weniger herausgefordert.

Der Alltag scheint die Geschlechterklischees zudem immer wieder aufs Neue zu bestätigen. Wer hat nicht selbst schon Kinder, Freunde oder Partner bei klischeehaftem Verhalten ertappt? Sich kämmen und schminken, schöne Kleider anziehen – dass Mädchen das gerne machen, erleben wir immer wieder. Und täglich können wir kleine Mädchen beim Puppenspiel, als Prinzessin verkleidet oder beim Backen beobachten. So scheint es ganz normal, wenn Frauen auch heute noch das Heim hübsch herrichten, das Abendessen für den Partner kochen, sich um Kinder und Erziehung kümmern und dafür dann die Ausbildung und berufliche Ambitionen zurückstellen, doch müssen wir hier genauer hinschauen.

Ein inzwischen berühmt gewordener und viel beachteter Test sollte prüfen, ob Babys eine angeborene Präferenz für bestimmtes Spielzeug haben. Gemessen wurde die Blickzeit Neugeborener, indem man ihnen im Wechsel ein Mobile und ein Gesicht präsentierte. Berühmt wurde der Test vor allem durch die Behauptung, man hätte nun Beweise, dass Frauen von Geburt an emotionaler und empathischer seien. Die weiblichen Neugeborenen schauten nämlich das Gesicht im Gegensatz zu den männlichen Neugeborenen etwas länger an als das Mobile. Man muss hier jedoch fragen, ob dieser Rückschluss nicht

etwas gewagt bzw. die Bedeutung der Studie «gewaltig aufge-
bauscht»[22] ist. Schließlich wurde die Aufmerksamkeit von lediglich 102 Neugeborenen, die im Durchschnitt eineinhalb
Tage alt waren und deren Aufmerksamkeitsspanne naturgemäß sehr kurz ist, getestet. Die Ergebnisse sollen Aufschluss
darüber geben, ob Frauen von Geburt an einfühlsamer sind.
Inzwischen sind von verschiedenen Wissenschaftlern zahlreiche Mängel an der Studie aufgedeckt worden.[23]

Mädchen greifen zwar gerne zu Puppen, aber Jungen genauso – zumindest eine Zeit lang. «Puppen üben auf Mädchen
und Jungen im ersten Lebensjahr eine vergleichbar große
Anziehungskraft aus.»[24] Erst ab dem zweiten Lebensjahr stei-
gert sich die Puppenbegeisterung bei Mädchen. Das bedeutet
vor allem eines, nämlich dass soziale Faktoren (die Umwelt, die
Eltern etc.) eine wichtige Rolle dabei spielen, welches Spielzeug von Mädchen bevorzugt wird, und dass die Fürsorglichkeit Frauen keineswegs in die Wiege gelegt wurde. Auch wenn
viele Eltern den Eindruck haben, ihre Töchter seien von klein
auf einfühlsamer als ihre Söhne, konnten Tests zeigen, dass
Jungen keineswegs den Gesichtsausdruck anderer weniger gut
entschlüsseln können als Mädchen. Es waren keine nennens-
werten Unterschiede zwischen Jungen und Mädchen in der
Fähigkeit zur Empathie nachweisbar. Vielmehr ist zu vermuten, dass unsere Annahmen auch hier wie selbsterfüllende
Prophezeiungen wirken: Frauen werden ständig daran erinnert, dass sie im Lesen der Gedanken anderer gut sein müssen,
und sind möglicherweise genau deshalb gut darin. Mädchen
sind nicht etwa von Natur aus einfühlsamer und emotionaler,
sondern sie dürfen es schlichtweg mehr zeigen. Das führt häufig zu den falschen Rückschlüssen: Wenn Jungen wenig über
ihre Gefühle reden, wird dies als Anzeichen dafür gewertet,
dass sie auch keine hätten.

In Wirklichkeit sind es unsere gesellschaftlichen Konven-
tionen, die sie davon abhalten, ihre Gefühle zu zeigen. Sprechen, Lesen, Puppenspiel, Fürsorglichkeit – wenn Mädchen

diese Fähigkeiten und Vorlieben tatsächlich ausgeprägt aufweisen, dann nicht, weil sie das besonders gut können, sondern weil sie von klein auf darin gefördert wurden. Sie wurden es, weil man meint, Mädchen wären so. Und dadurch geraten Frauen in die nährende, liebevolle und gütige Ecke. Wir sind buchstäblich darauf getrimmt, uns so zu verhalten. Wir haben gelernt, dass es von uns erwartet wird, uns zurückzuhalten, statt uns das letzte Sahnestück zu greifen. Wir haben verinnerlicht, dass es zu einem Mädchen bzw. einer Frau dazugehört, nachzugeben und sich darum zu kümmern, dass es anderen gut geht. Also lassen wir anderen – ganz und gar «Frau» – den Vortritt. Mit dem Resultat, dass wir nicht unsere Bedürfnisse durchsetzen, sondern zuschauen, wie andere befördert werden. Mit dem Ergebnis, dass wir in Besprechungen das Protokoll schreiben und den Kaffee herumreichen, während andere das Wort führen und mit den interessanten Aufgaben betraut werden.

Ein weiteres Vorurteil ist, Frauen würden dazu neigen, den Konkurrenzkampf zu scheuen, weil sie mit weniger Aggressionspotenzial als Männer ausgestattet seien und es lieber hübsch harmonisch hätten. Sofern Frauen und Mädchen tatsächlich lieber dem Wettbewerb aus dem Weg gehen, werden sie zwangsläufig zuschauen müssen, wie die Männer an ihnen vorbeiziehen, wie diese ihre Forderungen gegenüber den Frauen durchsetzen und sie selbst dabei in die Röhre gucken. Tatsächlich bestätigen Studien: «Selbst leistungsstarke Mädchen meiden den Wettbewerb. Viele Jungen hingegen trauen sich die Wettkampfsituation zu, auch wenn sie häufig nicht die Fähigkeiten dafür mitbringen.»[25] Doch existiert dieser Unterschied bei kleinen Kindern noch nicht. Erst wenn sie älter werden, etwa ab dem achten Lebensjahr, nimmt die Tendenz der Mädchen zu, den Wettbewerb zu meiden. Bei 3-jährigen Mädchen ist die Wettbewerbsbereitschaft noch genauso hoch wie die der Jungen. Der Innsbrucker Ökonomieprofessor Martin Sutter vermutet daher hinter der wachsenden Angst vieler

Mädchen vor dem Wettbewerb die Erziehung und bestimmte gesellschaftliche Rollenbilder. Entscheidend sind hier Kindheit und Teenagerzeit.

Frauenhirn — Männerhirn?

Mittlerweile wird immer häufiger versucht, das Verhalten von Männern und Frauen durch Unterschiede im Aufbau des Gehirns zu erklären, indem moderne bildgebende Verfahren wie die Magnetresonanztomographie für die Hirnforschung eingesetzt werden. Wenn sich – so die Vermutung – im Gehirn Unterschiede nachweisen lassen, dann müssten die Verhaltensunterschiede biologisch bedingt sein. Eine Untersuchung mit knapp 1000 Teilnehmern zwischen 8 und 22 Jahren zeigte tatsächlich unterschiedliche Verknüpfungen in weiblichen und in männlichen Gehirnen. Männliche Gehirne sind so optimiert, dass ihnen räumliche Fähigkeiten und motorische Aufgaben besser gelingen. Weibliche Gehirne sind in ihren Verbindungen hingegen eher auf Gesichter, Wörter und soziale Fähigkeiten optimiert.[26] Doch zeigte sich ebenfalls, dass sich die Hirnarchitektur noch nicht in der frühen Kindheit, sondern erst ab dem dreizehnten Lebensjahr unterscheidet. Wiederum stellt sich hier also die Frage nach Ursache und Wirkung. Denn die Schaltkreise unseres Gehirns verändern sich im Laufe unseres Lebens. Wir werden nicht mit einem Gehirn geboren, das bis zum Tod identisch bleibt. Das Gehirn wird ständig umgebaut – und zwar als Reaktion auf Umweltbedingungen oder das Lernen neuer Fertigkeiten.

Hirnforscher und Biologen sprechen hier von «Neuroplastizität», welche die unaufhörliche Veränderung unseres Gehirns im Laufe des Lebens beschreibt. Mit jeder Erfahrung, die wir machen, verbinden sich gewissermaßen neue Schaltkreise in unserem Oberstübchen. Werden dieselben Erfahrungen wieder und wieder gemacht, ergeben sich daraus im Laufe der Zeit dauerhafte neuronale Verknüpfungen. «Unser Gehirn wandelt sich, wenn wir laufen und sprechen lernen. Es modifiziert sich, wenn wir uns etwas einprägen. Es ändert sich, wenn uns klar wird, dass wir ein Mädchen oder ein Junge sind»,[27] erklärt die Neurobiologin Lise Eliot.

«Neuroplastizität» bedeutet also, dass uns auf der einen Seite alle Möglichkeiten des Lernens und des Weiterentwickelns offenstehen und wir nicht von der Natur auf bestimmte Dinge festgelegt sind, doch es bedeutet auf der anderen Seite auch, dass sich das Gehirn unter dem Einfluss von Klischees in eine bestimmte Richtung entwickelt und sich somit geschlechtertypisches Verhalten in der Struktur des Gehirns niederschlägt. «Die folgenreichsten Unterschiede zwischen Mädchen und Jungen – in kognitiven Fertigkeiten wie Sprechen, Lesen und mathematischem und technischem Verständnis sowie in zwischenmenschlichen Merkmalen wie Aggressivität, Einfühlungsvermögen, Wagemut und Konkurrenzbereitschaft – sind in hohem Maße von Lernerfahrungen abhängig»,[28] wie Eliot weiß. Das heißt, dort, wo es anfangs noch lediglich kleine Unterschiede gibt, werden diese immer größer, und zwar dadurch, dass man Mädchen und Jungen andere Angebote zum Einüben von Fertigkeiten macht. Klischees sind also alles andere als nur ein harmloser oder unterhaltsamer Zeitvertreib, sondern machtvolle Bilder, die unser Verhalten lenken können, ohne dass wir dies wollen oder ihnen etwas entgegensetzen könnten. «Die Stereotypisierung erschafft erst die Unterschiede, die sie zu beschreiben vorgibt.»[29]

Das Bedürfnis nach Schwarz-Weiß-Bildern

Doch Stereotype bzw. Klischees haben für uns eine wichtige Funktion im Alltag. Frauen können nicht rückwärts einparken, Männer können nicht bügeln. Frauen möchten über Probleme reden, Männer suchen lieber eine Lösung. Frauen sind emotional, Männer hingegen rational. Frauen wollen Kinder, Männer nur Sex. Mann-Frau-Gegensätze werden heute mehr denn je in Büchern wie «Warum Männer nicht zuhören und Frauen schlecht einparken», «Männer sind vom Mars, Frauen von der Venus» oder «Das weibliche Gehirn» bzw. «Das männliche Gehirn» ausgeschlachtet und finden reißende Absätze. Hinzu kommen abendfüllende Comedy-Shows (wie «Caveman» oder «Cavewomen»), in denen es nur um eines geht: die Klischees vom Frau- und Mannsein. Hallenfüllende Mario Barth-Shows «Männer sind primitiv, aber glücklich!» und Dieter Nuhrs TV-Sendung «Typisch Frau – Typisch Mann» markieren einen neuen Trend. Wir erleben ein Revival der Stereotype von ungeahntem Ausmaß. Inzwischen ist Klischeedenken sogar «zum Produkt geworden».[30]

Die Frage, was heutzutage «Frausein» ausmacht, scheint uns ausgesprochen wichtig. Solange jedoch die Unterschiede zwischen Junge und Mädchen, Mann und Frau ständig betont und herausgearbeitet werden, zwängt uns das Schubladendenken in ein enges Korsett. Woher, so mag man sich fragen, rührt dieses so offensichtliche Bedürfnis nach simplen Erklärungsmustern und Schwarz-Weiß-Bildern? Vor allem, wenn sie tatsächlich nur Mythen sind und solche Geschlechterstereotype nicht unserer wirklichen Natur entsprechen? Warum halten sich die alten Rollenbilder und Zuweisungen so hartnäckig? Unterschiede zwischen den Geschlechtern haben deshalb Hochkonjunktur, weil wir in einer Zeit leben, in der die geschlechtliche Identität nicht mehr so genau festgelegt ist. Gerade weil wir heutzutage so unsicher im Hinblick darauf sind, was Männer und Frauen auszeichnet, wünschen wir uns umso mehr eindeutige Antworten und Etikettierungen. Die Denkschablonen «typisch Frau»/«typisch Mann» werden dankbar aufgegriffen, weil Klischees als hilfreiche Orientierung in einer komplexen Welt empfunden werden. Um uns selbst definieren und abgrenzen zu können, müssen wir in *fremd* und *ähnlich* unterscheiden, nur so gelangen wir zu einem

Identitätsbewusstsein. Das heißt, der Mensch sucht nach Normen und Wertmaßstäben, nach denen er sich richten und mit deren Hilfe er sich verorten kann. Außerdem hilft uns die Typisierung eines Menschen, besser einschätzen zu können, wie wir uns ihm gegenüber verhalten sollen. Somit haben Klischees eine durchaus sinnvolle Funktion, indem sie die Informationsaufnahme und -verarbeitung erleichtern und ein «kognitives Chaos» verhindern. Das große Problem an Stereotypen ist allerdings, dass selten hinterfragt wird, ob und in welchem Maße sie tatsächlich der Realität entsprechen.

Spätestens jetzt mögen sich viele fragen, ob denn etwa gar keine Unterschiede zwischen Frau und Mann angeboren sind. Zwar gibt es – von den offensichtlichen körperlichen Unterschieden einmal abgesehen – durchaus nachweisbare Unterschiede, allerdings sind die angeborenen Differenzen so gering, dass sie vorgefertigte Schubladen für weibliches und männliches Verhalten nicht rechtfertigen. Viel größer sind die Unterschiede zwischen Menschen außerhalb der Kategorien Mann und Frau – wie Wissenschaftler betonen.[31] Das, was wir können, hängt viel mehr davon ab, was wir eingeübt und oft trainiert haben, und weniger davon, ob wir als Mann oder Frau geboren sind. Neuropsychologe Lutz Jäncke erklärt: «Wenn eine Frau mathematisch begabt ist, aber in der Pubertät erfährt, dass Physikerinnen aufgrund fehlender Rollenmodelle noch immer als nicht besonders attraktiv gelten, dann fehlt ihr möglicherweise die Motivation für Höchstleistungen. Sie trainiert nicht mehr.»[32]

Im Grunde sind Stereotype also nichts anderes als Geschichten darüber, welche Talente einem zugeschrieben werden und welche nicht. Wenn wir glauben, dass es ein Talent ist, Mathe zu können, und man uns als Frau sagt, uns fehle das Talent, dann haben wir auch keine Hoffnung darauf, es jemals wirklich lernen zu können. Wer hingegen davon überzeugt ist, dass Mathematik eine Fähigkeit ist, die erlernt werden kann, der hat größeres Vertrauen, sich diese Fähigkeit anzueignen, und ist darin entsprechend gut – auch als Frau.[33] Es liegt also viel an unserem «Mindset» – unserer Haltung und unseren Einstellungen, was wir können und was nicht –, und Klischees befeuern ein schädliches «Mindset» bei Frauen.

Wer bin ich?

Die Fragen «Wer bin ich?» und «Was kann ich?» haben eine zentrale Bedeutung für unser weibliches Selbstbild und unsere soziale Identität. Beides wird stark von den Geschlechterbildern und -klischees mitgeformt, denn unsere Identität beruht nicht zuletzt auf der Beantwortung der Frage «Was ist eigentlich meine Rolle in der Gruppe?»[34] Die Antwort darauf lautet heute immer noch stereotyp: Als Frau bist du nachgiebig, auf Harmonie bedacht, angepasst, kommunikativ und dabei immer hübsch anzusehen, während ein Mann auch heute noch als konkurrenzgetriebener, testosterongesteuerter Macher gilt. An diesen in unserer Gesellschaft dominierenden Bildern orientieren wir uns. Geschlechterstereotype sind also häufig Mythen, die uns im schlimmsten Falle von dem, was eigentlich in uns steckt, abhalten. Oder um es in Anlehnung an ein berühmtes Zitat von Ödön von Horváth zu formulieren: Frauen sind eigentlich ganz anders, sie kommen nur so selten dazu.

Wer nun meint, hier könne man doch mit genderneutraler Erziehung als Mutter oder Vater dagegenhalten, der irrt leider. Ende der 1970er Jahre und in den 1980er Jahren glaubte man, wenn man Mädchen mit Schwertern und Polizeiautos spielen, sie auf Bäume klettern lasse und mit ihnen Fußball spiele, dann könne die Tochter den Klischees trotzen. Doch so ein Unterfangen wird ausgebremst, und zwar nicht nur, weil Eltern – ganz egal, wie felsenfest sie auch das Gegenteil behaupten – ihren Töchtern nicht wirklich dasselbe zutrauen wie Söhnen.[35] Wie die Bemühungen einer Gleichbehandlung vom gesamten Umfeld untergraben werden, lässt sich eindrucksvoll bei der

Neurowissenschaftlerin Cordelia Fine nachlesen.[36] Relativ bald nämlich verlieren die Eltern ihren Einfluss auf das Verhalten ihrer Kinder und die Erzieher, die Medien und gleichaltrige Kinder formen das Rollenbild, dem sie nacheifern. Sobald Kinder beginnen, sich bewusst zu werden, dass sie ein Mädchen (bzw. Junge) sind, was etwa im Alter von drei Jahren der Fall ist, wollen sie unbedingt so sein, wie ihrer Vorstellung nach ein Mädchen zu sein hat.[37] Und diese Vorstellung wird vom gesamten Umfeld geprägt: ihrer rosa Bettwäsche mit den Elfen, den Disney-Filmen mit den Prinzessinnen, den puppenspielenden Freundinnen, den Erzieherinnen, die sie ermahnen, nicht so wild zu sein und sich nicht schmutzig zu machen. Es sind heimliche und zugleich unheimliche Botschaften, die Mädchen von klein auf begleiten, die ihnen vermitteln: «Jungen können alles, Mädchen müssen still und schön sein» und ihnen dabei einflüstern, wie sie scheinbar zu sein haben. Das beschränkt sich nicht auf das Mädchenalter. Wir wollen auch als Frauen dem Rollenbild entsprechen, das die Gesellschaft uns vorgibt. Doch das hindert uns daran, die Chancen zur Gleichberechtigung, die sich uns bieten, auch wirklich zu nutzen.

4.2 Der heimliche Lehrplan

Sie putzt sich unaufgefordert morgens und abends die Zähne. Sie produziert nur halb so viel Dreckwäsche pro Woche wie ihr gleichaltriger Bruder, und gibt es einen Streit, versucht sie, diesen argumentativ beizulegen: Die 11-jährige Emily ist fleißig, «funktioniert» prima und tut (meistens), was man ihr sagt. Das führt allerdings dazu, dass man ihr weniger Aufmerksamkeit zukommen lässt – Aufmerksamkeit, die dafür ihr Bruder erhält, unter anderem weil er diese viel vehementer einfordert. Wie kommt das nur alles, fragt sich die Mutter besorgt. Und was macht das mit ihr später – im Alltag, im Privatleben, im Berufsleben? Auch wenn es uns nicht gefällt und so wenig wir es auch beabsichtigen, Eltern erziehen ihre Töchter mit allerlei vagen Vorstellungen, was Frausein heute bedeutet. Diese Vorstellungen geben sie im täglichen Umgang mit ihren Kindern an diese weiter. «Kinder lernen schon früh, welche Merkmale in ihrer Kultur als ‹männlich› und welche als ‹weiblich› angesehen werden – und welches Verhalten vor diesem Hintergrund als abweichend gilt»,[1] weiß die Pädagogin Renate Valtin von der Berliner Humboldt-Universität.

«Sei ein Mann und kein Mädchen!» ist ein Spruch, der Jungen und erwachsene Männer gleichermaßen ihr gesamtes Leben begleitet. Das ist eine Aufforderung an das männliche Geschlecht, sich zu wehren und zu behaupten. Nicht nur, dass sich Männer tatsächlich gegenseitig «Sei keine Pussy» zurufen, oft sind es die Väter, die damit ihre Söhne vor Verweichlichung schützen und sie abhärten möchten für den «Kampf» da draußen in der Welt. Doch womit füllen wir den Begriff «Mädchen» aus, wenn er Jungen und Männern gegenüber sogar als Schimpfwort und zur Herabsetzung eingesetzt wird? «Mit Schwäche, mit Gefühlsbetontheit, mit der Unfähigkeit zu körperlichen Auseinandersetzungen und mit Passivität.»[2] Schon auf dem Spielplatz und im Kindergarten beginnt sich bei Mädchen ein Bild im Kopf zu manifestieren, wonach Jungen sich messen und aktiv sind, sie selbst hingegen zu passiven Zuschauerinnen verdammt sind. Mädchen lernen schon sehr früh, dass sie sich nicht schmutzig machen und nicht wild sein dürfen, sondern sich stattdessen möglichst brav und angepasst verhalten sollen. Währenddessen toben die Jungen und probieren sich aus, da ihnen zugestanden wird, physisch ihre Grenzen auszutesten, und weil – so unterstellt man – «Jungen halt so sind». So wie Jungen von klein auf ihre Lektionen in Männlichkeit erhalten, werden Mädchen mit konkreten Vorstellungen von weiblicher Großzügigkeit und femininer Anmut geimpft.

Interessanterweise sehen die meisten Eltern mädchentypische Verhaltensweisen ihrer Töchter meist als Beweise dafür, dass es die Biologie sein müsse, die sich hier offenbart. Sie stellen ihre eigene Erziehung nicht infrage.[3] Wer glaubt heute nicht daran, dass er selbstverständlich alles tue, um seine Tochter genauso zu behandeln wie seinen Sohn? Erwachsene sind blind, was die eigenen rollenkonformen Denkweisen, Verhaltensweisen und Erziehungsmuster angeht. Sie erkennen nicht, wie sie selbst über Jahre hinweg mädchentypisches Verhalten in ihren Kindern durch Spielzeug, Kleidung, Hobbys und geschlechterspezifische Erwartungen subtil genährt haben.

Doch die Unterschiede, die wir im Umgang mit Mädchen und Jungen an den Tag legen, können wunderbar entlarvt werden anhand der Reaktion auf die Frage, ob wir uns einen Sohn oder lieber eine Tochter wünschen.[4] Die häufigsten Antworten lauten, dass Männer sich Söhne wünschen, um mit ihnen Fußball zu spielen, zum Angeln oder Camping zu gehen. Töchter werden hingegen von Frauen bevorzugt, weil sie diese hübsch anziehen wollen, mit ihnen Einkaufstouren planen und meinen, mit ihnen eher kuscheln und schmusen zu können.[5] «Ich wollte immer eine Tochter… ich wollte eine Seelenverwandte, die mit mir aufwächst und mit der ich Dinge zusammen unternehmen kann»,[6] räumt eine Frau ein.

Unausgesprochen ist mit einem Mädchen die Erwartung verbunden, dass mit diesem mehr emotionale und körperliche Nähe möglich sei. Doch damit tappen Eltern in die Falle, sich vom eigenen Kind ein Bild zu machen, das abhängig ist von dessen Geschlecht. Dies zeigt sehr deutlich, welch große Bedeutung das Geschlecht eines noch ungeborenen Kindes für uns hat. Tatsächlich existieren unzählige Websites, Foren und Ratgeber, die (teils sehr skurrile) Tipps vergeben, wie man ein Kind mit dem gewünschten Geschlecht zeugen könne. Der Bedarf scheint riesengroß. Dahinter stecken glasklare genderspezifische Bilder und Erwartungen.

Mama und Papa als Vorbild

Ganz egal also, wie sehr wir aus unseren Töchtern starke Mädchen machen wollen, letztlich behandeln wir sie doch vorsichtiger und behutsamer als unsere Söhne. So wie mancher Vater seine kleine Tochter zärtlich im Arm wiegt und den Sohn hingegen jauchzend in die Luft wirft, so bittet nicht selten die Mutter ihren Sohn eher um Hilfe beim Schleppen von Getränkekisten als seine Schwester. Mit ihrer Tochter hingegen wird sie wahrscheinlich mehr Zeit im Badezimmer verbringen. Sehr aufschlussreich sind Versuchsanordnungen mit Neugeborenen, denen man neutrale Kleidung fern von Rosa oder Blau und ohne verräterische Details wie Rüschen, Feen, Traktoren- oder Superman-Muster anzieht. Danach führt man die Testpersonen in die Irre und stellt die Mädchen mit einem Jungennamen und die Jungen mit einem Mädchennamen vor. Alternativ verkleidet man weibliche Babys als Jungen und männliche als Mädchen. Fordert man die Erwachsenen nach all der Maskerade schließlich auf, die Eigenschaften der Kinder zu beschreiben, verwenden diese – obwohl es sich um Neugeborene handelt, die noch kaum interagieren können – typische Geschlechterklischees: Jungen, die als Mädchen ausgegeben werden, bekommen die Attribute «fröhlich» und «interessiert» zugewiesen und Puppen als Spielzeug hingehalten. Mädchen, die als Jungen verkleidet sind, werden von den Testpersonen häufiger als «wütend» beschrieben und bekommen Bälle und Autos zum Spielen angeboten.[7]

Was wir über Mädchen denken, beeinflusst also, wie wir unsere Töchter behandeln. Bände spricht hier auch der folgende Versuch: Mütter, die in einem Experiment ihr Kleinkind alleine einen Steg hochkrabbeln lassen sollten und dabei den Neigungswinkel selbst bestimmen konnten, trauten ihren Töchtern weniger zu als ihren Söhnen.[8] Ein separater Test mit den Kindern konnte jedoch deutlich zeigen, dass Mädchen und

Jungen gleich mutig und fähig sind. Trotzdem hält man auch heutzutage die motorischen Fähigkeiten der Mädchen für schwächer und geht mit ihnen entsprechend vorsichtiger um.

Wenn sie aus dem Kleinkindalter herausgewachsen sind, geht es weiter mit den heimlichen Erziehern. Eltern leben zu Hause oft ein ganz bestimmtes Bild von Männlichkeit und Weiblichkeit vor, das sich die Kinder bei ihnen abschauen. Zumeist ist in den Familien die typische Rollenverteilung zu beobachten: *Sie* macht das Mittagessen und hilft bei den Hausaufgaben, *er* repariert die Waschmaschine und wäscht das Auto. Es gilt als «empirisch gesichert, dass Kinder in eine Umgebung hineingeboren werden, in der es überwiegend Frauen sind, die sich um die Bedürfnisse des Kindes und der Familie kümmern».[9] Es ist erstaunlich, wie wenig uns bewusst ist, dass wir damit die traditionellen Rollenmuster bei unseren Kindern entstehen lassen und verfestigen.

Erwachsene sind verblüffend naiv, könnte man meinen. Tatsächlich aber hat unsere Ignoranz mit etwas anderem zu tun: Dadurch, dass Rollenklischees nicht mehr zeitgemäß sind und sie uns – würden wir darüber nachdenken – wahrscheinlich sogar unangenehm wären, werden sie verdrängt und damit zu sogenannten impliziten Vorstellungen.[10] Wir verbannen unsere Mann-Frau-Schablonen in die tiefsten Schichten unseres Bewusstseins, weil wir etwas denken und tun, das als rückwärtsgewandt und antiquiert gilt. Dadurch sind die Rollenbilder und Vorstellungen aber nicht verschwunden, sondern schleichen sich weiterhin unbewusst in unsere Entscheidungen und unser Verhalten ein – ohne dass wir selbst es sehen (wollen). Es sind auch heute noch eher die Väter, die mit ihren Söhnen zum Schwimmen, zum Drachensteigen-Lassen und zum Fußballspielen in den Park gehen, und häufiger die Mütter, die mit ihren Töchtern Kleider kaufen und ihnen die Haare frisieren. Dabei bemerken sie nicht, wie sehr sie damit die Sichtweise ihrer Kinder beeinflussen. Gerade Kinder haben ein sehr starkes Bedürfnis danach, die Welt in «weiblich» und «männlich» zu kategorisieren. Das liegt daran, dass sie ab dem Alter, in dem sie erkennen, welches Geschlecht sie haben, sie mit aller Macht Teil «ihrer» Gruppe sein wollen und sehr aufmerksam registrieren, in welche Schublade sie gehören.[11]

Wilde Jungen und stille Mädchen?

Die gesamte Umgebung eines Kindes verweist darauf, dass es sehr wichtig ist, ob man ein Mann oder eine Frau ist, und dass die Einordnung immer noch ziemlich traditionell verläuft: Es genügt schon ein Blick ins Kinderzimmer, um zu erkennen, ob dort ein Mädchen oder ein Junge lebt. Auch unterstützen Eltern meist aktiv bei ihren Kindern sehr traditionelle Sportarten und Bewegungsaktivitäten: Fußball, Raufen, Rennen im Freien für die Jungen; Reiten, Ballett und Gymnastik für die Mädchen.[12] Auch rein äußerlich ist den Kindern zumeist anzusehen, wohin die Erziehung geht – selbst wenn es gar nicht in der Absicht der Eltern liegt: Schuhe, Röcke, Kleider, Strumpfhosen und sogar die Frisur (mit Haarspangen und Accessoires versehen) erschweren den Mädchen temperamentvollere Bewegungen und ein körperliches Ausprobieren. Ganz anders hingegen die Jungen, denen in ihrer eindeutig funktionaleren und robusteren Kleidung buchstäblich die Welt zu Füßen liegt. «Das Outfit der Mädchen kann vielfach als das Bewegungsverhalten einschränkend bezeichnet werden», lautet das Fazit einer Studie hierzu.[13] Da geht nur wenig mit Laufen, Springen oder Klettern. Wie sollen sich Mädchen auch ausgelassen austoben können in ihrer einengenden Kleidung?

Was von Pädagogen und Experten bisher weitgehend unbeachtet blieb: Mit dieser Art der «Bewegungssozialisation» wird ein wichtiger Grundstein gelegt für die Sicht der Kinder darauf, was als mädchenhaft (und was als jungenhaft) gilt – und entsprechend was *nicht*. Das heißt, auch wenn Mädchen heute theoretisch auf Bäume klettern dürfen bzw. ihnen das niemand mehr explizit verbietet, so wissen sie doch sehr genau, dass das nicht für mädchenhaft gehalten wird. Hierdurch üben Mädchen schon in der frühen Kindheit ein Bewegungsverhalten ein, das sie einschränkt. Die Aussage eines interviewten Mädchens bringt es auf den Punkt: «Mädchen können ja auch eigentlich alles, was Jungen machen. Aber sie wollen das nicht zeigen, weil sie Mädchen sind!»[14]

Mädchen werden zu größerer Angepasstheit erzogen als Jungen. Und das nicht nur zu Hause, sondern auch in den Kitas und Kindergärten.[15] Weil man davon ausgeht, Jungen seien von Geburt an mit mehr Power und Energie ausgestattet, die sie rauslassen müssten, bieten Erzieherinnen und Erzieher ihnen mit Rennen, Springen und Wettkämpfen genau diese Möglichkeiten. Und weil angenommen wird, dass Mädchen naturgemäß ruhiger seien und mehr Wert auf Ästhetik legten, meint man, ihre angebliche Natur bedienen zu müssen – und animiert sie zum Basteln, Malen und harmonischen Singspiel. Mädchen werden von Erzieherinnen als «unauffällig» und «sozial verträglich» verortet. So bequem das erscheinen mag, wenn Mädchen für Ruhe sorgen, so wenig ist diesen selbst damit gedient, denn es beeinflusst ihre Entwicklung und ihr Selbstbild in einer Weise, an deren Ende unterschiedliche Chancen für Jungen und Mädchen stehen.[16]

Was die Mädchen schon in der frühen Kindheit lernen, wird in der Schule weiter bestärkt und gefördert: Lehrer honorieren ihre sauber geführten, ordentlichen Schulhefte und loben die gewissenhafte, umfassende und pünktliche Erledigung der aufgetragenen Aufgaben. Mit dem Resultat, dass sich die Mädchen mustergültig auf die schulischen Anforderungen einstellen und perfekt anpassen – was dann wiederum belohnt wird. Hier liegen Fluch und Segen nah beieinander: «Segen, weil Mädchen mit dieser Fähigkeit in der Regel gut durchkommen bis zum Abschluss. Fluch, weil sie nicht lernen, den Mund aufzumachen und ihren eigenen Kopf durchzusetzen.»[17] Natürlich wollen Eltern, wenn sie ihre Töchter so erziehen, dass diese gut durchs Leben kommen. Und zumindest was die Schul- und Arbeitsleistungen angeht, haben sie damit Erfolg. Leider aber bleiben mit diesen Verhaltensmustern die eigenen Bedürfnisse und am Ende auch die Chancengleichheit auf der Strecke.

Wie die Schule das Problem noch verschärft, zeigt sich im «heimlichen Lehrplan». Der Begriff kam erstmals in den 1980er Jahren auf, als man bemerkte, wie Mädchen und Jungen durch die Prägungen im Schulalltag quasi durch die Hintertür beigebracht bekommen, dass Frauen und Männer nicht gleichwertig sind. An diesem «heimlichen Lehrplan» hat sich bis heute nicht viel geändert, und was für die Frau-Mann-Muster in den Köpfen von Eltern und Erziehern gilt, gilt für die Lehrer nicht minder. Auch in den Schulen ist man dankbar, die Mädchen in den Klassen zu haben, weil sie so wunderbar folgsam und diszipliniert sind. Genau diese Sichtweise aber fördert den Umstand, dass sich Mädchen derart brav verhalten, weil andere, nicht in das Raster passende Wünsche und Interessen von Mädchen erst gar nicht wahrgenommen werden. So sehen wir uns bestätigt in unseren Annahmen. Experten nennen das die «Dramatisierung von Geschlecht».[18] Indem wir es immer wieder besonders hervorheben, dass Mädchen «so» und Jungen «anders» sind, rücken wir die vermeintlich typischen Merkmale so sehr ins Bewusstsein (auch bei den Kindern), dass unsere Wahrnehmung genau das herausfiltert.

Emily, 11 Jahre, geht in die 6. Klasse und ist eine gute Schülerin. Im Elterngespräch betonen die Lehrer, wie aufmerksam und brav sie im Unterricht sei, und dass sie Emily deshalb auch stets gerne zu den Jungen setzen – in der Hoffnung, dass das ruhige Mädchen die lauten, unkonzentrierten Jungen beeinflussen möge. Emily, die in ihrer Freizeit ausgelassen Fußball spielt und sich vehement gegen ihren Bruder durchsetzt, hat in der Schule schnell gelernt, was die Lehrer von ihr erwarten. Damit bestätigt sie bei den Lehrern deren Annahme, dass Mädchen genau «so» sind. Indem sie aber Mädchen in solcher

Weise instrumentalisieren, vernachlässigen sie, dass diese auch andere Seiten haben – Verhaltensweisen, in denen die Mädchen nicht bestärkt werden und die damit brachliegen. Stattdessen lernen die Mädchen, dass es ein typisch weibliches Element sei, den ruhigen Gegenpol zu den Jungen zu bilden, die sich und ihren Bedürfnissen lautstark Gehör verschaffen. Schon in den 1980er Jahren wurde davor gewarnt, Mädchen als «sozialen Puffer» zu instrumentalisieren. Anscheinend sind wir auch hier noch keinen Schritt weiter. Solange der Schulunterricht auch Anfang des 21. Jahrhunderts noch dazu beiträgt, «Mädchen gezielt in ihren sozial-integrativen Fähigkeiten und die Jungen in ihrer Autonomie zu unterstützen»,[19] leben die alten Ungleichheiten weiter fort.

Erschreckend simples Frauenbild

Selbst Schulbücher und Unterrichtsmaterialien vermitteln ein recht einseitiges und simpel gestricktes Bild von Frauen und Mädchen. Zwar hat sich inzwischen einiges getan, doch sind Mädchen und Frauen in Unterrichtstexten und -abbildungen auch heute immer noch selten zu finden. Wenn sie dargestellt werden, dann oft als Mutter und, sofern sie überhaupt als Berufstätige in Erscheinung treten, meist in frauentypischen Berufen – als Lehrerin, Friseurin oder Krankenschwester.[20] Männer und Jungen dürfen in den Darstellungen meist experimentieren, Frauen dagegen erledigen die Hausfrauenaufgaben.[21] So sollen die Schülerinnen beruflichen Ehrgeiz entwickeln? Wer sich im Buchhandel unter den gängigen Lernhilfen umschaut und dabei nach modernen Mädchenbildern sucht, wird ebenso enttäuscht. Es gibt tatsächlich «Aufsatzübungen für Mädchen», «Rechenübungen für Mädchen», «Textaufgaben für Mädchen» und einiges mehr. Der Klappentext dieser Hefte liest sich folgendermaßen: «Themen wie Freundschaften, Pferde, Meerjungfrauen wecken das Interesse von Mädchen. ... Die Phantasie und Kreativität von Mädchen wird angeregt mit Aufgaben wie ‹Mandala malen› und ‹Blütenblätter ausrechnen und Blumen basteln›.»[22] Man könnte meinen, gäbe es die Meerjungfrauen nicht, wären Mädchen für alle Zeiten in Sachen Mathe verloren.

Sind wir durch die vielen genderpädagogischen Maßnahmen der Vergangenheit nicht längst weiter? Immerhin gibt es, so zeigen größere Schulbuchanalysen, einen Erfolg: Von Mitte der 1970er bis Mitte der 1990er Jahre hat sich in den Schulmaterialien die Zahl der dort vertretenen, berufstätigen Frauen gesteigert – nämlich von 11 auf 31 Prozent. Allerdings sind sie damit immer noch ein beträchtliches Stück von der Wirklichkeit entfernt. Der tatsächliche Frauenanteil an den Beschäftigten liegt nämlich bei etwa 46 Prozent.[23] Geradezu hinterwäldlerisch ist das Bild, das sich in den immer populärer werdenden «Neuen Medien» zeigt, die heute im Schulalltag eingesetzt werden. In unterrichtsbegleitender Lernsoftware werden die Geschlechter «erschreckend unreflektiert» dargestellt. «Hier finden sich Mädchen und Frauen – sofern sie überhaupt vorkommen – zumeist in der Rolle des Opfers, das vom männlichen Helden gerettet werden muss.»[24]

Schulen haben im Übrigen eine Besonderheit, die es schon seit vielen Generationen gibt: Sie sind frauenlastig. Das gilt in besonderem Maße für die Grundschulen, an denen 85 Prozent der Lehrkräfte weiblich sind. 172 000 Lehrerinnen stehen 26 000 Lehrern gegenüber. Das Verhältnis hat sich in den letzten Jahren sogar noch verschlechtert.[25] Trotzdem liegt die Leitung der Grundschulen mehrheitlich in Männerhand. Je nach Bundesland beträgt hier der Männeranteil zwischen 50 und 75 Prozent.[26] Die wenigen Männer an den Grundschulen sind meist der Schulleiter und der Hausmeister: Das sind in den Augen der Kinder Männer mit Macht – Männer, die etwas zu sagen haben, mit einer besonderen Stellung in der Hierarchie. Die zahlreichen Frauen hingegen sind für Bildung, Benehmen und soziales Verhalten der Kinder zuständig. Wieder einmal

bekommen die Kinder die klassische Rollenverteilung vorgelebt: *Sie* (um)sorgt – *er* bestimmt. Ebenso klassisch sind die
Unterrichtsfächer, die von den Lehrerinnen gewählt werden:
93 Prozent der Deutschlehrer an den Grundschulen sind weiblich. Die wenigsten Kinder treffen im Laufe ihrer Grundschul-
jahre auf einen Mann, der Deutsch oder Kunst unterrichtet.
«Männersache» hingegen sind die mit hohem Ansehen ver-
bundenen und als anspruchsvoll betrachteten Fächer Naturwissenschaften und Mathematik.

Ungleichbehandlung im Klassenzimmer

Mädchen werden in der Schule – nicht nur in der Grundschule,
sondern in allen Schulformen von der Einschulung bis in die
Jugendzeit – anders behandelt als Jungen. Eine ganze Reihe von
Studien in Schulen, zusammengetragen von der Erziehungs-
wissenschaftlerin Hannelore Faulstich-Weiland,[27] zeigt das
ganz unmissverständlich: Lehrer gehen jeden Tag mit ganz be-
stimmten Erwartungen an die Schüler in die Klasse. Und das
ist ihnen in der Regel gar nicht bewusst. Mädchen werden von
den Lehrern für langsamer und sorgfältiger gehalten, während
sie Jungen als lebhafter und interessierter einschätzen. Insbesondere in den naturwissenschaftlichen Fächern und in Mathematik werden Mädchen zwar als fleißig und aufmerksam
betrachtet, aber nicht wirklich als fähig. Im Gegensatz dazu
gelten die Jungen als produktiv und praktisch veranlagt.[28] Das
zeigt sich darin, dass «Jungen eher nach neuen Sachverhalten
bzw. nach der Funktion gefragt werden, während sich die Fragen an Mädchen ausschließlich auf die Wiederholung behan-
delter Unterrichtsinhalte sowie auf Bezeichnungen von Sachverhalten beziehen».[29]

Durch ihr Verhalten bringen Lehrkräfte Mechanismen in
Gang, die die Mädchen nicht einfach außer Kraft setzen können. Indem sie Jungen höhere Kompetenzen (insbesondere in

Naturwissenschaften und Mathematik) unterstellen, richten sie auch ihre Aufmerksamkeit im Unterricht auf sie. Mädchen hingegen, die Interesse und Begeisterung für diese Fächer haben, werden nicht «abgeholt» und gehen unter. Dadurch, dass die Schülerinnen merken, dass die Lehrer ihnen weniger zutrauen, werden sie verunsichert. Zwar sind Lehrkräfte auf Routinen angewiesen – und hierfür sind Geschlechterbilder tatsächlich hilfreich –, doch diese sind auch schädlich, weil sie die Schüler eingrenzen.

Am Ende bekommen Jungen in der Summe deutlich mehr Beachtung. In den Klassenräumen herrscht das «Zwei-Drittel-Aufmerksamkeits-Gesetz»: Sowohl Lehrer als auch Lehrerinnen schenken den Mädchen nur ein Drittel ihrer Aufmerksamkeit, die restlichen zwei Drittel erhalten die Jungen. Mädchen werden seltener aufgerufen und bekommen seltener Unterstützung durch die Lehrer und Lehrerinnen (beispielsweise in der Freiarbeit und Gruppenarbeit).[30] Selbst in Stunden, in denen die Jungen nicht häufiger aufgerufen werden oder drankommen, schenkt man ihnen dennoch mehr Aufmerksamkeit, und zwar weil sie häufiger stören und deutlich öfter ungefragt reinrufen. Eine Lehrerin an einer Berliner Realschule, die sich Gedanken dazu machte, warum sie Schüler und Schülerinnen unterschiedlich behandelt, gesteht, dass sie, alleine um die Klasse ruhig zu halten, die Jungen häufiger drannehme.[31] Noch etwas ist bemerkenswert: Sobald die Lehrkräfte versuchen, den Mädchen mehr Beachtung zukommen zu lassen, versuchen die Jungen durch Protest und auffälliges Verhalten, sofort dagegen anzugehen.

In ihrer Konkurrenz um die Gunst und Aufmerksamkeit des Lehrers ziehen die Mädchen regelmäßig den Kürzeren. Am Ende führt dies zu einem «Rückzug der Mädchen aus dem schulischen Geschehen»[32] – ein Muster, das offenbar häufig zu beobachten ist und von Lehrern in einem Selbstversuch getestet wurde. Sie installierten eine Videokamera und zeichneten eine Unterrichtsstunde auf. Beim Abspielen der Aufnahme be-

obachteten und notierten sie erstens, wen sie häufiger angesprochen haben, und zweitens, womit sie die Adressierten ansprachen. Drittens zählten sie, wen sie ermahnt hatten, und
viertens, wen gelobt. Als fünften Punkt schauten sie darauf,
wen sie wahrgenommen und wen sie übersehen hatten. Die
Überraschung war groß: Alle Lehrer und Lehrerinnen, die diesen Versuch machten, konnten es kaum glauben, wie sie sich
selbst verhalten hatten: «Jungen wurden ermahnt, obwohl sie
sich wirklich zum Unterricht äußern wollten, Mädchen wurden übersehen, obwohl sie sich minutenlang meldeten.»[33]

Wie Schüler und Schülerinnen gelobt und getadelt werden – wofür und mit welchen Botschaften –, auch das unterscheidet sich. Wenn Jungen getadelt werden, dann für Unord-
nung, disziplinloses oder unaufmerksames Verhalten, selten
hingegen für schlechte Leistungen. Ganz anders hingegen verhält es sich mit Lob: Das erhalten die Jungen in der Schule ausschließlich für gute intellektuelle Leistungen. Die typischen
Botschaften an Jungen lauten: «Du könntest, wenn du nur
wolltest.» Und was lernen die Jungen daraus? Dass sie aufgrund ihrer Veranlagung Erfolge einfahren, eben weil sie gut
darin sind. Wenn sie dagegen Misserfolge erzielen, schreiben
sie diese einem geringen persönlichen Einsatz zu – und vergessen sie wieder. Das heißt: «Jungen können gute Leistungen in
ein positives Selbstbild umsetzen, gegenüber schulischen
Misserfolgen sind sie weniger anfällig.»[34] Oder in anderen
Worten: Sie glauben an sich.

Bei den Mädchen sieht das leider anders aus. Lob erhalten
sie von Lehrern und Lehrerinnen fast ausschließlich für ihren
Fleiß, ihre Ordnungsliebe und ihre Anpassungsfähigkeit.
Wenn sie gute Noten schreiben, wird das nicht auf ihr Können zurückgeführt, sondern darauf, dass sie so fleißig gelernt
haben. Tadel gibt es hingegen bei schlechten Zensuren. Und
was lernen diese daraus? Dass sie «die eigenen Erfolge häufiger
auf äußere Umstände, wie Glück oder Leichtigkeit der Aufgabe, zurückführen, Misserfolge aber als Ausdruck ihres eige-

nen Unvermögens und mangelnder Begabung ansehen.»[35]
Vertrauen in die eigenen Fähigkeiten lässt sich so nicht auf-
bauen. Doch gerade dieser Punkt, die Frage, wie wir mit Er-
folgen und Misserfolgen umgehen, ist entscheidend für unser
Selbstbild.

So ist auch später, im Büroalltag oder in der Freizeit, zu erleben, wie sich Männer, strotzend vor Selbstvertrauen, um die
größten und schwierigsten Aufgaben reißen und keine Zweifel
daran haben, dass sie diese erfolgreich erledigen können, während die Frauen in den gleichen Situationen zögern und glauben, die Aufgabe sei zu groß für sie und dass sie dafür noch
mehr Erfahrung bräuchten, sprich üben sollten. Wenn aber
Frauen einen Erfolg vorweisen können, glauben sie prompt,
das sei lediglich ein glücklicher Zufall gewesen. «Der reale berufliche Erfolg wird dann als Zufall oder glückliche Fügung er-
läutert und weniger mit persönlichem Engagement, Kompetenz oder gar Aufstiegswillen begründet.»[36]

Die Schule trägt also wesentlich dazu bei, Unterschiede zwischen Mädchen und Jungen zu verstärken und Verhalten, das
als frauentypisch gilt, zu verfestigen, anstatt die Potenziale der
Mädchen zu fördern. Mädchen üben somit in der Schule, wie
auch schon in Kita und zu Hause, Verhaltensweisen ein, die
ihnen später als Erwachsene nicht nur nicht nützen, sondern
sogar im Wege stehen. Denn Bravheit, Angepasstheit, Fleiß
und Sorgfalt sind das Gegenteil von Durchsetzungsfähigkeit,
Unabhängigkeit und Selbstbewusstsein, die zwingend nötig
sind, damit Frauen ihren eigenen Weg gehen können.

4.3 Die geballte Macht von Kino und Fernsehen

Als Kathryn Bigelow im März 2010 den Oscar für die «beste Regie» überreicht bekam, horchten etliche ungläubig auf: Es war
das erste Mal überhaupt, dass diese Auszeichnung an eine Frau
ging. Über 82 Jahre lang – die gesamte Geschichte der Academy

Awards hindurch – hatten allein Männer die Trophäe gewonnen. Bigelow ist aber nicht nur die Erste, die dieses Muster durchbrach, sie ist bis heute auch die einzige Frau geblieben.[1] Wir mögen unsere Medienwelt für noch so hypermodern halten, abseits der technischen Raffinessen ist sie es nicht. Frauen spielen in dieser noch lange nicht in derselben Liga wie Männer, auch wenn wir meinen, sie könnten es längst. Es springt einem von überall her ins Auge: Weibliche Rollen werden meist klein gehalten, die Leistungen von Frauen unterschätzt und ihre Geschichten in Kino und Fernsehen verblüffend schlecht ausgeleuchtet. Manch einer wird denken, dieses Urteil sei heillos übertrieben, doch es lohnt, einmal in Statistiken und Forschungsergebnisse hineinzublicken, um zu erkennen: Das Frauenbild unserer Medien ist – insgesamt gesehen – in etwa so spannend und komplex wie ein weißes Blatt Papier.

Die Misere fängt schon da an, wo sprechende Frauenfiguren nicht gerade selbstverständlich sind. In den 100 populärsten Kinostreifen etwa, die Hollywood alljährlich produziert, machen Frauen weniger als 30 Prozent aller Charaktere aus.[2] Noch düsterer sieht es bei den tragenden Hauptrollen aus, die nur zu 11 Prozent aus weiblichen Charakteren bestehen, wie Zahlen zu den Blockbustern von 2011 verraten.[3] Und wer meint, es gehe an dieser Stelle sicherlich um Actionthriller und Science-Fiction-Movies, also darum, dass Frauen in einigen «härteren Genres» unterrepräsentiert sind, die ohnehin auf ein männliches Publikum zielen und daher auf männliche Helden setzen, der irrt. Wir können auch auf «ganz normale» Filme für die gesamte Familie blicken, und das Bild ist nahezu das gleiche: Auch hier fehlen die Frauen. Es werden uns «fiktive Dörfer und Dschungel und Königreiche» vor Augen gehalten, die weitgehend ohne einen realitätsnahen Anteil an weiblicher Bevölkerung auskommen, wie einmal die Schauspielerin Geena Davis feststellte. In einer Kolumne für den *Hollywood-Reporter* kritisierte sie deshalb scharf: «Wir bringen tatsächlich unseren Kindern unmerklich und von klein auf bei, Frauen und Mädchen als diejenigen zu sehen, die nicht die Hälfte des Raumes für sich in Anspruch nehmen.»[4]

Medienforschende sind sich darin einig, dass unser Blick auf die Welt – und sogar auf uns selbst – gravierend davon abhängt, was uns im Internet und Fernsehen, in Hörfunk und Zeitung vermittelt wird. Die Botschaften und Bilder, die massenhaft medial verfügbar sind und uns fast rund um die Uhr begleiten, üben einen starken Einfluss darauf aus, wie wir unser Leben und die Dinge, die darin geschehen, begreifen. Auch unser Verständnis, was es heißt, ein Mann oder eine Frau zu sein, bleibt hiervon nicht unberührt: «Grundsätzlich entwerfen alle Menschen ihre Bilder von Männern und Frauen, von Jungen und Mädchen ganz nachhaltig über Medienbilder, gleichen sie mit diesen ab und korrigieren sie anhand dieser»,[5] erklären Wissenschaftler. Es sei wichtig, sich bewusst zu machen, welche Bedeutung dies für uns habe – und es bedeutet vermutlich nichts Gutes angesichts der konservativen Rollenmuster, die da fortwährend kursieren. «Wir mussten verwundert feststellen, dass Frauen auch heute noch so dargestellt werden, wie es in den 1950er Jahren schon gang und gäbe war», kommentiert etwa Dan Romer, der zusammen mit einem Forschungsteam an der Universität von Südkalifornien erkundete, wie präsent Frauen auf der Kinoleinwand sind und wie sie dort inszeniert werden. Sein Fazit: «In allen Bereichen des Lebens spielen Frauen mittlerweile viel größere Rollen als früher, nur Hollywood scheint eine Denkart aus früheren Epochen beizubehalten.»[6]

Der Bechdel-Test

Anscheinend tragen also nicht nur Elternhaus und Schule, die Peergroup im Teenageralter und später Kollegen- und Bekanntenkreise an uns heran, wie wir zu leben haben. Auch Medienbilder wirken auf uns und laden dazu ein, sich Lebensmuster abzugucken. Und was legen diese uns nahe? Männer sind von zentraler Bedeutung, Frauen suchen einige Meter dahinter und daneben nach dem, was sie möchten und gut können. Es gibt Ausnahmen, keine Frage, aber Ausnahmen sind nicht die Regel. Die Medienforscherin Martha M. Lauzen von der Universität San Diego macht auf einen wichtigen Aspekt unserer Wahrnehmung aufmerksam: Wir blicken sehr gerne auf Neues, sprechen über faszinierende Ausnahmen und feiern frauenzentrierte Filme und Serien wie «Brautalarm», «Girls» oder «Sex and the City».[7] Doch statistische Erhebungen weisen ganz klar darauf hin, dass im Hinblick auf das Geschlechterbild unserer Medien «keine wirkliche Veränderung zu beobachten ist», allen vereinzelten Lichtblicken zum Trotz.[8]

Wie ausgesprochen wenig Frauen in der Filmwelt zu sagen haben, zeigt ein Test, der ursprünglich die Erfindung einer amerikanischen Comic-Autorin war. Dieser nach Alison Bechdel benannte Test wertet aus, wie eigenständig und facettenreich weibliche Figuren im Kino dargestellt werden. Spielen sie nur die «hübsche Aussicht» in einer Story oder können wir aus dieser substantiell mehr darüber erfahren, wie Frauen denken und leben und welche Erfahrungen sie machen? Es sind drei einfache Kriterien, die ein Film erfüllen muss, um zu bestehen: Erstens müssen mindestens zwei Frauen (namentlich benannt) in diesem vorkommen, zweitens müssen beide Frauen miteinander ein Gespräch führen, und zwar, drittens, über etwas anderes als einen Mann. Zahlreiche Kinoproduktionen rasseln hier gnadenlos durch, viele scheitern sogar schon an der ersten Hürde, überhaupt zwei Frauen genügend Bedeutung beizumessen, um sie namentlich auftreten zu lassen. Wir sprechen hier nicht über Streifen wie «Der Terminator». Selbst zahlreiche hochgelobte Kritikererfolge und Publikumsschlager wie «Slumdog Millionaire», «Skyfall», «Magnolia» oder «Das Leben der Anderen» bestehen den Test nicht. Sogar «Lola rennt» fiel – trotz unleugbar starker Frauenfigur im Zentrum – durch.[9] Was auch einige Kritik an dem Nutzen dieses Bechdel-Tests hervorrief.

Der Wert desselben liegt darin, dass mit ihm auf ein Problem hingewiesen wird, das uns kaum bewusst sein dürfte: «Es geht nicht nur um ein paar Leute hier und da, die keine Frauen mögen oder ihre Geschichten nicht hören wollen. Die ganze Filmindustrie baut darauf auf, Filme zu machen, die auf Männer ausgerichtet sind und von Männern handeln», fasst Anita Sarkeesian zusammen.[10] Die junge Medienkritikerin war die Erste, die auf ihrem Videoblog «Feminist Frequency» die Comic-Idee von Bechdel aufgriff und sie auf die Probe stellte. Mittlerweile nutzen schwedische Kinobetreiber den Test als Gütesiegel für Filme, die dazu beitragen, endlich mehr weibliche Stimmen auf die Leinwand zu bringen: Wer den Test besteht, bekommt das entsprechend auf seinen Filmplakaten vermerkt.[11]

Sie kam, sah und verführte

Vor Klischees tropft aber nicht nur die Kost, die wir mit Popcorn auf dem Schoß im Kino goutieren können. Ein kurzer Blick in unseren TV-Alltag zeigt, wie auch hier die Zerrbilder florieren: Im ZDF etwa lief Ende 2013 eine sechsteilige TV-Reihe, mit der bedeutende «Frauen, die Geschichte machten»,[12] porträtiert wurden. Eigentlich ist die Absicht, damit das Wirken von Frauen in der Vergangenheit besser sichtbar zu machen, ja löblich, doch wie dann in fiktionalisierten Minidramen historische Persönlichkeiten wie Kleopatra, Luise von Preußen, Katharina die Große oder Sophie Scholl vorgestellt wurden, entbehrt wahrlich nicht einer gewissen Komik. Gleich zum Auftakt der Reihe erfuhren wir das Wichtigste aus dem Leben der russischen Zarin: «34 Machtjahre, 21 Liebhaber». Es wurde die preußische Königin als «schön, charmant, anmutig» gepriesen, eine Frau, die damals angeblich nur Frau und Mutter sein wollte, aber dann Napoleon die Stirn bieten musste. Und über Kleopatra hören wir, was man so auch nicht wusste: Die nämlich hatte «den größten Sexappeal» von allen dieser Damen und galt den einen als «Traumfrau der Antike» und anderen, den Römern, «als Hure vom Nil». Müssen wir uns jetzt noch wundern, wenn irgendwann die Ägypterin gezeigt wird, wie sie in einer fiktiven Szene auf ihren Liebhaber wartet, in den Spiegel blickt und sagt: «Ich glaube, ich sollte abnehmen»? Ein Blick in das Pressebegleitheft verriet schon vorweg, dass es natürlich viel weniger um den historischen Stoff ging als um TV-Entertainment. Denn auch hier wurden die sechs Frauenfiguren in einer Weise vorgestellt, wie sonst nur Klatschzeitschriften ihre Covergirls präsentieren, wie ein TV-Kritiker brüskiert anmerkte:[13] Kleopatra – «Sie kam, sah, verführte», Katharina – «Mord am Mann oder der schnellste Weg zur Frauenquote», Jeanne d' Arc – «Der neueste Trend: Kettenhemd». Was fangen wir mit solchen Sendungen bloß an? Lachen wir über sie? Schauen wir uns so etwas gar nicht erst an?

Das Problem ist leider, dass es nicht nur um dieses eine konkrete Beispiel geht, sondern um die Fülle solcher Bilder, die uns – mal subtil, mal grobschlächtig – einzutrichtern versuchen, im Leben von Frauen drehe sich alles nur um das uralte Programm: attraktiv aussehen, Gewicht halten, *ihn* finden und eine Seele von Mensch sein – ganz gleich, ob im familiären Heim oder auf öffentlicher Bühne. Denn wie sonst ist es zu erklären, dass in dieser ZDF-Reihe selbst eine Figur wie Sophie Scholl als «Die Seele des Widerstands» dargestellt wird?[14] Was ist mit dem Mut, der Entschlossenheit und der moralischen Stärke dieser jungen Frau, deren Auflehnung gegen das Naziregime nun wahrlich kein verträumter Sonntagsspaziergang war? Wenn wir bedenken, dass wir für Klischees und Stereotype besonders dann empfänglich sind, wenn sie uns eher beiläufig vermittelt werden,[15] spricht wohl einiges dafür, dass unsere Freizeit- und Unterhaltungsmedien keinesfalls harmlos sind. Denn auch sie beschwören noch fortwährend einen tiefen imaginären Graben zwischen Mann und Frau sowie den unterschiedlichen Aufgaben, Zielen und Wünschen, die diese im Leben verfolgen. Wir schalten gerade ab und entspannen uns, sitzen im Kino oder vor dem Fernseher und merken dabei gar nicht, wie viele «heimliche Erzieher» währenddessen auf uns einprasseln.

Natürlich haben wir TV-Kommissarinnen im Programm – Bella Block und Rosa Roth, Charlotte Lindholm und Inga Lürsen oder Nina Rothe. Man kann sich durchaus fragen, warum fast die einzige Chance für eine Frau, in deutschen TV-Serien bedeutungsvoll aufzutreten, an den Ehrgeiz geknüpft ist, Verbrecher zu jagen, aber immerhin sind unsere Krimifrauen tatsächliche Ausnahmen. Sie nämlich werden als Frauen gezeigt, die auch ambitioniert an berufliche Dinge herangehen, während davon auf unseren Mattscheiben ansonsten nur wenig zu sehen ist. Das weibliche Rollenrepertoire ist hier insgesamt noch sehr dünn, analysierte eine Studie von 2013: «In Deutschland gibt es im Hinblick auf Quality Serials fast nur die Kommissarinnen (und vereinzelt Ärztinnen), die als beruflich erfolgreich, kompetent und handlungsmächtig sichtbar werden.»[16] Daneben werden Frauengeschichten noch immer so dramatisiert, wie sie schon immer dramatisiert wurden, nämlich entlang von Herzensmotiven.

Hauptsache Mann

Die Publizistin Barbara Sichtermann zeigte vor längerer Zeit auf, wie dominant dieses Muster noch ist, als sie vor Medienleuten und Politikern einen Vortrag hierüber hielt. Darin lobte sie zunächst einmal, wie durchsetzungsstark, zielbewusst, rebellisch und zäh unsere heutigen TV-Heldinnen inzwischen nach außen hin auftreten dürften. Das weibliche Rollenspektrum habe sich erweitert und im Vergleich zu früher «jede Menge Power hinzugewonnen».[17] Allerdings, so wendete die Autorin dann wieder ein, gebe es doch einen kleinen, aber

gravierenden Schönheitsfehler in dieser Bilanz: «Schätzungs-
weise 80 Prozent der Geschichten, die mit diesen erfrischen-
den und aktiven Frauenfiguren erzählt werden, haben nur ein
einziges Zentrum: den Mann.»[18] Was die Figuren auch tun, am
Ende nutzten sie ihre Fähigkeiten nicht dazu, etwas in dieser
Welt auf die Beine zu stellen, sondern lediglich dafür, «den
Richtigen» zu finden. Sichtermann beobachtet hier eine
stereotype Vereinfachung unseres Frauseins, die wir längst
hinter uns glaubten: «Frauen sollen lieben und Männer kämpfen, so wollen es die alten Rollenbilder und die neuen ebenfalls.»[19]

Auch andere Expertinnen beobachten, dass selbstbewusste
Heldinnen in unseren TV-Filmstorys zwar mutig und allein
auf Safari gehen, auf Stöckelschuhen und im Minirock sogar,
doch irgendwann ist ein Retter gefragt, der gerade noch das
Schlimmste verhindern kann. Wie oft in Drehbüchern «im
entscheidenden Moment» die Logik aussetze, merkt auch Sabine de Mardt an, Managerin bei Eyeworks Germany, einer
internationalen Fernsehproduktionsfirma. In einem Interview
amüsierte sich die Produzentin über entsprechende Wende-
momente in Filmen: «Sobald ein attraktiver Mann erscheint,
steht schlagartig der *love interest* im Mittelpunkt und häufig
sind Frauenfiguren dann plötzlich schusselig, reaktiv, müssen
gerettet werden oder bedienen wieder alte Rollenmuster, die
lediglich von einem modernen *look* überdeckt werden.»[20] Ähnlich wie Sichtermann hält auch sie deshalb viele unserer Fern-
sehfilme heute für «pseudoemanzipiert». Wie recht sie hat,
veranschaulicht beispielhaft eine Sonntagsfilm-Reihe im ZDF,
die unter dem Titel «Herzkino» seit einiger Zeit läuft: Schon in
der Vermarktung lassen Geschlechterklischees grüßen, denn,
wie der Sender ankündigt, gehe es hier um die großen und kleinen Fragen im Leben, die das weibliche Zielpublikum ansprechen sollen: «Wie führt man heute eine Ehe? Wie geht Glück-
lichsein? Wie finde ich den Richtigen? Und wie werde ich den
anderen wieder los?»[21]

Hallo Herzkino? Einfallslos ist hier nicht, dass sich alles nur um die Liebe dreht, sondern dass Frauen auf genau dieses Motiv so rigoros wie einseitig reduziert werden. So darf zwar beispielsweise die Schauspielerin Christiane Hörbiger in «Therese geht fremd» eine Philosophieprofessorin darstellen, doch spielt ihr Beruf in dem Film als Erfahrungswert nur eine höchst blasse Rolle.[22] Im Mittelpunkt steht die Frage, für welchen Mann denn nun Thereses Herz schlägt. «Man kann es drehen und wenden, wie man will, was da im ZDF den Sonntag regiert, ist fauler Zauber von vorgestern», urteilte eine TV-Kritikerin. «Noch fällt das ältere, weibliche Publikum darauf rein, aber der Moment, an dem ein Publikum umdenkt und ganz was anderes will, kommt meistens plötzlich.»[23]

Das Weibchenschema im Kinderprogramm

Die Frage ist nur, wo dieses Umdenken eigentlich herkommen soll. Haben wir Grund, hier auf die nächste Generation zu hoffen? Wir meinen vielleicht, unsere Gesellschaft täte alles, um unsere Jüngsten zu facettenreicheren Selbstbildern zu ermuntern, doch Fakt ist leider, wie Pädagogen und Medienforscher besorgt beobachten, dass wir gar nicht vorpreschen, wir treten auch nicht auf der Stelle. Wir rudern viel eher zurück! «Gewisse Stereotype werden stärker, als sie eigentlich mal waren», sagt etwa Sabine Eder, die als Geschäftsführerin des medienpädagogischen Vereins Blickwechsel skeptisch auf die Vorstellungswelten blickt, in die unsere Kinder gerade hineinwachsen.[24] Denn auch diese brauchen nur den Fernseher anzuschalten und sind schon mittendrin, in dem «faulen Zauber» des Kinderprogramms.[25] Ein Grund- und Hauptschullehrer sah sich aufgefordert, im Internet mit einem Kommentar auf Eder und ihre Äußerungen zu reagieren, um aus eigener Erfahrung beizupflichten: «Mädchen und Jungs fallen zunehmend wieder in alte Rollenklischees zurück, nur extremer als früher, da

gerade Mädchen schon in der 3. und 4. Klasse typisch puber-
täre Weibchenschemata nachzuahmen beginnen und dabei
widerspruchslos Rollenbilder aus den Medien kopieren.» Das
alles sei bedenklich, fand der Lehrer, denn Mädchen und Jungen seien sicher nicht gleich, aber dürften auch keinesfalls
durch elterliche und mediale Erziehung «in Stereotype aus der
Adenauerzeit verwandelt werden».[26]

Auch Maya Götz, Medienpädagogin am Zentralinstitut für
Jugend- und Bildungsfernsehen (IZI), zählt zu denjenigen, die
hierzulande verfolgen, wie sich Rollenbilder im Kinderprogramm verschieben. Es verschiebt sich aber nichts. «Jungen
sind die Helden, und die Mädchen gucken zu»,[27] lautet beispielsweise das Ergebnis einer groß angelegten Studie von
2007. Mädchenfiguren stehen auffallend im Schatten der tur-
bulenten Abenteuer und Erfahrungen, die junge männliche
TV-Charaktere eine Reihe weiter vor ihnen meistern. Auch
hier sind es die Jungen, die die Hauptrollen verkörpern (zu
75 Prozent), dabei drängende Probleme lösen, Siege erkämpfen
und Gefahren bestehen. Währenddessen dürfen sich Mädchenfiguren oft nur durch ihr Äußeres profilieren und in Klischees verharren – «vom zuarbeitenden Weibchen, dem kon-
sumverhafteten Luxusgeschöpf oder der schönen Prinzessin».[28] Wir haben hier die Elfen und Cinderellas – zart, rosa,
friedfertig und Harmonie säend – und auf der anderen Seite
kleine Kerle wie «Bob, der Baumeister», die aktiv zupacken
und handfest mit technischem Verstand zur Sache gehen, um
Dinge zu gestalten. Ungeheuer beliebt ist bei Jungen auch der
chaotische SpongeBob, der als «lustiger Loser» durchs Leben
stolpert und – ähnlich wie Bart und Homer Simpson – den Mut
zeigt, «ein Recht auf Spaß und Freizeit einzufordern und mit
großer Lust, Regeln zu überschreiten».[29]

Selbstverständlich gibt es auch im Kinderprogramm einige,
sogar sehr populäre Ausnahmen, darunter etwa die energische
Bibi Blocksberg, Pippi Langstrumpf oder auch die «Kleine Prinzessin». Diese zumindest dürfte mit ihren zerzausten Haaren,

auffälligen Zähnen und dem Berufswunsch, später einmal General oder Entdecker zu werden, in der Tat die gängigen (rosaroten) Erwartungen an eine TV-Königstochter durch-kreuzen. Doch wo solche Beispiele nur zu 10 Prozent unter den Figuren im Kinderprogramm zu finden sind, läuft einiges schief.[30]

Das Gleiche lässt sich auch mit Blick auf Zeichentrickserien sagen, die weltweit 84 Prozent aller Sendungen im Programm darstellen: Mädchenfiguren werden hier oft stark überzeich-net und «sexualisiert» dargestellt. So führt uns etwa die Super-heldin Kim Possible, die lange Zeit zu den TV-Lieblingsfiguren bei Mädchen zählte, vor Augen, um welche seltsame «Klapper-dürre im Zeichentrickland»[31] es hier eigentlich geht: Ein menschliches Rückgrat passt in diese Figur kaum noch hinein. Auch wenn Tiere oder Fabelwesen (etwa die Schlümpfe) im Trickfilm imaginiert werden, müssen Mädchen um die Ecke denken, um sich identifizieren zu können: Im «Normalfall» nämlich werden Trickfilmwesen männlich entworfen und erst durch zusätzliche Attribute – beispielsweise durch Haarschlei-fen, lange Wimpern oder auch geschminkte Lippen – wird dann der entsprechend weibliche Charakter geschaffen.[32] Das soll natürlich vor allem Signalfunktion haben, kann unbe-wusst aber auch die Lesart befördern, dass Männer «komplett» sind (so, wie sie sind), Frauen aber, abweichend davon, erst mit-hilfe von «Mittelchen» und kosmetischem Aufputz eine Per-sönlichkeit werden.

Besonders negative Beispiele für die extremen Körperbilder von Trickfiguren liefern auch die «Bratz»-Püppchen (aus der gleichnamigen Super-RTL-Serie). Sie stellen aufgetakelte Strichgestalten in der Landschaft dar, die meist mit Schlafzim-merblick und Schmollmündern durch die Gegend wandeln, mit Federboas und knappsten Miniröckchen ausgestattet. Auch sie dürften ein Grund dafür sein, dass Maya Götz in ihren Untersuchungen von weiblichen Trickfilmheldinnen zu dem Ergebnis kommt: «Zwei von drei haben derart lange Beine und eine Wespentaille, wie sie nicht einmal durch eine Schönheits-operation zu erreichen wären.»[33]

Wie eine Studie ergab, fällt Kindern die starke «Sexualisie-rung» ihrer Serienfiguren durchaus auf – und zwar als unan-genehm. Im Alter von 3 bis 12 Jahren waren den meisten Jun-gen und Mädchen jene Bilder lieber, auf denen normale Kinder-körper zu sehen waren, also nicht die gängigen aus der Trick-feder.[34] Das Problem ist: «Kinder begegnen Dingen, Menschen, Tieren, Themen oft zuerst in den Medien, bevor sie diese in der primären Wirklichkeit kennengelernt haben. Und dies führt nicht selten zu verzerrten Wahrnehmungen und Vorstellun-gen», so warnen Medienpädagogen vor den Effekten in jungen Zuschauerköpfen.[35]

Der heimliche Lehrplan von Klum und Bohlen

Zu den Sendungen, die in dieser Hinsicht ebenfalls argwöh-nisch beäugt werden, gehören auch heutige Casting-Shows wie «Deutschland sucht den Superstar» oder «Germany's Next Topmodel». Für die Bildungs- und Medienforscher ist nur schwer erklärlich, was eigentlich eine ganze Generation dazu bewegt, ehrgeizig in einer Schlange zu stehen, um hier dabei zu sein und «alles zu geben». Da erleben wir Heidi Klum, wie sie Teenagermädchen drillt und herumkommandiert, «Mach uns die Raubkatze», «Mach die Beine länger», «Ihr müsst hart werden, ich will nichts schwabbeln sehen».[36] In sogenannten Challenges sollen sich die Mädchen beweisen, also Aufgaben bewältigen wie etwa die Fingernägel im Rennauto lackieren (bei Tempo 200), vor einem explodierenden Auto posieren oder bei minus 15 Grad einen Bikini gut ausfüllen. In einem der Shootings sollten sie mit Peitsche, Handschellen und an-deren Utensilien ein männliches Model verführen.[37] Eine For-schungsstudie urteilte harsch: «Ein längst überwunden ge-glaubter Sexismus feiert fröhlich Wiederauferstehung!»[38]

Was aber fasziniert junge Menschen an diesen Sendungen und welche Auswirkungen haben diese möglicherweise auf ihre Selbstbilder? Casting-Wettbewerbe sind insbesondere bei Mädchen der große Renner: 65 Prozent im Alter von 12 bis 17 Jahren erklärten diese zu ihrer liebsten Unterhaltung im Fernsehen. Bei den Jungen ist dies weniger (nur zu 45 Prozent) der Fall. «Germany's Next Topmodel» (GNTM) wird insbesondere von Mädchen eingeschaltet, denen Heidi Klum ein Vorbild ist,[39] während Jungen darauf schielen, was ihnen Dieter Bohlen als Idol vormacht – sodass man auch hier von einem «heimlichen Lehrplan» sprechen kann. Denn Bohlen klopft coole Sprüche, markiert den Boss und nimmt auch kein Blatt vor den Mund, wenn er als Juror unverblümt äußert: «Bei mir in der Hose hat sich was getan» oder «Jetzt will jeder mit dir schlafen». Jugendliche nehmen zwar durchaus wahr, dass die Kandidaten häufig verletzt werden, unter den meisten männlichen Zuschauern gibt es aber dennoch eine erstaunlich «hohe Akzeptanz von Dieter Bohlens harter Kritik».[40] Diese gilt ihnen als «ehrlich», gaben Jugendliche zu verstehen. Sie finden, von Bohlen könne man lernen, wie man auch mit seinen eigenen Freunden umgehen sollte. Wahrgenommen wird also nicht, wie Bohlen über die Stränge schlägt, sondern nur, wie freiheraus der Mann seine Meinung vertritt – über mögliche Tabus und Anstandsformeln hinweg.

Heidi Klum dagegen trägt an ihre Mädels ganz andere Verhaltensweisen heran, und nur vordergründig geht es dabei um «Schönsein», den perfekten Körper und das allerbeste Aussehen. Es wird zwar stark auf Äußerlichkeiten fokussiert, doch das eigentliche Erziehungsprogramm für die Kandidatinnen liegt in der Unterordnung. Die Mädchen sollen zeigen, dass sie bereit sind, alles mit sich machen zu lassen: «Im Prinzip geht es um die totale Anpassung an die nicht nachvollziehbaren Anforderungen von anderen Menschen», erklärt Maya Götz hierzu. Genau dies sei das Problem an der gesamten Sendung. «Es darf nicht hinterfragt werden: Will ich das? Ist das sinnvoll? Passt das zu mir? Es geht in dieser Serie also nicht um den von den Jugendlichen unterstellten Aspekt, seine Identität wahren und ausleben zu können. Im Gegenteil, es geht nur darum, ob ein Mädchen willig ist, sich den Diktaten der Sendungsmacher zu unterwerfen, so verrückt die Aufgaben auch sind.»[41] Wer nicht mitmacht, fliegt irgendwann raus, und gewinnen kann nur, wer alle Widerstände und Schamgrenzen überwindet: «Unter der Oberfläche von Glanz und Glamour erzieht GNTM zu nichts anderem als zum Gehorsam.»[42]

Da drängt sich doch die Frage auf, ob dies wirklich eine gute Schule für eine ganze Generation von Mädchen ist, die morgen selbstbestimmt ihren Weg gehen soll. Natürlich ist schwer abzusehen, was an Einflüssen hängen bleibt, was genau hier verinnerlicht wird und was als Freizeitspaß dann doch woanders verbucht wird. Aber es gibt zumindest einige Hinweise darauf, dass solche Sendungen tatsächlich nicht völlig spurlos an den Zuschauenden vorbeigeht: Beispielsweise äußern Kinder im Alter von 6 bis 12 Jahren kaum je den Wunsch, später einmal Model zu werden. Weit oben als Wunschberufe finden sich immer wieder Tierärztin (20 Prozent) oder Lehrerin (zu 9 Prozent). Doch während so nur 3 Prozent der befragten Kinder sagen, sie wollten später einmal auf einem Laufsteg stehen, sieht das bei denjenigen, die regelmäßig «Germany's Next Topmodel» sehen, gleich anders aus: Jede Zweite unter diesen träumt vom Modeln und unter den 18- bis 19-Jährigen sind sogar 70 Prozent fest davon überzeugt, Heidi Klum bereite hierauf auch gut vor.[43]

Was sollen weibliche Teenager eigentlich mit so völlig konträren Botschaften anfangen, mit denen sie heutzutage aufwachsen? Da wird einmal im Jahr, zum «Girls Day», daran erinnert, dass auch Frauen technische und naturwissenschaftliche Berufe ergreifen können – und ganzjährig wütet daneben der Topmodel-Zeitgeist und gaukelt ihnen vor, die eigentlichen Begabungen einer Frau in mathematisch-technischer Hinsicht lägen darin, einen Schminkpinsel zu navigieren und Kalorien richtig abzuzählen. Da wird den jungen Mädchen zwar ermunternd zugeredet, sie sollten ihre Lernerfolge in der Schule gut nutzen und sich fleißig bilden – doch in der Medienwelt kommt es auf Bildung, geistige Beweglichkeit, Cleverness und Eigensinn kaum je an, wenn eine Frau auftritt. Was hier regiert, ist noch immer das gute alte Brave-Töchter-Programm: sich fügen, keine Ansprüche stellen und bloß nicht in sich hineinhorchen. Denn dort könnte sich ja eine Stimme bemerkbar machen, die etwas ganz anderes will. «Germany's Next Topmodel» führt uns eigentlich nur in extremer Variante vor Augen, was auch heute noch gilt: Aufmüpfige Frauen sind einfach nicht gefragt.

«Jugendstudien besagen, dass junge Frauen eindeutig Abschied genommen haben von der traditionellen Hausfrauenrolle. Sie optimieren ihre Bildungsqualifikation und streben an, Familie und Beruf miteinander zu verbinden. Sie wissen, dass dies nicht einfach zu lösen sein wird. In einer solchen Situation ist gerade die Normsetzung von GNTM eine drastische Fehlentwicklung.»[44] Solche Sendungen können junge Frauen darin verunsichern, worauf es im Leben ankommt: Hübschsein und der Wille, es allen recht zu machen, sind sicher nicht die richtige Formel zu Glück und Erfolg. Es gilt eher, Frauen darin zu bestärken, uneingeschränkt eigene Wünsche und Lebenspläne zu schmieden, sie ernst zu nehmen und auch dann in Partnerschaft, Familie und Gesellschaft vorzubringen, wenn Konflikte damit vorprogrammiert sein dürften. Eines liegt doch auf der Hand: Frauen *müssen* anecken dürfen. Anders führt kein Weg aus den Vereinnahmungen heraus.

Auch Männer haben hier zu kämpfen, auch sie müssen heute tradierte Erwartungen an sich und ihre Rolle infrage stellen, und auch das ist nicht einfach. Doch mit einem sind diese im Vorteil: Männer *dürfen* anecken. Ihr Widerspruchsgeist genießt noch immer ein ganz anderes Ansehen als der von Frauen, wie auch ein kleines prominentes Mittelchen mit großem Augenzwinkern klarstellt, dass selbst im Kinderzimmerbereich schon mal die Grenzen markiert: «Zickenspray» –

einmal kräftig drücken und die mädchenhafte Übellaune ist weg, bevor sich da noch etwas auswächst.

Wie aber können wir uns aus dieser Rollenstarre lösen? Brauchen wir einfach mehr Frauen, die stärker mitmischen und mitreden – gerade auch in den Toppositionen des Medienbetriebs? Tragen sie dann, quasi automatisch durch ihr Geschlecht, dazu bei, zumindest unsere medialen Sichtweisen auf Frauen etwas zu erweitern? Die Sache ist leider komplizierter. Auf der einen Seite zeigen Statistiken klar auf, dass eine höhere Beteiligung von Frauen – auch ganz oben in der Film- und Fernsehindustrie – durchaus etwas verändern kann. In Kinofilmen zum Beispiel, die von einer Frau verantwortet werden (durch Drehbuch oder Regie), tauchen tatsächlich mehr weibliche Figuren auf, und sie werden dazu auch seltener «sexualisiert» dargestellt.[45] Es spricht also durchaus einiges dafür, dass das einfältige Frauenbild, das uns im Kino begegnet, mit einer männlichen Dominanz zu tun hat, die hinter den Kameras regiert und vereinfachte Sichtweisen befördert. «Kommerzielles Hollywood-Kino wird von Männern gemacht»,[46] belegen glasklar die Zahlen: Es sind gerade einmal 6 Prozent der Regiestühle in der Traumfabrik weiblich besetzt, nur 10 Prozent der Drehbücher kommen dort aus weiblicher Feder, lediglich 3 Prozent Kamerafrauen sind zu verzeichnen.[47]

Auf der anderen Seite ist eine Regisseurin wie Kathryn Bigelow ein deutliches Beispiel dafür, dass das «Frausein» allein nichts darüber aussagt, wie Filme aussehen, die von einer Frau gedreht werden. Bigelow ist ein Beweis dafür, dass die Unterschiede, die uns in Bezug auf die Neigungen von Mann und Frau zugeflüstert werden, so groß vielleicht gar nicht sind. Mit ihrem Faible für «unsanfte Stoffe» – Action, Thriller und Gewaltthemen – hat die Amerikanerin ihre gesamte Laufbahn hindurch gezeigt, dass auch eine Frau das kann, was sonst angeblich nur die «Boys der Branche» beherrschen, nämlich härtere Genres und Gangarten von Filmen bedienen.

Bigelows Karriere steht damit für sich. Doch ihr Oscar-Gewinn von 2010 ist dennoch nicht ohne kleine Pointe:[48] «The Hurt Locker – Tödliches Kommando» hätte als Film nicht die geringste Chance, den Bechdel-Test zu bestehen. Erzählt wird hier vom Irakkrieg und einem Bombenentschärfungskommando, dessen «knallharte Männer» alles riskieren und Todesängste ausstehen, um Unheil abzuwenden. Ein Film für Frauen? Natürlich, denn auch die interessieren sich dafür, was in den Krisengebieten dieser Welt vor sich geht und welche Schäden das hinterlässt. Ein Film aber, der auch Frauen auf der Leinwand mehr Platz einräumt, ist dies definitiv nicht. Die paar weiblichen Nebenfiguren, die hier auftauchen, sind schnell aufgeführt: einige Irakerinnen, die vor Explosionen aus den Hintergrundbildern heraus flüchten, sowie eine Frauenfigur weiter vorne, die aber nur einen Satz sprechen darf, und zwar den gesamten Film hindurch. Sie steht am Herd, kocht das Essen für ihren heimgekehrten Mann und bittet diesen darum: «Kannst du mal die Möhren schälen?» Der Oscar ging 2010 also an eine Frau – allerdings für einen Film, der eine nahezu «frauenfreie Zone» bot, weshalb ein wütender Aufschrei auch gleich folgte: «Auch wenn der Typ ziemlich androgyn daherkommt, Oscar ist ein Macho übelster Sorte. Von Männern erdacht, von Männern ausgerichtet, von Männern präsentiert und vor allem an Männer vergeben.»[49]

Selbstverständlich sollten wir auf keinen Fall den Frauen allein die Aufgabe zuschieben, für ein ausgewogeneres Geschlechterbild in unseren Medien zu sorgen. Auch Männer sind dazu in der Lage, sich Schieflagen und Klischees bewusst zu machen und darauf zu reagieren. Es ist sicherlich nicht falsch, mehr Frauen hinter die Kameras, an die Schalthebel der Programme und Produktionen zu befördern, doch ihr «Frausein» allein wird dort nicht automatisch etwas bewirken. Was hier gefragt wäre, ist vielmehr ein «Engagement in Sachen Geschlechtergerechtigkeit»,[50] und auch Frauen bekommen dieses nicht einfach in die Wiege gelegt, auch sie müssen die Fähigkeit, sensibel mit Rollenbildern umzugehen und ihre Wirkungsmacht zu hinterfragen, erst erwerben. Doch oft scheitert das Vorhaben, etwas Neues zu wagen, gar nicht an den Barrieren in den Köpfen der Filmproduzenten, sondern schlichtweg am Marktargument. Weibliche Medienschaffende stehen hier genauso unter Druck wie ihre männlichen Kollegen, auch sie bedienen oft nur das, was das Publikum angeblich will und folglich «Quote schafft». Meerjungfrauen hier, «Wilde Kerle» dort.

Es ist seltsam, aber wir halten es inzwischen für ganz normal, dass Jungen und Mädchen ihre Phantasien und «Wildheiten» nicht mehr gemeinsam Seite an Seite austoben können, sondern medial strikt getrennte Welten dafür brauchen. Es ist also kein Wunder, dass Mädchen selbst nicht auf die Idee kommen, ihre Chancen verstärkt dort zu suchen, wo angeblich «typischerweise» nur Jungen ihre finden. Es dürfte zwar weithin bekannt sein, dass Internet, Kino sowie Fernsehen eine starke Anziehungskraft auf Jugendliche ausüben und dass man über diese Kanäle die Jüngeren bestens erreichen und ansprechen könnte, daneben versteht sich unsere Gesellschaft als aufrichtig frauenfördernd, und trotzdem eröffnen wir unseren Kindern auf diesen Wegen nicht wirklich neue, vielfältige Perspektiven (etwa auch in beruflicher Hinsicht), sondern schlagen ihnen weiterhin kräftig die Tür vor der Nase zu.

Der heimliche Berufsberater

Wie eine Studie herausfand, die 2010 vom Bundesministerium für Bildung und Forschung in Auftrag gegeben wurde, hat unser Medienalltag tatsächlich einen Einfluss auch darauf, wie sich Heranreifende in der Berufswelt orientieren: Diese wurden befragt, welche Faktoren für sie im Spiel seien, was das Entdecken eigener beruflicher Wünsche angeht. Rund 70 Prozent der Mädchen gaben an, gelegentlich bis sehr häufig in Serien und Filmen auf interessante Facetten von Jobs zu stoßen, 23 Prozent meinten sogar, über solche Medien auf ihren späteren Arbeitswunsch gestoßen zu sein. Das sind deutlich mehr als durch Unterricht (13 Prozent) oder die Berufsberatung (17 Prozent).[51] Was aber rät dieser heimliche Berufsberater den Mädchen, wie sie ihre Talente und Kompetenzen am besten ausschöpfen können? Nur zu 0,7 Prozent sind Mädchen-TV-Heldinnen von heute in Forschung und Naturwissenschaften tätig, nur zu 0,5 Prozent arbeiten diese in einem technischen Beruf.[52] «In jeder Soap gibt es eine Sekretärin, aber wo sind die Bauleiterinnen?», fragt deshalb auch der Ökonom Oliver Koppel nach. «In der Realität gibt es sie ja schon, das wird nur zu wenig vermittelt.»[53]

Wir leben in einem Land, das sich gerade den Kopf darüber zerbricht, wo es morgen seine fehlenden Fachkräfte herholen soll und wie es Frauen in Führungsrollen bringen kann. Zwar haben wir heute nicht gerade in Scharen Politikerinnen, Topmanagerinnen und Frauen in Technik und Naturwissenschaften um uns herum, doch es gibt sie. Von ihnen aber ist auf den Bildschirmen viel zu wenig zu sehen. Figuren mit politischer Entscheidungsgewalt bleiben im Hollywoodkino noch heute zu 93 Prozent männlich besetzt. Man könnte endlos mit solchen Zahlen fortfahren.[54]

Natürlich kann man Rollenvorstellungen nicht mit einer Brechstange aus ihren Verankerungen lösen. Doch darum geht es gar nicht, wenn Bildungs- und Medienforscher immer wieder mahnen, Kinder nicht so stark auf «typisch Mädchen» und «typisch Junge» festzulegen, weil diese Ansprachen sie auf subtile Weise einengen können. «Mädchen haben zwar spätestens in der Preteen-Phase ein Interesse am anderen Geschlecht. Dies nicht ernst zu nehmen, hieße, Mädchen nicht ernst zu nehmen», erklärt Maya Götz dazu. Es müsse sich aber trotzdem nicht alles einzig und allein um Gefühle für Jungen drehen, denn Mädchen hätten darüber hinaus auch ein Interesse an Leistung, Abenteuer und Beruf.[55] Doch von den Medien werden diese Interessen auf denkwürdige Weise heruntergespielt, was nachhaltig Barrieren in unserer Vorstellung schafft, wo gar keine sein müssten.

«Es gibt wirklich keinen Unterschied zwischen dem, was ich tue, und dem, was ein männlicher Filmemacher tut», hat Kathrin Bigelow immer wieder in Interviews betont, in denen sie nach ihrer Rolle als Frau im Filmgeschäft gefragt wurde. Diesen Satz wiederholte Bigelow auch an jenem Tag, zufälligerweise dem Weltfrauentag, an dem sie ihren Oscar entgegennahm. Diesmal fügte sie aber doch noch hinzu: «Andererseits denke ich, dass der Weg der Frauen, egal in welcher Branche – ob Politik, Wirtschaft oder Film – ein langer ist.»[56]

4.4 «Sei heiß, Baby»

«Vor jedem Stück Schokolade denke ich nach, ob ich es wirklich essen soll. Seit ich dreizehn bin, gehe ich fünfmal die Woche joggen. Ich dachte, dass dieser Druck irgendwann aufhört und man mit vierzig nicht mehr so aussehen muss. Aber Madonna verschiebt die Grenzen. Das macht mir Angst.»[1] Das erzählt eine 16-jährige Schülerin aus Berlin im Jahre 2012. Eine Studie hat hierzu drastische Zahlen parat: 64 Prozent der deutschen Mädchen würden aufhören, Dinge zu tun, die sie lieben, weil sie sich unwohl mit ihrem Äußeren fühlen. Sie unterlassen es, schwimmen zu gehen, Sport zu treiben, zum Arzt zu gehen, die Schule zu besuchen oder sogar ihre Meinung zu äußern, heißt es dort. Gerade einmal 2 Prozent der deutschen Frauen finden sich schön.[2] Das ist niederschmetternd. Wie nur wollen Mädchen ihre persönlichen Ziele verfolgen, wenn sie sich nicht wohl in ihrer Haut fühlen? Wie bloß wollen Frauen Abenteuer erleben oder im Beruf und in ihrer Freizeit Gipfel erklimmen, wenn sie sich täglich mit Selbstzweifeln plagen? Und wie wollen sie aktiv am Leben teilhaben, wenn es ihnen an einem positiven Körpergefühl mangelt und sie derart verunsichert sind?

Frauen eifern in einer Weise einem Idealbild von weiblicher Schönheit nach, das bestürzend ist. Natasha Walter beschreibt dies in ihrem Buch «Living Dolls»: «Kaum sind sie den Kinderschuhen entwachsen, stürzen sie sich in ein Projekt der Selbstverschönerung, Diäten und Shopping, das darauf abzielt, das blondierte, glatte, zartfarbene Äußere einer Bratz- oder Barbiepuppe zu erlangen.»[3] Sicher ist das plakativ und bewusst übertrieben formuliert und gilt natürlich längst nicht für alle. Doch dass es einen Trend zu einem Schönheits- und Schlankheitswahn gibt, der immer groteskere Züge annimmt, und dass eine Sexualisierung von Frauenkörpern stattfindet, die mittlerweile sogar Teenager vereinnahmt, bestreitet heute niemand mehr. «Mädchen fühlen sich heutzutage in ihrem Körper nicht wohl und denken etwa alle 15 Minuten daran.»[4] Eigentlich muss es uns angesichts solcher Entwicklungen nicht wundern, dass die Emanzipation auf der Strecke bleibt. Wer sich in diesem Maße auf Äußerlichkeiten und Attraktivität reduziert, kann nur schwer an Einfluss und Durchsetzungskraft gewinnen.

Wenn Mädchen und Frauen so stark auf ihre äußere Erscheinung fixiert sind, wenn ihre Taille, ihre Silhouette und ihre Wirkung auf andere einen so großen Stellenwert in ihrem Leben einnehmen, sollten wir nach der Ursache dafür fragen. Wir müssen hinterfragen, ob es ihnen selbst wichtig ist oder ob ihnen vorgemacht wird, dass Attraktivität eine weibliche Schlüsselkompetenz sei. Denn Schönheit, Schlankheit und neuerdings auch «Sexyness» zählen bei einer Frau offensichtlich immer noch mehr als Leistung oder Persönlichkeit. Wenn bei Stefan Raabs «Turmspringen» im Fernsehen vor den Augen von 2,3 Millionen Zuschauern und Zuschauerinnen zwei Ex-Playmates, die man nicht einmal mit ihrem Namen vorstellt, gegen Leistungssportler wie Turner Florian Hambüchen antreten, ist klar, welche Rolle diese Frauen hier spielen. Noch dazu, wenn ihre Turmsprünge kommentiert werden mit Sprüchen wie «Schöne Nettofleischeinwaage» oder «Hoffen wir, dass vom Bikini nicht viel übrig bleibt».[5] Während bei den eingeladenen Männern deren Promistatus im Zentrum steht, dreht sich bei den weiblichen Teilnehmerinnen alles um deren möglichst attraktive Körper.

You can't be, what you can't see

Warum versuchen wir, klaglos den Erwartungen an unser Äußeres zu entsprechen? Weil uns schon als Mädchen das Idealbild einer Frau ständig und überall vor die Nase gehalten wird. In der Werbung, in Magazinen und Zeitschriften, im Fernsehen, in Musikvideos, im Internet – überall begegnen uns superschlanke, straffe, hübsche, groß gewachsene Frauen in verführerischen Posen. Und das bleibt nicht ohne Wirkung. «You can't be, what you can't see», wie es eine Kampagne von «Miss Representation»[6] treffsicher formuliert: Du kannst nicht etwas sein, was du nie gesehen hast. Das heißt, prägend für unser weibliches Selbstbild ist, wie und wo andere Frauen sichtbar sind. Ebenso aufmerksam registrieren wir, wo Frauen unsichtbar bleiben. Diese Orte markieren damit quasi eine «No-go-Area» für uns. Unsere Vorstellung davon, was für uns selbst denk- und machbar ist, hängt davon ab, in welcher Rolle und wie man Frauen in der Öffentlichkeit sieht. Und Letzteres ist teils erschütternd «mager» – in jedem Wortsinn.

Großflächige Bikini-Werbung sowie Dessous-Plakatwerbung mit dünnen Schönheiten (weiblichen, versteht sich) beherrschen unser Straßenbild. Wer heute eine Modezeitschrift zur Hand nimmt, muss durch gut und gerne ein Drittel Werbeanzeigen blättern, in denen Frauen mit makellosen Traumkörpern abgebildet sind.[7] Und selbst dort, wo bewusst auf professionelle Models verzichtet wird, ist die Messlatte für «normale» Schönheit so hoch gesetzt, dass sich die Frauen unter noch größerem Druck fühlen mitzuhalten. Als die Frauenzeitschrift *Brigitte* im Januar 2010 beschloss, nur noch «normale» Frauen abzulichten, führte das gedruckte Ergebnis am Ende bei diesen erst recht zu Frust: «Ja, es gibt sie, die Mittvierzigerin ohne Falten – zwar selten, aber hier in der ‹Brigitte› ist sie! Auch mit Kindern kann man noch rank und schlank sein wie mit 19! – Schaut her und macht es nach! Wie, ihr habt eine schiefe Nase – guck mal, all diese Frauen haben keine»,[8] war nur eine von vielen verärgerten Reaktionen. Die *Brigitte* ruderte recht bald wieder zurück und trat die No-Models-Kampagne in die Tonne.[9]

Doch ein Magazin alleine hätte auch nicht ernsthaft etwas ausrichten können in Anbetracht der gnadenlosen Bilderflut in Fernsehen, Zeitschriften und Internet. Was besonders brisant daran ist: Nicht nur sind die Models ohnehin bereits dünner und schöner als die Durchschnittsfrau, heute wird zudem kaum noch ein Foto eines Körpers veröffentlicht, der nicht am Computer nachträglich geschönt, verschlankt und geglättet wurde – mit Hilfe von Bildbearbeitungsprogrammen als digitalen Wunderwaffen gegen Speckröllchen, Falten und Unebenheiten. So verschwimmt die Grenze zwischen realen Menschen und künstlichen Wesen, und die Vorbilder der jungen Mädchen und Frauen bleiben unerreichbar, egal, wie viele Diäten sie machen, Schminke sie auftragen und Sit-ups sie in ihr tägliches Trainingsprogramm einbauen.

Mädchen und Teenager wachsen also mit völlig irrwitzigen Schönheitsidealen auf und selbst erwachsene Frauen finden heute solche Vorbilder nachahmenswert. Obwohl wir wissen, dass es sich um «ästhetische Fiktionen» handelt, können wir uns dieser Bilder kaum erwehren.[10] «Gute 2000 bis 5000 Mal pro Woche erreichen uns Fotos von Körpern, die digital nachbearbeitet wurden. Und diese Fotos transportieren eine Vorstellung eines Körpers, der nicht in der realen Welt existiert»,[11] proklamiert die Psychoanalytikerin Susie Orbach, die sich bereits seit 30 Jahren mit dem Thema Körperhass und Essstörungen beschäftigt. Letztendlich sehen wir heute im Alltag fast mehr perfektionierte und verschönte Idealkörper als echte, normale Menschen. Das hinterlässt Spuren. So steigt beispielsweise mit zunehmendem Medienkonsum die Nachfrage nach Schönheitsoperationen, wie Sherrie Delinsky von der Harvard Business School anhand einer Studie zeigte. Nicht nur die Akzeptanz, auch das eigene Interesse an Schönheits-OPs wächst mit der Anzahl der Reality-Shows, die jemand zu dem Thema gesehen hat.[12] Das ist umso problematischer, je allgegenwärtiger das Thema «Schönheitschirurgie» wird. 105 Fernsehsendungen mit Beiträgen zum Thema «Ästhetisch-Plastische Chirurgie» flimmerten alleine in vier Monaten über die TV-Schirme.[13] Egal, ob Fettabsaugung, Brustvergrößerung, Facelift: Das Fernsehen vermittelt den Eindruck, als wäre es ganz normal, sich mittels Schönheitsoperationen attraktiver machen zu lassen. In Deutschland liegen wir bereits bei geschätzten 500 000 Schönheitsoperationen – Tendenz steigend. Und der Verschönerungswunsch nimmt immer absurdere Züge an. Mittlerweile werden schon Zehenkorrekturen für perfekte Sandalenfüße durchgeführt. Als Ursache für den «Trend zum Körpertuning» führen Experten vor allem die Medien an.[14]

Mädchen machen sich dünn

Es handelt sich also kaum um eine Hysterie, wenn immer wieder der enorme Medieneinfluss betont und dieser für unser verzerrtes Körperbild verantwortlich gemacht wird. Die Bedrohung durch heimliche Erzieher in den Medien ist real. Wie zersetzend beispielsweise der Einfluss von Casting-Shows à la «Germany's Next Topmodel» für das Selbstbild von Mädchen und jungen Frauen ist, führt eine Studie des Zentralinstituts für das Jugend- und Bildungsfernsehen vor Augen. Darin beschreibt ein 11-jähriges Mädchen, dass es, seitdem es die Sendung sehe, sich an Bauch und Beinen zu dick finde.[15]

Wie stark der Einfluss der Fernsehbilder auf unsere Selbstwahrnehmung ist, zeigt das Beispiel der Fidschi-Inseln. Dort, wo es lange gar kein Fernsehen gab, waren fülligere Körper die Norm. Als dann aber 1995 das Fernsehen auf den Inseln Einzug hielt, änderte sich das plötzlich. Ab diesem Zeitpunkt gab es eine deutliche Zunahme an Essstörungen bei jungen Frauen: 12 Prozent entwickelten eine Bulimie. Anne Becker von der Harvard Medical School, welche die Studie dort leitete, kommt zu einem eindeutigen Urteil: «Die westliche Bilderwelt der Medien hat tiefgreifende negative Auswirkungen auf Körperbild, Essgewohnheiten und Essverhalten.»[16]

Das gilt auch für uns. Wir sind seit den 1970er Jahren einer zunehmenden, dauerhaften Sichtbarkeit idealisierter, weiblicher Schönheit ausgesetzt. Diese schafft am Ende eine Normalität, der wir uns nicht entziehen können. Die ständige Veröffentlichung makelloser und federleichter Körper trägt dazu bei, dass diese sich als soziale Schönheitsnorm etablieren.[17] Was in der medialen Öffentlichkeit hingegen fehlt, sind kraftvolle, selbstbewusste Frauenkörper jenseits von Größe 38. Wir sind in einer Zeit angekommen, in der «Size Zero» (eine Kleidergröße, die eigentlich einer gesunden, normal entwickelten 12-Jährigen meist schon nicht mehr passt) als erstrebenswert gilt und in fast allen Werbeanzeigen und Magazinmodestrecken omnipräsent ist. Der Ex-Chefredakteur der Frauenzeitschrift *Brigitte*, Andreas Lebert, hat dazu eindrückliche Zahlen zur Hand: Früher, vor 30 Jahren, sei es normal gewesen, dass ein Model etwa 8 Prozent weniger wog als die durchschnittliche Frau. Heute wiege ein Model 23 Prozent weniger.[18] «Es ist offensichtlich, dass Frauen immer dünner geworden sind, so als hätten sie sich allesamt eine unbekannte Krankheit eingefangen»,[19] so die Schriftstellerin Slavenka Drakulic. Diese Verschiebung haben wir einfach akzeptiert. Die Bilder, die aus Hochglanzmagazinen und von Liftfaßsäulen auf Mädchen und Frauen einwirken, setzen unbarmherzige und unerfüllbare Standards, denen wir nacheifern. So ist der weibliche Körper ein «Problem» geworden, das bearbeitet werden muss, denn Frauen sind dadurch immer zu dick, zu schwabbelig oder zu unsexy – aber nie *richtig*. Das zehrt am Selbstwertgefühl.

Verzagtes Betrachten des eigenen Bauchnabels

«Jugendliche in Deutschland wachsen heute in einer sozialen Wirklichkeit auf, die den Körper viel stärker als einen zu bearbeitenden Rohstoff im Dienste der Selbstoptimierung sieht als ihre Eltern»,[20] sagt die Soziologin Paula-Irene Villa von der Ludwig-Maximilians-Universität München. Für Mädchen gilt das besonders. Was sie beim Erwachsenwerden begleitet und bis ins Alter[21] nicht loslässt, sind Low-Carb-Diäten, Waxing, French Nails, Push-up-BHs und Brust-OPs. «Wenn man sich streitet, heißt die erste Beschimpfung oft: Du bist fett und hässlich. Das trifft am meisten»,[22] berichtet eine Schülerin. Und so gibt es heute Mode- und Trendblogs, die endlos lange, schlanke Beine mit dem heute heiß begehrten «Thigh Gap» – einer Lücke zwischen den Oberschenkeln, die eigentlich ein Merkmal Untergewichtiger ist – als das ultimative Ziel von Teenagern darstellen.[23] Auf Social-Media-Seiten wird regelrecht ein Hype um den Trend zu den «Magerbeinchen» betrieben, junge Frauen posten ihre Fotos und Tipps, wie diese zu erreichen sind. Dass sie damit ihre Gesundheit riskieren, ist ihnen egal. Der Kult um die weibliche Attraktivität und den schlanken Körper hat heute solch extreme Dimensionen angenommen, dass man sich fragt, wie Frauen da Stärke erlangen und zu größerer Bedeutung kommen wollen. «Bekommt man Lust auf Macht, indem man ständig die eigene Ausstrahlung überprüft? Wie kann man kämpfen, während man verzagt den eigenen Bauchnabel betrachtet?»[24]

Schlank und schön zu sein, ist so wichtig in unserer Gesellschaft geworden, dass man mittlerweile sogar eine Beziehung zwischen Gewicht und beruflichem Erfolg feststellen kann.

Das heißt, die Dünnen machen Karriere, wie eine Studie der Universität Florida zeigte.[25] Es gibt unzählige Beispiele von erfolgreichen Frauen mit Idealmaßen: die Vorstandsvorsitzende von *Gruner + Jahr*, Julia Jäkel, oder die sichtbar erschlankte, stellvertretende Bundesvorsitzende der CDU, Julia Klöckner, um nur zwei zu nennen. Natürlich sind nicht alle Chefinnen automatisch dünn und attraktiv, doch die besagte Studie, die Gewicht und Gehalt von amerikanischen und deutschen Frauen unter die Lupe nahm, kam zu folgendem Ergebnis: Eine Frau von 1,66 m Größe und einem Gewicht von 66 kg verdient im Jahr durchschnittlich 15 600 Dollar weniger als eine gleich große Frau mit nur 55 kg.

Als Grund, weshalb insbesondere Frauen befördert werden, die schön und schlank sind, ist denkbar – so die Forscher aus Florida –, dass wir inzwischen ein Schlankheitsideal verinnerlicht haben, das wir als zentral für weibliche Attraktivität erachten und deshalb quasi schon erwarten.[26] Außerdem betrachten wir schlanke Menschen als leistungsfähiger, disziplinierter, gesünder und belastbarer.[27] Es gibt also Vorurteile gegenüber Menschen, die den gängigen Schönheitsnormen nicht entsprechen, und diese wirken sich negativ auf Gehälter und Karrierechancen aus. Trotzdem ist das noch nicht die ganze Geschichte. Denn seltsamerweise werden nur Frauen für zusätzliches Gewicht bestraft – Männer hingegen nicht. Während eine schwerere Frau weniger Einkommen als eine leichtere bezieht, verdient ein 1,79 m großer Mann mit 83 kg auf der Waage 8400 Dollar pro Jahr mehr als ein Mann mit 72 kg bei gleicher Körpergröße.[28] Offensichtlich greift der Automatismus «dünn und erfolgreich» nur bei Frauen.

Doch bekommen Frauen nicht etwa mehr Gehalt, weil sie dünner sind, vielmehr werden Frauen dünner, sobald sie auf Erfolgskurs sind – und zwar weil sich diese umso mehr den Rollenerwartungen anpassen, je erfolgreicher sie sind. Der Grund liegt darin, dass sie mit aller Macht verhindern wollen, als «unweiblich» zu gelten. Da erfolgreiche Frauen oftmals als zickig, männlich und herb verunglimpft werden, bemühen sie sich, das Gegenteil zu beweisen. Sie tragen figurbetonte Kleidung und hochhackige Schuhe und achten streng auf ihr Gewicht. «Frauen werden nie nur nach ihrer Leistung bewertet, sondern immer auch und zuallererst nach ihrem Aussehen.»[29] Brav richten sich Scharen von Frauen danach und erfüllen ihr Soll. Angela McRobbie entlarvt dies schonungslos als Maskerade. Weil sie befürchten, als starke Frau für aggressiv, unweiblich oder gar für eine Feministin gehalten zu werden, würden sich erfolgreiche Frauen mit Taschen, Schuhen, Armbändern und anderem dekorativen Schnickschnack beladen. Gerade aufstrebende Frauen versuchen, so McRobbie, ihrem Erfolg die Bedrohlichkeit zu nehmen, indem sie ihre Weiblichkeit überbetonten, um bloß nicht das männliche Begehren zu verwirken.[30]

«Schönheit» als weiblicher Dauerauftrag

Kaum schaffen es also einige Frauen, sich zu behaupten und durchzusetzen, kämpfen sie nicht weniger, sondern sogar vermehrt gegen Klischees. «In der öffentlichen Wahrnehmung werden starke Frauen gerne für ihre angeblich ‹maskuline› Erscheinung und Verhaltensweise getadelt»,[31] analysiert die Autorin und Journalistin Laurie Penny. Und nichts wirkt auf uns schrecklicher als genau diese Vorstellung. Warum? Weil wir von klein auf die Symbole der Weiblichkeit eingetrichtert bekommen: Fraulichkeit als Synonym für dünn, schön, zurechtgemacht, figurbetont, dekolletiert. Mädchen und junge Frauen bekommen bis ins hohe Alter die Botschaft überbracht: «Er hat Geld und Macht, sie hat die Haare schön gemacht.»[32] So wird Attraktivität zum weiblichen Dauerauftrag.

Dabei sollte man sich einmal ins Bewusstsein rufen, welch emotionalen, zeitlichen und kostenmäßigen Aufwand es bedeutet, sich ständig auf sein Erscheinungsbild zu konzentrieren. Aufmerksamkeit gibt es für Frauen stets zuvorderst für ihr Äußeres. Und das hindert sie manchmal sogar daran, ganz alltägliche Dinge zu tun. So unterlassen sie es zum Beispiel, ins Straßencafé zu gehen, weil sie ihre Beine nicht rasiert haben, oder sie gehen nicht aus dem Haus, weil die Frisur nicht sitzt oder sie ungeschminkt sind.[33]

Stark, unabhängig und entschlossen – das ist das Idealbild der Frau, für das die Gleichberechtigung kämpft. Doch diese bleibt eine Illusion, solange konträre Bilder diese Vorstellung untergraben: ganzseitige Werbung in Hochglanzmagazinen, in der lasziv, manchmal auch devot dreinblickende, ganz offensichtlich Minderjährige das neueste Parfum präsentieren. Wahlweise verträumt und schüchtern oder sexy und aufreizend, jedenfalls meist liegend, blinzeln uns Models auf Plakatwänden der Städte entgegen und signalisieren: «Nimm mich mit». TV-Werbespots verstärken das Bild der abhängigen Frau, indem sie diese dem Zuschauer – in traditioneller Rolle – putzend, sorgend und dabei immer fabelhaft ausschauend präsentieren. «Men act, women appear» – was so viel heißt wie «Männer handeln, Frauen stellen sich zur Schau». Diese Aussage des Schriftstellers John Berger aus den 1970er Jahren gilt für die Werbung heute immer noch.[34]

Die Summe aus vielen kleinen täglichen Häppchen macht hier das Gift. Denn das Gewicht der Medien in unserem heutigen Alltag ist größer denn je. Kein Tag vergeht ohne Fernsehen oder Internet. Dazu kommen noch ein wenig Radio und Printprodukte. Und so konsumiert der durchschnittliche Erwachsene ab 14 Jahren tatsächlich in der Summe 10,4 Stunden pro Tag unterschiedlichste Medien.[35] In dieser Zeit erhalten wir Tag für Tag die Botschaften, die die Medien senden. Und die sind, was die Darstellung von Frauen angeht, erstaunlich einseitig. Dabei spielt die Werbung eine besondere Rolle, denn deren Medienbotschaften sind omnipräsent, weil sie über so viele Kanäle gleichzeitig um unsere Aufmerksamkeit buhlen. Jeden Tag sind wir dadurch 600 bis 625 Werbebotschaften aus-

gesetzt (wenn man TV, Internet, Radio und Printmedien zusammen betrachtet).[36] Nicht alle Werbeinhalte nehmen wir
bewusst wahr. Doch dass diese, wenn sie in derart hoher
Frequenz auf uns niederprasseln, Spuren hinterlassen in der
Art und Weise, wie wir die Welt sehen, ist anzunehmen. Und
gerade die Werbung ist es, die dabei stets den Typus der
dünnen, fitten und sexy Frau verwendet.[37]

Schmückendes Beiwerk

Mindestens so sehr, wie diese Bilder die Frauen in ihrer eigenen Selbstwahrnehmung und in ihren Verhaltensweisen beeinflussen, formen sie auch die Weise, wie Frauen von anderen
gesehen werden. Nämlich als «Zuspielerin, Bespaßerin und
Naturerlebnis des Mannes».[38] Egal, ob Waschmittelwerbung,
in der die Mutti die duftende Wäsche aus dem Trockner zieht,
Putzmittelwerbung, in der die Hausfrau den Boden schrubbt,
Werbespots, in denen Mama mit einem Erfrischungsgetränk
oder gesunden Snack auf die Kinder wartet, Frauen werden «in
traditioneller Weise dargestellt: Als fürsorgliche Hausfrau oder
mitfühlende Mutter, die sich um das Wohl der Familie sorgt.»[39]
   Dabei sind das die vergleichsweise harmlosen Varianten.
Weitaus ärgerlicher wird es, wenn die Frau durch die Werbung
mit dem Produkt gleichgestellt und damit quasi selbst zum Produkt wird, wie beispielsweise im Fall des Telekommunika-
tionsanbieters Alice. Dieser hatte sein DSL-Netz plus Telefon-
paket mit einer am Boden liegenden, sehr knapp bekleideten,
attraktiven Frau beworben und daneben in großen Lettern
getextet: «Die schönste Flatrate». Das ist in diesem Kontext
eindeutig eine sexistische Aussage, außerdem fehlt jeder Bezug
zwischen Frau und Produkt. Was hat eine Telekommunika-
tionsdienstleistung mit einer Frau zu tun, noch dazu einer fast
ohne Kleidung? Oder um ein anderes Beispiel zu nennen: Was
will es uns sagen, wenn ein Uhrenhersteller seine Herrenarm-

banduhr mit dem Slogan bewirbt «Fast so kompliziert wie eine Frau. Aber pünktlich»? Die Wirkung dieser Botschaft – die Frau als hübscher Zierrat, der Mann als überlegener Macker – ist nicht zu unterschätzen. «Werbung führt vor, was eine Gesellschaft für typisch weiblich oder auch typisch männlich hält, welche Rollen den Geschlechtern zugewiesen werden, welche Erwartungen an sie herangetragen werden, welches Verhalten bei Frauen und Männern akzeptiert bzw. abgelehnt wird.»[40]

Stereotype Werbung kann sogar unsere Ambitionen beeinflussen. Nachdem in einer Studie Collegestudentinnen ein Werbespot gezeigt wurde, in dem eine Frau zum Beispiel eine Backmischung vorführte, gaben diese überwiegend typische Frauenfächer wie Linguistik oder Journalismus als Studienwunsch an. Studentinnen hingegen, die in einer Kontrollgruppe geschlechtsneutrale Werbung zu sehen bekamen, bekundeten durchaus auch Interesse an Fächern wie Mathematik, Ingenieurwesen oder Informationstechnologie.[41] Klischeehafte Werbung hemmt also offenbar die Motivation, sich außerhalb der traditionellen Geschlechterrollen zu bewegen, und wirkt damit als heimlicher Erzieher auf Mädchen und Frauen.

«Sex sells»

Schon in den 1980er Jahren wurde in einer Studie gezeigt: Frauen werden gerne in abhängigen Posen abgebildet, meistens lächelnd, manchmal gar unterwürfig und oft spärlich bekleidet oder gar nackt, häufig in verrenkter Körperhaltung als Zeichen der Hingabe.[42] Mehrere neuere Analysen bestätigen auch für die heutige Zeit ein einfältiges Bild, wonach Frauen in Werbeanzeigen oft nur schmückendes Beiwerk, ein «technisch unbegabtes, aber hübsches Püppchen» sind.[43] Frau und Sex – diese Formel gehört unter Werbern auch heute noch zum gängigen Repertoire, um etwas «an den Mann» zu bringen. Sogar die «Sportschau» war sich nicht zu schade, eine Frau als Sexobjekt in das Zentrum eines TV-Spots zu stellen. Darin will der Mann in Ruhe die «Sportschau» gucken, während die Frau versucht, seine Aufmerksamkeit zu erlangen, indem sie sich direkt vor den Fernseher stellt. Er ist von ihr genervt, weil sie ihm die Sicht versperrt – aber nur so lange, bis sie sich bis auf einen BH auszieht, der auch noch das Abbild eines Fußballs ist. Gerne wird solche Werbung als Humor verkauft, und Frauen, die diese als sexistisch empfinden, werden als entsprechend humorlos abgestempelt. Nur lustig? Plastisch erzählt die Journalistin Silke Burmeister, wie sie eine Beschwerde beim Werberat eingereicht hat.[44] Sie kritisierte dort eine Anzeige, in der die Konservenindustrie die Vorzüge von Konservendosen pries, indem sie eine mit Dessous bekleidete Dose abbildete und darunter textete «Wie Frauen – leicht zu öffnen». Gebracht hat Silke Burmeister die Beschwerde nur den Vorwurf, sie habe die Ironie und das Augenzwinkern der Anzeige nicht verstanden.

Immer häufiger ist es die Alkoholwerbung, die durch Nacktheit, sexuelle Anspielungen und Doppeldeutigkeiten auffällt. Eine Studie zeigt, dass zwischen 1983 und 2003 in diesem Segment die sexualisierte Darstellung von Frauen von 4 auf 33 Prozent anstieg.[45] Jedem, der sich die Zahlen der beim Werberat vorliegenden Klagen anschaut, muss sich der Eindruck aufdrängen, dass Werbung heutzutage häufiger sexistisch ist als früher, denn fast die Hälfte aller Beschwerdefälle beim Werberat betrifft heute frauendiskriminierende Werbung.[46] Zwar ist es durchaus möglich, dass wir aufmerksamer und sensibler geworden sind, was frauenfeindliche Werbung angeht, und dass diese deshalb häufiger beanstandet wird. Allerdings zeigen umstrittene Werbebilder aus jüngerer Zeit, wie die Dolce&Gabbana-Anzeige, die eine Gruppenvergewaltigung andeutet, dass die Hemmschwelle für sexuelle und frauenverachtende Anspielungen tatsächlich niedriger denn je ist.[47] Als Media Markt mit einer Frau warb, die kniend drei üppige Brüste zur Schau stellte und damit den Spruch «Mehr drin als man glaubt» illustrieren sollte, fand auch die Frauenzeitschrift *Brigitte*, dass man das nicht als lustig schönreden könne.[48]

Wir dürfen nicht lockerlassen, auf solche Beispiele hinzuweisen, weil die Eindrücke, die solche Werbebilder und -sprüche bei den Betrachtern hinterlassen, entscheidender sind als die Frage, ob wir darüber lachen können. Wieso sollten wir es schweigend hinnehmen, wenn «Frauen auf ihre Körper reduziert werden und sich wie ferngesteuert an jedem Kerl reiben, der Axe unter die Achsel schmiert, statt sich zu waschen... und wenn für die H&M-Unterwäsche-Werbung Frauen in Pornoposen ihre immerwährende Bereitschaft zum Geschlechtsverkehr an den Wänden der U-Bahn-Schächte kundtun»?[49] Die Frage, ob Werbung von der Bevölkerung auch als reales Abbild wahrgenommen wird und welche Spuren sie hinterlässt, ist dabei natürlich berechtigt. Doch leider ist «Werbung keineswegs nur ein Spiegel der Gesellschaft, wie es der Werberat gerne behauptet, sondern übt sehr wohl Einfluss auf die Standards und Vorstellungen, die Frauen und Männer von sich selbst, aber eben auch von einander haben, aus»,[50] lautet die klare Aussage der Kommunikationswissenschaftlerin und Werbeexpertin Christina Holtz-Bacha. So wie Frauen in den Medien dargestellt werden, führe es dazu, dass diese «in der Gesellschaft für weniger wichtig gehalten werden und ihre Rolle weniger ernst genommen wird».[51]

Doch nicht nur die Werbung verwendet weibliche Nacktheit als Verkaufsargument. Das Boulevardblatt *Bild*, das Modemagazin *Vogue*, das Musikmagazin *Rolling Stone*, aber auch manche Sportmagazine halten in Sachen Sexualisierung von Frauenkörpern locker mit. (Und natürlich ist sie bei den Printmedien auch nicht auf diese Beispiele beschränkt.) 2012 erklärte die *Bild*, sie habe das legendäre Seite-eins-Girl abgeschafft. Rasch zur Erinnerung: Das Mädchen von Seite eins war 28 Jahre lang die barbusige Inkarnation eines Blond-sexy-unddämlich-Klischees. Dämlich, weil man ihr täglich so sagenhaft dümmliche Kommentare wie «Meine beste Freundin sagt über mich: Lieber ein bisschen bekloppt als langweilig» in den Mund schob. Frauen wurden dort nur wegen ihres Brustumfangs gezeigt und somit zum sexuell verfügbaren Lustobjekt degradiert. Am 9. März 2012 rühmte sich die *Bild*-Redaktion damit, am Weltfrauentag (!) die Entscheidung getroffen zu haben, künftig großmütig auf das Seite-eins-Girl verzichten zu wollen.[52] Zur Retterin der Frauenrechte wurde die *Bild* dadurch wohl kaum, denn die Barbusige wurde nur ins Innere der Zeitung verbannt. Vielleicht weil es dort wärmer ist und sich das Nacktmodel dort keine Bronchitis holt. Was ist denn daran so schlimm, mag manch einer denken. Bringt ein bisschen Erotik nicht auch Farbe und Leichtigkeit in unser Leben? Nun, es ist entscheidend, in welcher Weise hier Frauen immer und immer wieder ins Bild gesetzt werden und was das mit uns Frauen macht.

Pornofizierung

Interessanterweise sind es mittlerweile vor allem die Frauenzeitschriften, die mit scharfen Coverfotos protzen. «Achtung sexy!», «Heiße Looks für den Sommer», «Wie geht der richtige Blowjob» sind gängige Titelstorys der *Cosmopolitan*, *Glamour*, *Elle* und Co., und diese werden untermalt mit den entsprechenden Fotos. Die Magazininhalte sind überwiegend erstaunlich eindimensional: Wie angele ich mir einen Mann? Und wie bleibe ich möglichst lange attraktiv und sexy für ihn? Von einer problematischen Hypersexualisierung sprechen zwei Soziologinnen auch im Hinblick auf das so legendäre wie beliebte amerikanische Musikmagazin *Rolling Stone*.[53] Sämtliche Magazincover der US-Ausgaben von 1967 bis 2009 knöpften sich die Forscherinnen vor und stellten fest: In den 1960er Jahren konnte man 44 Prozent der Frauenfotos als erotisch einstufen, heute sind es 83 Prozent. Und viele davon gehen heute deutlich über eine rein erotische Wirkung hinaus. Die Darstellung der Frauen auf den Coverfotos habe sich auffällig verändert – waren die Frauen dort früher mehr als der Typ «sexy Musikerin» abgelichtet, zeigt man sie heute auf dem Cover eher als passives Sexobjekt. Gemeint ist damit, dass die Frauen mit weit gespreizten Beinen oder auf dem Bett liegend gezeigt werden – beides assoziiere sexuelle Zugänglichkeit; sie werden häufig gezeigt, wie sie die Brüste hoch- oder den Hosenbund runterschieben; manchmal sind Frauen abgebildet, die Fellatio oder andere sexuelle Handlungen andeuten. Das Dramatische hierbei ist nicht alleine eine solche «Pornofizierung» der Frauen, sondern auch, dass es sich um einen ansteigenden Trend in den Medien handelt. Dadurch schwinden die Möglichkeiten der Frauen, abseits dieser Klischees ihre Weiblichkeit zu leben.[54] Immer geht es nur um «Sexyness». Beruf? Verschwendete Zeit! Interesse an Politik? Überflüssig! Mädchen und Frauen lernen durch Medien und Werbung, dass es wenig bis gar nicht gefragt ist, was sie an Ehrgeiz und Zielen haben, sondern dass sie vor allem heiß, cool und geil aussehen müssen.

Wenn man sich all diese Beispiele vor Augen hält, überrascht es nicht, dass wir mittlerweile an einem Punkt angekommen sind, an dem leicht bekleidete Frauen auch losgelöst von dem Werbekontext als Sexobjekte wahrgenommen werden. Ein Wissenschaftlerteam aus Brüssel konnte das unter Verwendung des in der Psychologie bekannten «Inversionseffekts» sogar nachweisen. Testpersonen bekamen dabei Fotos vorgelegt, auf denen halb nackte Männer und Frauen zu sehen waren. Mal waren die abgebildeten Männer und Frauen korrekt zu sehen, mal verkehrt herum. Die Testpersonen sollten sagen, was sie sehen. Die spärlich bekleideten Männer wurden nur dann auch rasch erkannt, wenn sie richtig herum abgebildet waren. Bei den halb nackten Frauen war es hingegen egal, ob diese auf dem Kopf standen oder nicht – sie wurden sofort wiedererkannt. Das ließ den Rückschluss zu, dass knapp bekleidete Frauen als Objekte wahrgenommen, Männer hingegen als Person gesehen werden. Wir haben es inzwischen offensichtlich mit einer kulturellen Überzeugung von Männern *und* Frauen zu tun, wonach Frauen Sexobjekte sind.[55]

Die Devise «sei heiß, sei sexy» steht auch bei Videoclips angesagter Bands und Stars der Musikszene im Mittelpunkt. Rihanna ist bekannt für ihre Videos, in denen sie sich windet, «mit rosa Seilen gefesselt, sich mit Frischhaltefolie überziehen oder von übergewichtigen Frauen in Dessous betasten» lässt.[56] Die Popularität von Miley Cyrus stieg mit Hilfe ihres Musikvideos zu «Wrecking Ball», in dem sie nackt auf einer Abrissbirne hin- und herschaukelt. Schleichend und nahezu unbemerkt haben wir es mit einer Normalisierung des Pornochics in unserer Konsumkultur zu tun. Weshalb sich auch so manche Frau über den «sexistischen Mist», der in aktuellen Musikvideos läuft, aufregt – «dieser als Ästhetik getarnte American-Apparel-Sexismus, wo junge, langhaarig verträumte Mädchen mit Kulleraugen und knospigen Brustwarzen eine Schmollschnute ziehen», wie Verena Reygers unter dem passenden Titel «Gesteigerte Hechelfrequenz» in ihrer Musikkolumne dem angestauten Ärger Luft machte: «Hauptsache das T-Shirt wird ausgezogen.»[57]

Die Wirkung auf die Fans – meist Mädchen im Teenageralter – bleibt nicht aus. Und schon lauert die nächste Falle: Wer nicht mitmachen will, ist out. Wenn Frauen nicht sexy sind, gelten sie als prüde. Autorin Christiane Zschirnt nennt dies das «Sexismus-Paradox».[58] Das heißt, wer sich dem verwehrt oder wer gar die *Playboy*-«Sexyness» kritisiert, steht als Spielverderberin da. Wer sich hingegen sexy inszeniert, macht sich zum Sexualobjekt. Auch wenn eine möglichst «coole und geile» Darstellung heute als entspanntes Selbstbewusstsein einer neuen Frauengeneration verkauft wird, ist diese Bildsprache gefährlich. Beim Körperkult der Gegenwart ist das eine Gradwanderung mit Absturzgefahr. Es ist heute denkbar schwierig, mit einer zur Schau gestellten «Sexyness» die eigene individuelle, weibliche Freiheit und Unabhängigkeit zu demonstrieren – wie es in den 1970er und 1980er Jahren noch funktionierte. Frauen sind ohne Frage zu Recht erleichtert, die Verklemmtheit vorheriger Generationen abgelegt zu haben. Auch gibt es – denkt man an die «Femen» oder «Slut Walks» – durchaus «bewusst obszöne Selbstinszenierungen, die ein probates Mittel sind, politische Forderungen zu unterstreichen», wie es Ulrike Helmer in «Muschiland»[59] beschreibt. Doch den Botschaften mit nacktem Körper sind enge Grenzen gesetzt, da er in unserer heutigen, sexualisierten Gesellschaft vor allem die Pornoästhetik bedient. Und die ist überall.

Die Sexualisierung der Kindheit

Eisschnellläuferin Anni Friesinger ließ sich ebenso nackt ablichten wie die Snowboarderin Hannah Teter. Im Sommer 2011 war es gleich ein ganzes Grüppchen junger Nachwuchsspielerinnen der Fußballnationalmannschaft, das sich für den *Playboy* auszog. Schauspielerin Simone Thomalla machte es nach – wie viele andere Prominente auch. Sicher hat jede Einzelne ihre persönlichen Gründe, Tatsache aber ist, dass dadurch unsere pornografische Normalität wieder ein Stück weiter zementiert wird. Denn wenn selbst berühmte junge Frauen um Anerkennung für ihre erotische Ausstrahlung buhlen, verheißt das nichts Gutes für den durchschnittlichen weiblichen Teenager. Junge Frauen wachsen in dem Bewusstsein auf, dass sie Aufmerksamkeit weniger für Leistungen oder Intelligenz erhalten, aber mit Sicherheit für eine gelungene sexy Selbstdarstellung. Schon kleine Mädchen erfahren, dass sie heutzutage sexy und schön sein müssen, um den Jungen zu gefallen und Aufmerksamkeit zu bekommen. Zuletzt warb etwa ein Urlaubsressort in Sardinien damit, seinen Hotelgästen die Kinderbetreuung abzunehmen: Für 2- bis 14-jährige Mädchen konnte man hier «Barbie-Packages» buchen, also Beschäftigungsangebote, bei denen die Mädels dann fleißig lernen, sich selbst wie das angehimmelte Püppchen zu stylen, Model-Laufsteg-Training inklusive.[60]

Push-up-BHs für 9-Jährige, Pole-Dancing-Kurse für Kinder, Schminkkurse für Mädchen, Schönheitswettbewerbe für die Jüngsten – das Alter der Zielgruppe für diese Produkte (und die damit verbundene Botschaft) wird immer weiter nach unten geschraubt. Die Zeit der Pubertät ist jedoch ganz besonders «heikel», warnt der Züricher Neurobiologe Lutz Jäncke, weil in diesem Zeitabschnitt die Rollen definiert werden: «Die Jugendlichen suchen nach Identifikationsmöglichkeiten, nach Modellen, denen sie folgen können. Oft greifen sie nach den erstbesten Vorbildern, die ihnen durch Filme oder Musikstars vermittelt werden. So werden die klassischen Geschlechterrollen von Generation zu Generation weitergegeben.»[61] Miniröcke, bauchfreies T-Shirt, String-Tangas und Make-up sind heute fast schon normal für Mädchen, die ihre Pubertät noch weit vor sich haben – für weibliche Teenager sind sie schon fast ein Muss.

Viele der angesprochenen Produkte, Fernsehsendungen und Kleidungsstücke zielen offensiv auf junge Mädchen. Damit steigt der Druck auf sie, mitmachen und diesen Bildern und Vorgaben entsprechen zu müssen, um als Frau wahrgenommen zu werden. Was diese Sexualisierung der Kindheit und die ständige Zurschaustellung sexueller Attraktivität nicht zuletzt befördert, ist die Botschaft an die Jugend, dass derjenige, der sexy ist, auch erfolgreich ist. Und so gilt der Slogan «sei heiß, Baby» im Zweifel mehr als «sei schlau». Eine 3Sat-Dokumentation mit dem Titel «Vom Strampler zu den Strapsen» zeigt in 45 Minuten eindrücklich Beispiele aus unserer Gesellschaft, in der das Posen in aufreizender Kleidung für Mädchen eine irritierende Wichtigkeit bekommen hat. «Wir lernen, uns sexy zu verhalten, und das macht uns befangener, weil wir uns ständig Gedanken um unser Aussehen machen», mahnt Deborah Tolman, eine amerikanische Sexualpsychologin, in dem Film. Diese Sexualisierung von Mädchen und Frauen hat auch Wirkung auf die Jungen: Diese erwarteten heute, so erzählen 15-Jährige in dem Film, «Wespentaille, perfekte Körper und dass Mädchen alles mit sich machen lassen». Der Film spricht diesbezüglich von «Pornostarqualitäten», die heutzutage immer mehr Jungen bei den Mädchen suchten.

Fast zwangsläufig mündet das in eine Entwicklung, die wir vor zehn Jahren noch mit Entsetzen betrachtet hätten. Heute ist die Genitalchirurgie ein boomender Markt. Die Zahl der Frauen, die sich die Vagina straffen, den Venushügel verkleinern oder die Schamlippen kürzen lassen, steigt stetig. Angestrebtes Ziel ist eine möglichst «kindliche Vagina» bzw. das «Brötchen», wie das im Slang der Schönheitschirurgen heißt – ebenmäßig geformt, glatt, juvenil. Auch im Intimbereich regiert inzwischen das Makellose. Alles ist machbar: Ob Designer-Vagina, Anal Bleaching oder – der neueste Schrei – ein «Mummy Makeover» für eine Rückkehr zu möglichst jugendlichem Aussehen nicht nur für Brüste und Bauch, sondern auch «untenrum» nach Schwangerschaft und Geburt. Mittlerweile werden in Deutschland in der Intimzone jährlich etwa 7000 chirurgische Eingriffe durchgeführt, davon fallen 5400 OPs alleine auf Schamlippenkorrekturen.[62] Die Tendenz ist dabei eindeutig steigend. Frauen, die zum Intimchirurgen kommen, kämen oft mit Vorlagen, die aus Pornomagazinen stammten und sehr wahrscheinlich digital verändert worden seien, schreiben zwei Londoner Expertinnen im *British Medical Journal*.[63]

Wie passt ein derart ins Extreme gesteigerter Schönheitswahn mit der Emanzipation zusammen? Was wir hier beobachten, ist im Grunde nichts anderes als eine weitere Reduktion der Frauen auf ihr Äußeres. Eine Reduktion, die wir Frauen teils mitmachen, die uns teils fassungslos macht – die wir aber als solche stets wahrnehmen sollten. Wenn einflussreiche Frauen wie die Chefredakteurin der italienischen *Vogue* im Fernsehen erklären: «Der wahre Traum der Frau ist zu gefallen.

Sie kleidet sich, um zu gefallen, sie existiert, um zu gefallen»,[64] sind wir noch nicht sehr viel weiter gekommen mit der Selbstbestimmung der Frau. Ist das alles, worauf wir hinarbeiten? Anderen gefallen wollen? Genau das gaukeln uns die Medien immer und immer wieder vor. Bis es sich in unseren Hirnen festsetzt.

Auch die «Regenbogenpresse» zeigt – wie wenn es die Emanzipationsbewegung nie gegeben hätte – immer wieder neben verliebten Promipärchen und glücklichen Königspaaren Celluliteprobleme von Stars in Nahaufnahme und aalt sich in «Bad Hair Days» und Modesünden von Celebrities – natürlich nicht, ohne sofort die besten Gegenrezepte mitzuliefern. Angesichts des Rummels aller Boulevardblätter um die Schwangerschaft der britischen Prinzengattin Kate schrieb schließlich der *Independent* als Warnung an alle Mädchen und Frauen: «Mädchen, glaubt nicht dem Hype! Im Leben geht es um mehr als darum, in Größe 34 zu passen, einen Prinzen zu finden und schwanger zu werden!»[65] Wenn selbst bildhübsche, junge Musikstars wie die 28-jährige Lily Allen davon erzählen, dass sie lieber wie Kate Moss aussehen wollen als wie sie selbst, läuft etwas verkehrt in unserer Gesellschaft. Nur weil sie seit der Geburt ihrer beiden Kindern nicht mehr so straff und schlank wie einst sei, hadere sie mit sich, erzählte Allen der britischen *Elle*. Doch dann überlegt sie und fügt hinzu: «Ich denke, der Grund dafür, warum Frauen so empfinden, liegt an den Bildern, mit denen wir ständig gefüttert werden. Von Frauen wird immer noch in einer seltsamen Weise erwartet, dass sie dasitzen und hübsch aussehen. Und nicht reden.»[66]

Die Dokumentarfilmerin Chiara Sambuchi reiste für ihre Reportage «Die Stadt der Frauen» durch viele italienische Städte wie Rom, Mailand, Bologna und Neapel. Dort begleitete sie einige Frauen dabei, wie sie versuchen, ihre Vorstellungen von Gleichberechtigung in der heutigen Gegenwart zu leben. Eine der Protagonistinnen erklärt resigniert: «Wir sehen nur schweigende Frauen, reduziert auf ihr Fleisch.»[67] Wenn wir uns also fragen, weshalb Frauen irgendwann vergessen, wovon sie einmal träumten, was sie wollten und wieso sie ihre ursprünglichen Ziele und Ambitionen begraben haben, dann sollten wir die Bilder um uns herum betrachten. Denn offensichtlich sind wir ein «Produkt der Bilder, die wir sehen, der Worte, die wir hören, und der Dinge, die wir täglich tun».[68]

4.5 Prinzessin Lillifee und Frauenbratwürste

Das erste deutsche Barbie-Haus kam im Mai 2013 in die Hauptstadt. «Barbie – The Dreamhouse Experience», konzipiert als eine Art Wanderausstellung, die durch Europa tourt, bescherte Fans der Mattel-Puppe eine quietschrosa Erlebniswelt. Am Eingang stand ein pinkfarbener High-Heel-Springbrunnen, im Inneren warteten ein pinkfarbener Plastikpudel und ein pinkfarbenes Klavier, auf Barbies Toilette gab es einen pinkfarbenen Delfin und auf der Terrasse der weltbekannten Puppe einen Grill in – genau – der Farbe Pink. Man durfte Barbies Kleiderschrank bestaunen, ihre Sonnenbrillen und ihre Klamotten betrachten und Zeichentrickfilme schauen, in denen Ken seine Barbie einfach schlicht «Babe» nennt. Und wer wollte, konnte in echter Barbie-Kleidung auf einem Catwalk auf und ab gehen. Dass die Barbie-Kunstwelt polarisiert, war klar. Als sie in Berlin eröffnete, gab es nicht nur glühende Fans, sondern auch lauten Protest.

Es war ein großer Tag für Kampagnenarbeit: «Occupy Barbie-Dreamhouse» war der Name einer Demonstration, die von der «Linksjugend Kreuzberg» organisiert und von der Initiative «Pinkstinks» unterstützt wurde. Hinzu kam eine Vertreterin der «Femen», die mit bloßer Brust und einer am Kreuz brennenden Barbie provokativ ihren Unmut zeigte. Sie alle einte die Wut auf ein sexistisches «Vorbild», das zu Schönheitswahn anstifte. Auch die Medien droschen darauf ein. Von «Abstieg in die pinke Hölle» über «Albtraum in Pink» bis hin zu «Blondinenwitz» lautete die öffentliche Schelte der Zeitungen. Keine(r), so schien es, möchte sich mehr mit einem solch beschränkten Frauenbild abgeben. Doch die Zielgruppe war begeistert. «Am besten fand ich, dass alles rosa war»,[1] schwärmte eine kleine Besucherin. Nicht nur kreischende Grundschülerinnen waren dort anzutreffen, auch kichernde 40-Jährige waren zu sehen, wie sie sich gegenseitig vor Barbies begehbarem Kleiderschrank fotografierten, oder 20-Jährige, die ihren Freund zum Eingang schleppten. Mittlerweile ist das Barbie-Haus weitergezogen. 110000 Besucherinnen kamen in 102 Tagen. War die ganze Aufregung überflüssig? Nicht wirklich, denn das Barbie-Haus ist nur ein markantes Beispiel für den Trend zur «Pinkisierung» und zur Verniedlichung von Mädchenprodukten. Und der ist bemerkenswert. Da glauben wir, die klassischen Rollenbilder abgelegt zu haben und in einem neuen Jahrhundert emanzipierter «Weibsbilder» zu leben, doch gleichzeitig bietet der Markt unseren Töchtern mehr Barbie-Accessoires, Kochgeschirr und Schminkutensilien als jemals zuvor. Immer mehr Prinzessinnen in Pink und Plüsch überschwemmen die Kinderzimmer und eine neue Girlie-Kultur biedert sich uns an bis hin zu Elfen-Geschenkpapier und Prinzessin-Lillifee-Bettwäsche. Die Gendercodes haben uns fest im Griff.

An der Spielzeugindustrie prallt die Kritik ab. Auf die Demonstrationen bei der Eröffnung des Barbie-Hauses angesprochen, meinte der Geschäftsführer Christoph Rahofer, man richte sich mit seinen Produkten schließlich «nicht an Aktivisten». Die Kernzielgruppe sei «die der sechs- bis zwölfjährigen Mädchen, nicht die der Mittzwanziger mit soziodemografischen Messages».[2] Kein Wunder. Hinter der Strategie, in rosarote und hellblaue Spielewelten zu trennen, stecken wirtschaftliche Interessen. Was als Mädchenspielzeug rüberkommt, will der Bruder oder der Kita-Freund meist gar nicht erst anfassen, denn für den ist «mädchenhaft» gleich «igitt». Hierdurch hat man zwei Konsumentengruppen geschaffen und von beiden spült es Geld in die Kassen. Wie reibungslos die Geschlechtertrennung funktioniert, konnte man im Barbie-Haus sehen: Dort war weit und breit kein einziger Junge zu entdecken. «Ein übersättigter Kleider- und Spielzeugmarkt kann doppelt so viel verkaufen»,[3] erklärt die Genderforscherin Dominique Grisard das «Revival von Pink».

Seit den 1990er Jahren wird die Differenzierung in Jungen- und Mädchenausstattung bewusst durch Marketing und Branding vorangetrieben. Die Folgen betreffen aber nicht nur den Geldbeutel. Spielten früher Jungen und Mädchen gemeinsam mit Bauklötzen, Legosteinen und Knete, trennen sie heute Bob-der-Baumeister-Utensilien, Arielle-Figuren und eigens für jedes Geschlecht geschaffene Playmobilwelten. Selbst einfache Buntstifte werden, obwohl identisch, einmal in einer rosa und einmal in einer blauen Schachtel verkauft. Und sogar Bobbycars gibt es heute in Pink. Immer häufiger spielen Mädchen mit Mädchenspielzeug in der Mädchenecke und Jungen mit Jungenspielzeug in der Jungenecke. Diese Trennung der Geschlechter hat Konsequenzen: Sie «engt das Spektrum gleichaltriger Vorbilder ein, verstärkt das Bewusstsein der eigenen Geschlechtszugehörigkeit», so Neurobiologin Lise Eliot, und «führt unweigerlich zu der Wir-und-die-Mentalität, die Kinder zu den strengsten Hütern über die Einhaltung von Geschlechterrollen werden lässt».[4] Mit anderen Worten: Wenn sich die Welt den Kindern von klein auf in Rosa und Blau präsentiert, dann achten diese später von selbst ganz genau darauf, dass sich jeder innerhalb seiner Grenzen bewegt. Die «Pinkisierung» verstärkt diese Trennung. Doch wann fing diese Entwicklung eigentlich an? Begonnen hat sie vermutlich um das Jahr 2000, als Disney erstmals eine Filmfigur als Spielzeug vermarktete und damit die große Merchandisingmaschine anwarf: Es war «Cinderella», die den Anfang machte und alle anderen Disney-Prinzessinnen folgten nach und nach. Von da an war kein Halten mehr und nahezu jedes Mädchen wollte plötzlich Prinzessin werden.[5]

Heile Welt oder Hölle in Rosa?

Betritt man heute die Spielzeugabteilung eines Kaufhauses, ist auf den ersten Blick klar, wo es für Mädchen langgeht. Die Grenzlinie verläuft haarscharf. Blau markiert den Jungenbereich, Pink die Mädchensektion – und in dieser gibt es Prinzessinnen im Überfluss, rosa Puppenparadiese, Ponys mit lila Mähne und die fliederfarbenen Anhänger passend dazu. Selbst der Baukasten und die Spielzeuguhr müssen heute pink sein, wenn sie für ein Mädchen sind. Gab es früher in den Läden ein buntes Gemisch an Farben und eine Menge an Spielsachen, die für beide Geschlechter geeignet waren, regiert heute deren Unvereinbarkeit. Das Problem daran ist, dass heutiges Mädchenspielzeug somit nicht nur überwiegend pink und lila ist, sondern zugleich die Klischees von traditioneller Weiblichkeit bedient. Neben all den Prinzessinnen und Barbies liegen für die Mädchen hübsch aufgereiht Plastikbügeleisen, «Hello Kitty»-Schminksets, Frisierpuppen, Staubsauger und Muffinförmchen bereit. Für die Jungen hingegen gibt es in Hülle und Fülle Actionfiguren, Darth-Vader-Schwerter und Superman-Kostüme – natürlich in Blau, Braun oder Schwarz.

Die Geschlechtertrennung treibt immer kuriosere Blüten: Ferrero verkauft mittlerweile spezielle «Mädchen-Überraschungseier», in Rosa natürlich. Die Überraschung besteht hier vornehmlich aus «Winx»-Feen. Das sind sexy Püppchen mit Minirock und Bauchfrei-Shirt, die «einem viel zu oft vermittelten Standard-Frauenbild entsprechen»,[6] kritisiert die Dozentin für Genderstudies Sylvia Pritsch. Von Nintendo wird seit 2014 auf YouTube ein «Girls Club» mit Prinzessinnenflair angeboten – um Mädchen für die speziell für sie gestalteten Videospiele zu gewinnen. Auch Lego fand es im Jahr 2012 an der

Zeit, mit «Lego Friends» endlich eine spezielle Mädchenproduktlinie zu kreieren. Die Begründung: «Wir fühlen uns verpflichtet, Lego auch für Mädchen interessant zu machen und ihnen die gleiche Spielerfahrung zu ermöglichen wie den Jungen.»[7] Und wie sieht diese Spielerfahrung aus? In den Lego-Friends-Welten wie «Heartlake Bäckerei», «Schönheitssalon» oder «Olivias Traumhaus» geht es vor allem darum, mit Freundinnen Kuchen zu backen, sich zu schminken oder die Pferde zu füttern. «Wenn es hier einmal brennen sollte, sind die ‹Lego Friends› aufgeschmissen: Eine Feuerwehr gibt es nämlich nur im männlichen Teil der Lego-Welt»,[8] analysiert scharfzüngig die *Süddeutsche Zeitung.*

Die farbliche Vielfalt ist mittlerweile genauso in den Hintergrund gedrängt worden wie Spielzeug für Mädchen, das sich *nicht* auf Schönheit, hausfrauliche oder mütterliche Fertigkeiten konzentriert. Damit verstärkt aktuelles Spielzeug die Rollenbilder, die ohnehin schon im Hinterstübchen lauern und lauten: Jungen sind aggressiv, wild und athletisch, Mädchen sind ordentlich, sanft und machen sich schön. Dies hat gravierende Konsequenzen: «Alles, was niedlich, süßlich, puschelig ist, wird auch später auf den weiblichen Lebenslauf übertragen. Und das Kernige, Harte, Entschlossene, Entscheidungsfreudige steht für Männer. Mädchen erfahren also schon früh weniger Anerkennung»,[9] beurteilt Uta Brandes, Forscherin für Gender-Design an der Kölner International School of Design, harsch die Entwicklung.

Wenn doch aber die Kinder glücklich damit sind? Die Ware ist schließlich der Renner in den Kinderzimmern. Viele Eltern berichten, wie zielstrebig ihre Töchter nach genau der pinken Prinzessin greifen, wie es unbedingt exakt der rosa Puppenbuggy sein muss und sie voller Inbrunst mit dem Prima-Ballerina-Geschirr spielen und glückselig die Schmetterlinge im Malbuch mit Glitzer ausschmücken. Mütter schwören, sie hätten nichts damit zu tun und seien ja selbst nicht in Pink gekleidet.

Doch das müssen sie auch gar nicht. Wenn die Wahl der

Mädchen auf die rosa Elfe fällt, geschieht das auf alles andere als auf magische Weise. Entscheidend sind die Gleichaltrigen und was heute als mädchenhaft gilt. Schon vor einiger Zeit beförderte das sehr eindrucksvoll eine Studie zutage: 3- bis 4-Jährige durften dabei alleine in einem Zimmer spielen, in dem sowohl typisches Jungenspielzeug wie Flugzeuge und Polizeiautos als auch typisches Mädchenspielzeug wie Teeservice und Puppen zur Auswahl lagen. Dann wurde die Zeitdauer gemessen, in der die Kinder mit den einzelnen Sachen spielten. Es zeigte sich: Die Jungen spielten länger mit dem Auto und dem Flugzeug und weniger mit der Puppe, und umgekehrt spielten die Mädchen am längsten mit der Puppe und dem Geschirr. Was aber interessant und bemerkenswert ist: Sobald ein weiteres Kind hinzukam, verbrachten die Mädchen *noch* mehr Zeit mit dem Mädchenspielzeug (und Jungen mit Jungenspielzeug), wie wenn sie alleine waren.[10] Das bedeutet, sie wussten genau, was für sie jeweils als «angemessenes» Spielzeug gilt. Kinder achten sehr stark darauf, dass sie auch nach außen hin erkennbar und eindeutig ihre Mädchen- bzw. Jungenrolle erfüllen, denn alles in unserer Gesellschaft deutet heute unablässig darauf hin, welch wichtige Rolle es spielt, ob man ein Mädchen oder ein Junge ist.

Der Gruppendruck

Dabei können die Spielzeugvorlieben der Kinder leicht manipuliert werden: Verpasst man einem eigentlich als mädchentypisch geltenden Spielzeug ein anderes «Genderetikett», lassen es die Mädchen links liegen. So ist es geschehen mit einem «My Little Pony», einem Paradebeispiel rosa gefärbter Mädchenplüschkultur – einem Pferdchen mit zartrosa Mähne und großen lieblichen Kulleraugen, umrahmt von den längsten Wimpern, die ein Einhufer jemals besaß. Nachdem man im Rahmen eines Tests[11] einem solchen Exemplar die Mähne abrasierte und es schwarz bemalte sowie die Zähne anspitzte, wurde dieses plötzlich für Jungen sehr attraktiv. Mädchen hingegen ignorierten jetzt das Pony, weil es ihnen zu «jungentypisch» war. Ehemals begehrtes Spielzeug verliert also an Reiz, sobald es nicht mehr in die eigene Geschlechterschublade passt. Das funktioniert, weil Kinder die Identität mit *ihrer* Gruppe, *ihrem* Geschlecht suchen, denn sie vermittelt ihnen Stabilität. Die rosafarbene und liebliche Symbolik wird von Mädchen gezielt aufgegriffen, eben weil sie als mädchentypisch gilt.

Mit welcher Macht diese Art von Gruppendruck der Geschlechter wirkt, erlebte Neurobiologin Cordelia Fine, als im Kindergarten ihres Sohnes eines Tages alle verkleidet erscheinen durften: Ein Mädchen kam als Katze verkleidet. Als sie sah, dass fast alle anderen Mädchen als Prinzessinnen und Feen hereinschwebten, brach für sie eine Welt zusammen. Unter Tränen kündigte sie ihrer Mutter an, dass sie beim nächsten Mal auf jeden Fall ein Prinzessinnenkostüm tragen wolle. Was war hier passiert? Der «Selbstsozialisierungsprozess der Mädchen» sorgt dafür, dass diese sich gnadenlos anpassen wollen. Solange Mädchensein heißt, sich in einer rosa Prinzessinnenwelt zu bewegen, will die Mehrheit der Mädchen genau das – eine rosa Prinzessinnenwelt.[12] Damit wird allerdings auch klar, welchen Einfluss diejenigen haben, die mädchentypische Rollenbilder formen und gestalten. Die Spielzeugindustrie, der Spielwarenhandel und die Werbung setzen da die Maßstäbe. Leider nur verheißt es nichts Gutes, wenn die Maßstäbe hier vor allem flauschig, putzig und pastellig sind. «Pink macht alles harmlos, süß und klein»,[13] kritisiert Uta Brandes. Ob es den Eltern passt oder nicht, Mädchen bestehen auf mädchentypischer Kleidung, auf mädchentypischen Frisuren und auf mädchentypischem Spielzeug vor allem aus einem Grund: weil sie den Drang haben dazuzugehören.

Interessanterweise reagieren Mädchen besonders sensibel darauf, was sich gehört und was nicht. Das hat zur Folge, dass

Mädchen plötzlich zu Jungenspielzeug greifen, wenn man ihnen alternative Rollenbilder präsentiert. In einem Experiment wurde Kindern eine Reihe von Geschichten von «Sally Slapcabbage» vorgelesen – einem wilden Mädchen, dessen Mutter Pilotin ist. Schon nach wenigen Lesestunden hatten diese Geschichten einen bemerkenswerten Effekt auf die Mädchen. Sie griffen nun beherzt zu Feuerwehrauto und Hubschrauber – und ließen die Puppen und das Bügelbrett links liegen.[14] Beispiele, die gegen den Stereotypenstrom schwimmen, eröffnen Mädchen also neue Möglichkeiten, die sie vorher noch kategorisch ausgeschlossen haben. Sie vermitteln ihnen: Wenn andere Mädchen so sind, dann darf ich auch so sein.

Nun geht es hier nicht etwa darum, nur noch neutrales Spielzeug zulassen zu wollen oder gar getrenntes Spielen von Mädchen und Jungen zu unterbinden. Doch es schadet nicht, unsere Aufmerksamkeit dafür zu schulen, wie eine «Pinkisierung» und exzessiv betriebene, künstliche Geschlechtertrennung die Mädchen einschränkt – weil sie deren Möglichkeiten, Dinge zu tun, ausbremst und die Vorstellungskraft der Mädchen verengt. Sie wirkt wie eine «pinke Box», die sich «enger und enger um die Mädchen»[15] schließt. Problematisch ist eine über die Maßen betriebene Trennung der Spielewelten auch deshalb, weil sie in eine Entwicklungsphase der Kinder fällt, in der sie am anfälligsten für stereotype Vorstellungen sind. Das Timing ist fatal. Denn zwei Dinge kommen hier zusammen: Zum einen ist die sogenannte Neuroplastizität gerade in der Kindheit am größten. Das heißt, in dieser Phase formen unsere Lernerfahrungen unser Gehirn am stärksten. Alles, was wir in dieser Zeit tun und erfahren, hinterlässt im Gehirn deutliche Spuren, weswegen wir auch Sprachen oder bestimmte Sportarten in der Kindheit leichter lernen als im Erwachsenenalter. Zum anderen sind Kinder unerbittliche Verfechter von Geschlechterstereotypen.[16] Das bedeutet, sie hänseln und gängeln sich gegenseitig für Verhaltensweisen, die nicht den gängigen Klischees entsprechen, und machen sich einander unmissverständlich klar, wer mit Barbiepuppen spielen darf und wer mit den Schwertern.

Ausgerechnet dann, wenn Kinder am beharrlichsten auf die Unterschiede von Jungen und Mädchen pochen und auch noch besonders empfänglich für Einflüsse sind, die ihrem Geschlecht bestimmte Fähigkeiten und Rollen zuschreiben, sind Mädchen altersmäßig in den «Prinzessinnenjahren».[17] Exakt in dieser Lebensphase sind sie ungeschützt Zielscheibe des Rosa-Blau-Schemas und der Niedlich-Aggressiv-Schubladen der Spielzeugindustrie. So verstärkt die überzuckerte Harmoniewelt der pinken Prinzessinnen bei Mädchen nochmals all die stereotypen Vorstellungen und Annahmen vom Frausein. Nicht alle nehmen das einfach hin. Gegenwehr kommt beispielsweise von der Kinderbuchautorin Michele Yulo, die auf der Website «Prinzessinnenfreiezone»[18] Produktalternativen zu Pink und Prinzessin anbietet. Und auch manches kleine Mädchen hat das Spiel durchschaut. So beschwert sich die 6-jährige Riley in einem YouTube-Video, dass auch sie sich Superhero-Spielzeug wünsche, und hat bereits erkannt: «Die versuchen die Mädchen auszutricksen, damit die das pinke Spielzeug kaufen – anstatt das Spielzeug, dass die Jungen wollen.»[19]

Für Frauen bloß nicht zu kompliziert

Längst hat sich das rosa Geschlechterdesign auch auf die Alltagswelt erwachsener Frauen ausgedehnt. Als ich eines Tages zum Handyshop eines großen Netzanbieters ging, um mir ein neues Mobiltelefon zu kaufen, war ich bestens vorbereitet: Ich hatte tagelang Testberichte gelesen, die einschlägigen Foren im Internet besucht und Erfahrungsberichte gelesen. Am Ende hatte ich mich für ein anspruchsvolles Gerät entschieden – nicht billig, aber ein technischer Alleskönner, der neu auf den Markt gekommen war. Ich betrat voller Vorfreude den Laden und teilte dem jungen Verkäufer hinter dem Tresen meinen Wunsch mit. Der musterte mich und sagte: «Das XY haben wir derzeit nicht. Aber ich habe hier ein Modell, das Ihnen viel besser gefallen wird.» Gespannt schaute ich ihn an und konnte es nicht fassen: Aus dem Regal holte er ein rosafarbenes Handy, mit integriertem Schminkspiegel. Die klare Botschaft dieses Geräts: Frauen traut man keine Hightechprodukte zu, die wollen es vor allem hübsch und simpel.

Der Rosatrend und die Geschlechtercodierung machen selbst vor solch profanen Produkten wie Duschgel und Bratwürsten nicht mehr halt. Benutzten früher Mann und Frau dasselbe Duschgel und dasselbe Shampoo, gibt es heute in den Drogeriemärkten viele Regalmeter Duschgel und Shampoo speziell für Frauen – die Verpackung vorzugsweise in Rosa, Flieder oder Türkis, die Flaschen in runder und schlanker Form (und ebenso natürlich viele Regalmeter mit schwarzen, metallicfarbenen, kantigen Flaschen und Tuben für Männer). Schon die Namen sprechen Bände: Männerrasierer heißen «Gilette MACH 3 Turbo», Frauenrasierer heißen «Venus Breeze». Im Supermarkt kann man mittlerweile sogar «Frauenbratwürste» (besonders fettarm) und «Männerbratwürste» (besonders groß – nämlich doppelt so groß wie die Frauenvariante) kaufen. Und das ist nur eine kleine Auswahl an Dingen, die wir tagtäglich sehen oder benutzen, die ehemals als «unisex» galten, also für beide Geschlechter gleichermaßen passend gehalten wurden. Ein Mann, der im Getränkeladen nach der Biersorte «Becks Gold» fragt, bekommt unverhohlen vom Verkäufer gesagt: «Was wollen Sie kaufen? Das ist doch was für Mädchen!» Weil es in durchsichtigen Glasflaschen verkauft wird und etwas leichter im Geschmack ist. «Coca-Cola» vertreibt sogar das gleiche Produkt unter zwei Namen und zwei Aufmachungen: «Cola Light» für Frauen hat ein silberfarbenes Etikett mit einer geschwungenen Schrift. Für Männer gibt es exakt die gleiche Brause mit dem zackigen Namen «Cola Zero». Hier setzt das Unternehmen bei der Gestaltung gezielt «auf

Schwarz als dominierende Farbe, um Kraft und Männlichkeit zu symbolisieren».[20] Der Unterschied liegt lediglich in der Inszenierung.

Was lachen wir heute über das simple Frauenbild der Fernsehspots oder TV-Serien der 1970er Jahre, und doch greifen wir, ohne zu zögern, nach dem rosa Einwegrasierer und dem Frauenbier. Zum Teil, weil wir manchmal gar keine Wahl haben, und zum Teil, weil wir die Stereotypisierung schon nicht mehr wahrnehmen. «Eine Frau kauft das türkise Ding, das für sie gedacht ist»,[21] erklärt Uta Brandes.

Es gibt mittlerweile nichts, was nicht in Pink ginge. Sogar Amerikas Waffenindustrie entdeckt die Frau als Zielgruppe. Wie wäre es mit einem rosa Sturmgewehr? Oder einer Pistolenhalterung, die sich ganz praktisch am BH anklemmen lässt? Beides gibt es inzwischen in den USA zu kaufen.[22] Zwar geht es in diesem Fall wenigstens auch einmal darum, das Klischee aufzuweichen, demzufolge Waffen nur etwas für harte Kerle sein sollen, doch die Mittel, derer man sich bedient, um dies zu erreichen, beruhen wiederum auf Geschlechterstereotypen. Auch hier gilt: Etwas bunter, freundlicher und leichter, und schon steigt die Nachfrage bei der weiblichen Kundschaft.

Dabei könnten die gendercodierten Produkte für die Hersteller irgendwann ein Schuss nach hinten sein: «Ganze Branchen beschneiden sich selbst ihrer Marktfähigkeit, indem sie den Klischees folgen und die Geschlechter simplifizieren»,[23] heißt es im Nachwort von «Du Tarzan, Ich Jane»,[24] dem Buch zu einer Forschungsstudie, das die vielen Gendercodes im Design unserer heutigen Konsumwelt entlarvt. Denn die wesentliche Frage lautet doch: Sind die Produkte dadurch besser, durchdachter oder den Bedürfnissen der Frau gerechter geworden? Nicht selten ist das Gegenteil der Fall und das «Frauendesign» geht zulasten der Funktion und der Leistungsstärke. Es sieht niedlicher aus, kann aber weniger. So haben beispielsweise Autos für Frauen weniger PS und Bohrmaschinen für

Frauen weniger Leistung. Offensichtlich meint man, Frauen nicht mit zu vielen Einstellungsmöglichkeiten überfordern zu dürfen. Digitalkameras für Frauen werden in der Bedienung vereinfacht und mit schickem Zubehör zum Lifestyle-Produkt gemacht. Und wenn Rechner zu Frauenlaptops werden sollen, verpasst man ihnen eben eine lila, weiße oder rosa Farbe. Die Botschaft dieser Produkte ist, dass Frauen nur auf Schönheit und Äußeres achten anstatt auf Funktionalität und dass sie «süß» sein müssen, damit sich Frauen dafür interessieren.

Tatsächlich gibt es nicht wenige Frauen, die sich von Pink geradezu angezogen fühlen und sich entsprechend «lieblich» kleiden. Uta Brandes spricht hier von der Tendenz, sich zu «infantilisieren». Man könne beobachten, wie gerade Frauen mit guter Ausbildung und Erfolg im Beruf sich in ihrer Freizeit unbewusst verniedlichen bzw. verkleinern. Es handele sich dabei um den Versuch, sich selbst zurückzunehmen, der unter anderem auch deshalb geschehe, weil sich Männer nicht im gleichem Maße emanzipiert hätten und bei den Frauen die größeren Umbrüche passiert seien. «Da ist eine Tendenz zu sagen, wenn ich zu stark und tough bin, werde ich nicht gemocht, bin ich nicht weiblich.»[25] Doch wenn sich überholte Weiblichkeitsvorstellungen und moderne Lebensweisen derart in die Quere kommen, läuft etwas grundlegend schief.

Auch Birgit Weller ist der Trend zur Kennzeichnung von Produkten als «weiblich» ein Dorn im Auge: Es sei vielen «nicht bewusst, in was für eine stereotype Rolle man damit gedrängt wird».[26] Deshalb plädiert die Professorin für Industrial Design an der Hochschule Hannover für mehr Unisex-Produkte – also Gebrauchsgegenstände, die nicht auf männliche oder weibliche Kundschaft beschränkt sind, sondern deren Funktionalität im Vordergrund steht. Perfektioniert hat das zum Beispiel die Firma Apple, deren Artikel allesamt technisch ebenso ausgeklügelt wie «trendy» sind und dabei auf eine Geschlechterzuordnung gänzlich verzichten.

Zwar kann aus ergonomischen Gründen eine Unterscheidung in Männer- und Frauenprodukte durchaus notwendig sein, beispielsweise bei Kleidung, Schuhen oder Sportgeräten, allerdings ist die Etikettierung in *weiblich* und *männlich* bei vielen Produkten schlichtweg unnötig. Es ist «ein schmaler Grat zwischen Design, das Klischees verstärkt, und Design, das den Ansprüchen von Männern und Frauen an Produkte gerecht wird.»[27]

«Es hört nie auf»

Müsste denn aber eine erwachsene Frau solche Mechanismen nicht durchschauen und sich ihnen entziehen können? Nun, es sieht in der Tat erst mal so aus, dass mit zunehmendem Alter der Gruppendruck abnimmt und die Genderidentität nicht mehr so wichtig ist. Während für Kinder ihr Geschlecht noch die einzige soziale Gruppe ist, mit der sie sich identifizieren können, haben Jugendliche und Erwachsene bereits eine recht große Auswahl. Beruf, Hobbys und Religion beispielsweise bieten ihnen dann zahlreiche weitere Möglichkeiten einer Gruppenzugehörigkeit jenseits des Geschlechts. Erwachsene betrifft die Gefahr der Stereotypisierung auf den ersten Blick also nicht mehr so sehr – alleine schon weil sie eigentlich eine klischeehafte Zuweisung und Kategorisierung viel eher reflektieren und zurückweisen könnten. Ist es so? Ein Vater zweier Töchter gibt im britischen *Guardian* eine Episode zum Besten, die daran zweifeln lässt: «Erst diese Woche wurde meine Tochter als Krankenschwester bezeichnet, als sie mit einem Stethoskop spielte. Das war sicher unbeabsichtigt dahergesagt. Doch jetzt sagen Sie mir: Glauben Sie nicht, wenn sie ein Junge gewesen wäre, hätte man sie als Arzt bezeichnet?»[28]

Vor zu großen Hoffnungen sollten wir uns also hüten: Die stereotypen Vorstellungen von Weiblichkeit und Männlichkeit bleiben ständig wirksam. Vor allem, weil unser Alltag sie weiterhin regelmäßig befeuert – und das nicht nur mit Rosa-Hellblau-Klischees, Mädchenspielzeug und Frauenprodukten. Es gibt so unzählig viele heimliche Erzieher, wie wir inzwischen gesehen haben. Sie alle tragen dazu bei, dass die Geschlechterstereotype in unseren Köpfen «aktivierbar» bleiben und ständig bereit sind, das entsprechende Selbstbild vom «Weibchen» wieder abzurufen. Sobald wir in eine Situation kommen, in der das Geschlecht in den Fokus rückt, werden sie wieder lebendig. Die Geschlechterklischees werden reaktiviert, wenn wir in unserer Partnerschaft verhandeln, wer wofür zuständig ist und wie wir die Aufgaben zu Hause verteilen, wenn wir eine Familie gründen wollen. Sie kommen zum Tragen, wenn wir überlegen, welchen Beruf wir wählen, wenn wir Karrierepläne schmieden und uns in Meetings mit Kollegen befinden. Und sie tauchen wieder an die Oberfläche, wenn wir selbst Kinder haben und diese im Alltag um uns haben. «Es hört niemals auf»,[29] bilanziert die Neurowissenschaftlerin Cordelia Fine.

Also, müssen wir etwas tun? Können wir etwas tun? Wer der Meinung ist, die Liebe für Pink und Glitzer sei in Mädchen bzw. Frauen angelegt, wird hier keinen Handlungsbedarf sehen. Wer aber glaubt, dass wir durch tägliche Erfahrungen und Eindrücke geformt werden, hat allen Grund, wachsam zu sein. Vor allem dann, wenn wir es als wichtig erachten, das gesamte Spektrum an emotionalen und kognitiven Fähigkeiten eines Menschen zum Vorschein zu bringen. Oder wie es ein Mädchen in einem Brief formulierte, das sich mit den Lego-Welten für Jungen und Mädchen einfach nicht abfinden will: «Liebe Lego-Firma, mein Name ist Charlotte. Ich bin sieben Jahre alt, und ich liebe Lego, aber ich mag nicht, dass es viele Lego-Jungen und kaum Lego-Mädchen gibt. Heute bin ich in ein Geschäft gegangen und habe zwei Lego-Bereiche gesehen: Die Figuren für Mädchen waren rosa, die für Jungen blau. Die Lego-Mädchen saßen immer nur zu Hause, gingen zum Strand oder zum Shoppen und hatten keine Jobs. Aber die Jungen erlebten Abenteuer, arbeiteten, retteten Menschen oder schwammen sogar mit Haien. Ich will, dass ihr mehr Lego-Mädchen schafft und sie Abenteuer erleben und Spaß haben lasst, o.k.!?! Danke. Charlotte».[30]

5. Zeit für neue Geschlechterbilder

5.1 Wege aus der Mädchenfalle

Als 10000 amerikanische Frauen im Jahr 2010 in einer Umfrage des Magazins *Esquire* gefragt wurden, wer für sie «die Frau mit dem größten Sexappeal weltweit» sei, war das ihrer Meinung nach eine Person, die unerwartet viel Körpergewicht besaß – und «zeitlose Ausstrahlung statt Rippen».[1] Das Rennen als «sexiest woman in the world» machte Christina Hendricks.[2] Die Schauspielerin wurde mit der TV-Serie «Mad Men» bekannt, in der sie die kluge und hochattraktive Chefsekretärin Joan Holloway verkörperte, die sich als «kurvige Rothaarige elegant wie eine Raubkatze durch die Bürolandschaft der Werbeagentur bewegte und dabei jede, aber wirklich jede andere Protagonistin mit ihrem Sexappeal in den Schatten stellte».[3] Es wäre naiv zu glauben, damit hätten wir den Size-Zero-Trend schon hinter uns. Und dennoch fällt auf: Langsam, aber spürbar wächst der Unmut über das unrealistische Frauenbild, das uns in Hochglanzmagazinen, Werbung, Film und Fernsehen begegnet. Es gibt eine steigende Zahl von Initiativen und Kampagnen, die sich an den heutigen Körperidealen wie auch einseitigen Rollenbildern stoßen.

Neue Werbebilder

In der finanzstarken Werbebranche hat teilweise bereits ein Umdenken eingesetzt und es werden dort neue Strategien erprobt, mit denen Frauen als Zielgruppe angesprochen werden, ohne dass man ihnen zugleich das Selbstbewusstsein raubt. «Weltweit halten sich nur vier Prozent aller Frauen selbst für schön», weiß etwa Erica Hoholick zu berichten.[4] Sie ist als Werberin für die Kosmetikmarke Dove tätig, die bereits vor Jahren dazu überging, auch «normale Frauen» vor die Kamera zu stellen, um mit ihrer natürlichen Ausstrahlung zu werben anstatt mit der perfekten Modellinie. «Schönheit kennt kein Alter» hieß eine der Kampagnen, bei der beispielsweise Frauen über 50, ungeschönt, mit Falten und einigen Hautdellen, auf Plakaten zu sehen waren. Ein gesundes Selbstwertgefühl, so die unausgesprochene Botschaft, kann ebenso attraktiv machen wie Jugend. Viele Frauen fanden das richtig klasse. Dennoch blieb Kritik nicht aus, denn selbst Kampagnen dieser Art befeuern weiterhin unsere Vorstellung, Frauen hätten einfach schön zu sein – egal, wie alt sie sind. Frauen werden auch hier, in dieser Werbung, mal wieder auf ihr Äußeres verwiesen und somit darauf, sich Gedanken um ihren Körper und dessen Reize zu machen.

Um von diesem Muster überzeugend abzurücken, haben einige Marketingkampagnen bereits angefangen, nicht mehr mit weiblicher Attraktivität selbst zu werben, sondern damit, selbstkritisch und innovativ zu thematisieren, wie groß der Einfluss der Medien auf unsere Selbstwahrnehmung und Schönheitsvorstellungen ist. Auch hier lieferte Dove jüngst ein gutes Beispiel: In dem Spot «Camera Shy» erleben wir kichernde Teenagermädchen und entnervte Frauen, wie sie versuchen, Reißaus vor einer Kamera zu nehmen.[5] Sie wirken überrumpelt und überrascht in alltäglichen Situationen, in ihren Jugendzimmern, einer Küche, am Schreibtisch. Auf die «Drohung», gefilmt zu werden, reagieren sie spontan mit Fluchtversuchen. Manche ducken sich weg, andere kreischen auf, es werden Kissen, Hände, Teller und Bücher in die Luft gerissen und vors Gesicht gehalten. Einige ältere Frauen krabbeln zwar nicht mehr unter eine Bettdecke, um zu entkommen, aber auch sie blicken missbilligend drein oder schlagen der Kamera die Tür vor der Nase zu. Als Kontrast dazu sehen wir am Ende des Trailers Kleinkinder: Die kleinen Mädchen blicken strahlend und erwartungsfroh in die Kamera, selbstbewusst und wild zeigend, was sie können und wer sie sind. Wann hat das aufgehört, fragt der Kampagnenbegleittext, der unter dem Filmclip auf YouTube zu lesen ist. «Schönheit ist eine Quelle von Selbstbewusstsein und nicht von Angst», wird hier verkündet. «Also haben wir *Camera Shy* kreiert, um Frauen zu fragen, warum sie als erwachsene Personen kamerascheu sind, obwohl sie es als kleines Mädchen geliebt haben, vor der Kamera zu stehen.»[6]

Es gibt etliche Beispiele wie diese, die erkennen lassen, dass bei einigen bereits der Groschen gefallen ist. Manche haben den Dreh gut raus. Und wer es heute auf kreative, gewitzte und intelligente Weise schafft, unser rückständiges Frauenbild zu entlarven, dem fliegen die Herzen der Konsumenten zu. Weitaus weniger Everybodys Darling sind häufig diejenigen, die direkt «Nein» sagen – zu sexistischer Werbung beispielsweise. Beschwerden über solche kann man beim Werberat anmelden, inzwischen haben sich aber auch einige «Watchgroups gegen Sexismus in der Werbung» im Netz etabliert, die ebenso eine Anlaufstelle dafür bieten, öffentlich inadäquate Werbung zu brandmarken. «Wir brauchen keine Mini-Alice-Schwarzers, die uns ihre Auffassung von richtigem Einsatz von Sex vorschreiben wollen», schimpfte in den Medien kürzlich ein Werbeagent auf diese Watchgroups.[7] Damit bestätigte er eine verbreitete Ansicht: Wer nicht jede Form von «Sex sells» hinnehmbar findet, gilt als spaßverderbend, als überkorrekt, prüde, zu moralisch und damit in ungefähr so begrüßenswert wie die Bürgerwehr.

Wir sollten uns nichts vormachen, erwiderte ein Branchenkollege. In einer stark medialisierten Gesellschaft müssten wir verantwortlich mit Kommunikation umgehen, und manche neigten dazu, es sich zu leicht zu machen: «Fällt uns nichts ein, dann nehmen wir eine Nackte.»[8] Das sei ein Spruch, der in seiner eigenen Agentur zwar nicht mehr falle, aber anderswo durchaus die gängige Praxis beschreibe. «Wenn jemand behauptet, dass wir keine Mini-Alice-Schwarzers benötigen, möchte ich dem entgegenhalten, dass der Werbung auch mit Möchtegern-Hugh-Hefners nicht gedient ist», gab der Werbeagent Gerhard Scheuer hier zu bedenken. Reklame zu machen oder ein *Playboy*-Heft, ist eben nicht dasselbe. Hier wird deutlich, wie stark die Frage nach neuen Geschlechterbildern unterschwellig mit Verbotsschildern assoziiert wird. Es wird unterstellt, wer sexistische Werbung rügt, der habe die Abschaffung von Sex im Hinterkopf; wer auf die heutige Schönheitsindustrie schimpft, fordere dazu auf, nicht mehr zum Lippenstift oder Nagellack zu greifen. Wir sollten die Angst, neue Rollenbilder würden uns einengen oder uns etwas abverlangen, getrost beiseiteschieben. Denn es geht doch im Gegenteil darum, unsere Mann-Frau-Vorstellungen zu überprüfen und zu erweitern, sodass wir alle leben können, wie wir selbst es für richtig halten. Nicht allein Frauen, sondern ebenso Männer können von dieser Freiheit profitieren.

In Zeitungen sprach beispielsweise Robert Thalheim einmal offen darüber, wie er selbst, als er in Elternzeit ging, prompt zu spüren bekam, dass manche diesen Entschluss für reichlich erklärungsbedürftig hielten, gerade so, als sei ein Vollzeit-Vaterdasein nicht das, was sich ein Mann wünschen könne. Als sein erster Sohn geboren wurde, war gerade Thalheims neuer Film «Am Ende kommen Touristen» in den Kinos zu sehen, auch in Cannes erntete dieser Aufsehen und Lob. Dennoch entschied sich der Berliner Filmemacher, die erste Zeit mit dem Nachwuchs zwischen sich und seiner Frau aufzuteilen: «Alle sagen: Toll, dass du Kinderzeit machst. Aber da schwingt immer etwas anderes mit: Das scheint ja beruflich gerade nicht so gut zu laufen mit dem. Wenn der jetzt für so etwas Zeit hat.»[9] Thalheim beschrieb, wie ihn solche Reaktionen verunsicherten und er, auf Spielplätzen sitzend, ins Grübeln geriet, ob er nicht tatsächlich gerade dabei war, sein Lebensglück und das seiner Familie leichtsinnig zu verspielen: «1000 Jahre Rollenaufteilung lösten Gedankenketten aus, die ich nicht mehr unter Kontrolle bekam», erzählte er. Denn «während ich im Sandkasten saß, unrasiert und ungeduscht, zogen andere Typen an mir vorbei, bauten ihre Firmen auf und diskutierten bis in die Nacht ihre Projekte».

Wie unterschiedlich Männer und Frauen, selbst wenn sie dasselbe tun, noch immer betrachtet und beurteilt werden, versuchte jüngst auch ein Werbespot der Firma Pantene, bekannt für Haarpflegeprodukte, bewusst zu machen. In dem Video «Labels against Women» wird gezeigt, wie negativ Frauen «abgestempelt» werden, wenn sie, insbesondere in der Berufswelt, genauso wie ihre männlichen Kollegen auftreten: *Er* gilt uns zweifelsfrei als «Boss», wenn er den Laden super schmeißt, sie schnell als «bossy» (Leute herumkommandierend). Ein Vater, der bis spätnachts noch arbeitet, wird als «engagiert» betrachtet, eine bis in den späten Abend hinein beschäftigte Mutter als «egoistisch», weil sie zu sehr auf ihren Beruf bezogen ist.[10] Man könnte dem Clip zwar vorwerfen, er komme mit solchen Gegenüberstellungen etwas hölzern daher, doch Studien fanden heraus, dass wir leider genau so zweigleisig denken: Erfolgreiche Berufsstrategien bringen einem Mann schnell Sympathiepunkte, während sie bei einer Frau Anlass zur Kritik bieten.[11]

Werbebeispiele wie dieser Spot zeigen uns, dass es längst einige erfolgreiche Versuche in der Branche gibt, «sich lieber stärker mit den Sorgen und Herausforderungen moderner Frauen auseinanderzusetzen, statt nur glatte, perfekte Versprechen zu liefern»[12] und makellose Schönheitsideale zu schüren. Wer davon Abstand nimmt, bekommt sogar weit über die üblichen Beautykanäle hinaus viel Aufmerksamkeit – sowohl im *Forbes* als auch im *Times Magazine* wurde über den Pantene-Clip berichtet und heiß diskutiert, «Camera Shy» erntete in Cannes einen Preis. Aber was hilft uns das? Bleibt das nicht alles nur ein Tropfen auf dem heißen Stein, wo es ansonsten in unseren Medien-, Konsum- und Spielzeugwelten vor überholten Frauenklischees weiterhin nur so wimmelt?

Die «Lean In Collection»

Genau diese Frage stellte sich auch, als Sheryl Sandberg und Pam Grossman im Jahr 2014 eine Initiative ins Leben riefen, um aus den flirrenden Klischees auszubrechen. Sie gründeten eine neue Bilddatenbank, die «Lean In Collection», die dazu beitragen soll, unser Frauenbild zu verändern. Sowohl der Facebook-Managerin wie auch Grossman war aufgefallen, wie Werbe- und Presseagenturen schnell auf die bewährten, klassischen Motive zurückgreifen, um Frauen medial zu inszenieren. Was fehle, sei eine deutlich dynamischere Bildsprache, klagt Pamela Grossmann.[13] Sie beobachtet bei Getty Images, einer der weltweit größten Bildagenturen, wohin sich der visuelle Trend heute entwickelt: Schlichtes Bleistiftkostüm, aufreizend hochhackige Schuhe und fest die Aktentasche in der Hand – fertig ist unsere Vorstellung von der toughen Businessfrau. In der «Lean In Collection» finden wir tatsächlich Fotos von Frauen, die mit individuellerem und lebhafterem Ausdruck daherkommen. Es herrscht eine größere Vielfalt und weniger Schablone, was Alter, Gesichter und Hautfarben sowie die realen Arbeits- und Lebenswelten der Frauen angeht. Man sieht hier beispielsweise, wie eine der Porträtierten in einer Maschinenhalle steht, abenteuerlustig in ihrer Freizeit auf Klettertour ist, daheim leger über einem Laptop in einer Sofaecke kauert und arbeitet oder hungrig in ein deftiges Butterbrot beißt. Das kalorienarme Salatblatt dagegen, das uns ansonsten medial als Idealkost für Frauen aufgetischt wird, findet man hier nicht.

«Man muss sich nichts vormachen», wendet dennoch auch Charlotte Klonk, Professorin für Kunst und neue Medien an der Humboldt-Universität zu Berlin, ein. «Auch das sind Stock- Images, die werden zu Werbezwecken eingesetzt.» Und auch sie würden so schnell kein durch und durch alltagsnahes Bild von Frauen und ihren Belangen zeichnen. Mit lediglich 2500 Bildern, die Sandberg und Grossman bisher zusammenstellten, sei das auch kaum möglich. Und ein Bildersturm – was die Darstellung von Frauen in unseren Medien angehe – sei nicht zu erwarten. Trotzdem solle man die Initiative nicht kleinreden, denn ihr eigentlicher Wert liege woanders: Es wäre schon viel erreicht, wenn durch Vorstöße wie diese eine Debatte über mediale Bildmuster ausgelöst würde und darüber, wie sich solche gesellschaftlich fortschreiben.[14]

Sich bewusst zu machen, was Frauen und Mädchen ins Abseits bringt, dafür macht sich auch Stevie Schmiedel stark. Sie hat «Pinkstinks Deutschland» gegründet – eine Organisation, die sich seit 2012 gegen den grassierenden rosa Cinderella-Wahn und Topmodel-Murks hierzulande stemmt und bereits seit 2008 in England aktiv ist. Der Bewegung geht es darum, kräftig dazwischenzufunken, wann immer ein Spielzeughersteller, das Fernsehen oder eine Plakatwerbung uns erneut einzuflüstern versuchen: Mädchen wiegen Puppen, Jungen wuppen die Welt – die einen machen Radau, die anderen lieber «Heile, heile Segen». «Mit Puppen spielen, sich schön machen – das macht Spaß», erklärt die Aktivistin und Genderwissenschaftlerin in Interviews. «Aber das kann nicht alles sein.»[15] Schmiedel geht es dabei nicht um Spielverbote im Kinderzimmer, sondern die Initiative zieht es vielmehr dorthin, wo die eigentlich Verantwortlichen sitzen. Sie möchte mit ihren Demonstrationen und Unterschriftenaktionen jene aus der Reserve locken, bei denen der Rubel rollt, wenn wieder mal «Germany's Next Topmodel» läuft, ein Überraschungs-Ei in Rosa ausgebrütet wird oder «Dessousfotos» den Schulweg unserer Kinder begleiten. «Wenn junge Mädchen immer wieder mit Beauty assoziiert werden, dann hauen sie im Arbeitsleben auch nicht auf den Tisch und klagen ihr Gehalt ein – es gibt Studien, die das belegen.»[16] «Pinkstinks» arbeitet daran, dass der Deutsche Werberat zukünftig nicht mehr beide Augen zudrückt und sexistische Werbung damit entschuldigt, dass diese «augenzwinkernd» und «ironisch» gemeint sei. Für den mündigen Verbraucher mag dies durchschaubar sein, aber Kinder verstehen diese Ironie nicht.

Ein grundlegendes Problem, mit dem Initiativen wie etwa «Pinkstinks» zu kämpfen haben, ist ihre geringe Reichweite. Sie mögen noch so clevere Ansätze haben, Rollenmuster zu hinterfragen, dennoch wird das mediale Frauenbild in erster Linie von jenen geprägt, die finanz- und ressourcenstark genug sind und die Möglichkeit besitzen, auf allen erdenklichen Bildflächen präsent zu sein. Was nicht heißen soll, dass jeder neue Anstoß und Impuls, Frauen anders zu sehen, deshalb automatisch ins Leere läuft.

Neue Frauenbilder in den Medien

Wer in letzter Zeit hingehört hat, wie über unsere Fernsehlandschaft und TV-Serienkultur hitzig diskutiert wird, der weiß: Die großen, altbekannten Producer stehen längst im Verdacht, uns mit Klischees zu Tode zu langweilen, während daneben einige kleinere, weniger gewichtige Player etwas abliefern, was als spannend – als superintelligente und lang ersehnte Unterhaltung – bejubelt wird. Gemeint sind hier beispielsweise zwei skandinavische TV-Serien wie «Die Brücke» oder «Gefährliche Seilschaften», die mit ungewöhnlich starker weiblicher Besetzung überraschen.[17]

In «Gefährliche Seilschaften» wird von einer Frau erzählt, die zur ersten Ministerpräsidentin ihres Landes aufsteigt. Gedreht wurde die Serie, kurz bevor in Dänemark tatsächlich erstmals eine Frau in dieses Amt gewählt wurde. Brigitte Nyborg heißt die Hauptfigur – sie ist Mitte 40, hat politische Visionen und kämpft mit der schweren Entscheidung, welchen Preis sie für ihren Aufstieg zu zahlen bereit ist. Die Serie erzählt von Einsätzen in Afghanistan, vom Durchdrücken einer Frauenquote und auch von der Ehe Nyborgs, die unter dem Druck, der auf der Hauptfigur lastet, ständig als First Lady vor den Kameras zu stehen, irgendwann auseinanderbricht. Als ihre Tochter dazu noch in eine heftige Pubertätskrise rutscht, kommen Gewissensfragen und Schuldgefühle auf, die von der Klatschpresse schamlos ausgeschlachtet werden. «Ich weiß nicht, ob eine Frau politisch anders handelt als ein Mann, aber ich glaube, dass sie anders über ihr politisches Handeln sprechen muss», äußerte sich der Drehbuchautor Adam Price über den Plot und die dahinterliegende Idee. «Unser ehemaliger Premierminister sagte einmal in einem Interview: ‹Solange meine Frau und meine Kinder mich einmal in der Woche sehen, ist alles in Ordnung.› Eine Frau könnte so etwas niemals in der Öffentlichkeit sagen, ohne als schlechte Mutter und schlechte Ehefrau hingestellt zu werden.»[18]

«Borgen» (so der dänische Originaltitel von «Gefährliche Seilschaften») schlug als «europäisches Serienwunderkind»[19] international ein, wurde mit Preisen überschüttet, in 70 Länder verkauft und die Amerikaner sicherten sich unmittelbar die Rechte auf Remakes. Der Stoff sei aktuell, und es bleibe ein Rätsel, warum das deutsche öffentlich-rechtliche Fernsehen nichts Vergleichbares zustande bekäme, maulte eine Kritikerin. Es traue sich niemand, schimpfte ein anderer. Und eine dritte Stimme brachte das Geheimnis der Serie so auf den Punkt: «Sie verbindet Polit-Drama, Genderdebatte und Medienkritik zu großer Unterhaltung.»[20] War «Genderdebatte» nicht das große Reizwort, bei dem alle meinen, da würden viele schnell aus- oder wegschalten? Die Dänen belehren uns eines Besseren und machen vor, wie man heutige Mann-Frau-Rollen so dramatisieren und thematisieren kann, dass alles plötzlich an die Fernsehbildschirme stürmt. In der dritten Staffel erleben wir Birgitte Nyborg zwar als geschiedene Frau, doch das wird nicht in die oft bemühte Botschaft gekleidet, dass, wer als Frau Karriere machen möchte, auf privates Glück zu verzichten habe. Das Leben ist komplexer und das Frauen- und Familienbild dieser Serie ist es auch – das Männerbild übrigens nicht minder. Und nachweislich gibt es Zuschauer, die so etwas sehen wollen.

«Die Tribute von Panem» – keine Traumprinzenkiste

Sich auf neue, vielfältigere Rollenbilder einzulassen, ist sowohl eine Herausforderung für unsere Medien als auch für unsere Gesellschaft – doch inzwischen auch längst ein lukratives Geschäft, wie jüngst der Erfolg zeigte, mit dem «Hunger Games» in die Kinos preschte. Bereits vor der Premiere wurden sämtliche Ticketrekorde, die in den letzten Jahren zu feiern waren, gebrochen. Nicht nur Mädchen und Jungen, sondern auch scharenweise Eltern und andere Erwachsene strömten in die Kinos, um zu erleben, wie Katniss Everdeen sich wehrt: Die rebellische Protagonistin ist 16 Jahre alt, kommt kein bisschen mädchenhaft rosa oder stereotyp feminin daher und lehnt sich noch dazu gegen die Mächtigen ihres Landes auf, weil diese alljährlich die blutrünstigen «Hungerspiele» veranstalten – 22 Jugendliche werden für diese ausgelost und müssen sich bis auf den Tod in einer Show bekämpfen, bei der die ganze Nation zuschauen darf. «Dschungelcamp» und «Big Brother» bekommen als mediale Steilvorlage hier deutlich ihr Fett weg.

Der Stoff ist aber auch deshalb so spannend, weil Katniss – permanent in Lebensgefahr – vor Fragen steht, die weder männlich noch weiblich, sondern einfach nur menschlich sind: Wer bin ich? Und wie kann ich mir treu bleiben, wenn um mich herum so fragwürdige Erwartungen toben, die ich weder erfüllen kann noch will?[21] Katniss kann gut mit Waffen umgehen und liebt es, zu jagen und zu wildern. Dennoch will sie bei den Spielen nicht töten. In Peeta, einem anderen Tribut, findet sie einen Verbündeten, der ähnlich wie sie fühlt. Er ist ausgebildeter Bäcker, klug und redegewandt, kann also mit Kuchen und Menschen besser umgehen als mit Waffen. Er legt Katniss offenherzig und freiheraus seine flammende Zuneigung zu Füßen. Aus ihren jeweiligen Stärken heraus können sich die beiden Figuren unterstützen und beschützen, und damit lockt «Hunger Games» uns in ein hochsensibles Spiel mit Geschlechterrollen, bei dem hinterfragt wird, was uns zu einer Frau oder zu einem Mann macht.[22]

Für Millionen von Fans hieß die Botschaft unüberhörbar: Es ist okay, ein Junge zu sein, der stärker darin ist, seine Gefühle auszudrücken und andere Menschen mit Worten zu überzeugen, als sie mit Waffen zu bekämpfen. Und es ist auch okay, ein Mädchen zu sein, das aufmüpfig ist und lieber seiner inneren Stimme folgt als den Anweisungen anderer, die glauben, weiblich zu sein heiße, früher oder später verliebt, verlobt, verheiratet zu sein und dann umgehend schwanger zu werden. Ganz Panem fiebert zwar der großen Lovestory entgegen, die sich zwischen Peeta und Katniss nuancenreich anbahnt, aber nur zum Schein verläuft diese Liebesgeschichte entlang der üblichen B-Movie-Klischees, werden Brautkleider geschwenkt und sogar Kindersegen verkündet. Denn dahinter ist die eigensinnige Katniss nicht so leicht in das klassische Weibchenschema, die übliche Traumprinzenkiste zu locken, sondern im Aufruhr auch dagegen. Wir brauchen solche Filme, um uns von einem jahrhundertealten Echo zu lösen, wie Männer und Frauen angeblich «so sind».

Allzu gerne wird heute auf die Politik geschaut und darauf gehofft, dass diese uns weiterbringen könne. Wir meinen, die Schwierigkeiten der Frauen seien politisch zu beheben – wir bräuchten mehr Kita-Plätze, eine Frauenquote und bessere familienpolitische Weichenstellungen, dann sei es erreicht: Dann würden Frauen und Männer bald Seite an Seite ihre Kinder wiegen und gleichberechtigt in den Topetagen sitzen. Doch liegt hier nicht ein Denkfehler vor? «Es ist eine Illusion, dass man mit politischen Instrumenten direkten Einfluss auf Rollenmuster hätte»,[23] wendet hiergegen etwa der Soziologe Michael Meuser ein. Und er ist nicht der einzige, der Programme wie beispielsweise das Elterngeld zwar für notwendig hält, jedoch zu bedenken gibt, dass diese nicht ausreichen, um gegen die Macht der Rollenbilder, gegen über Jahrhunderte gewachsene Strukturen anzukommen.

Nicht zuletzt bieten die Medien eine gute Spielfläche, um Rollenbilder zu hinterfragen und neue Anstöße zu geben. Dabei braucht es oft gar nicht viel, um manches entschieden anders anzugehen. Die Schauspielerin Geena Davis wandte sich beispielsweise jüngst an Drehbuchschreibende, diese ermahnend, mit einem einfachen Kniff unsere Kinobilder von Grund auf weiblicher zu machen. «Wenn eine Menschenmenge beschrieben wird, schreib in dem Drehbuch ‹eine Mengenansammlung, die zur Hälfte weiblich ist›. Das scheint vielleicht seltsam, aber ich verspreche dir, irgendwie wird die Menge am Set sonst nur aus 17 Prozent Frauen bestehen.»[24] Sicherlich sind nicht alle alten Selbstverständlichkeiten so leicht abzuschütteln. Insbesondere für Frauen selbst ist das Hinterfragen von weiblichen Rollenbildern keine einfache Angelegenheit, denn inmitten der «mixed messages», wie «Frausein» heute eigentlich gehen soll, kann manch einer schnell der Kopf schwirren, wo es sich um die eigenen Ansprüche handelt und wo um die Anpassung an das, was von einer Frau erwartet wird.

Mit «Mutprobe» hat Bascha Mika 2014 ein Buch darüber veröffentlicht, wie Frauen in ihrer Lebensmitte plötzlich aus der Öffentlichkeit so gut wie verschwinden. Die Publizistin leuchtet darin aus, wie Jugend- und Schönheitskult unserer Zeit dazu führen, dass insbesondere Frauen in den reiferen Jahren medial kaum noch wahrgenommen werden. Ihr Alter wird ausgeblendet, was viel damit zu hat, dass Weiblichkeit noch immer stark auf körperliche Attraktivität reduziert wird. Doch das muss nicht so sein: «Was gemacht wird, kann auch anders gemacht werden», schreibt Mika.[25] Wir müssen es nur wagen und einfordern. Und hier sind nicht zuletzt die Frauen selbst gefragt, dies vehementer als bisher zu tun.

5.2 Was will ich selbst?

«Es gibt oft das Argument ‹Die Zeit wird es richten›. Ich habe keinen Bock, 100 Jahre zu warten.»[1] Teresa Bücker, Bloggerin, Autorin und Social-Media-Beraterin, ist nicht die Einzige, der alles viel zu langsam geht, auch andere schimpfen darüber, dass wir in puncto Gleichberechtigung auf der Stelle treten. «Leute, wir diskutieren heutzutage über Mutterschutzgesetze bei der Bundeswehr und in den Familien darüber, ob Mama mit dem dicken Arsch überhaupt noch auf die Straße darf!»[2] So derb und schrill, wie uns hier etwa der Comedy-Star Carolin Kebekus präsentiert, was schiefläuft, bekommen wir es selten zu hören, doch beide Frauen haben recht. Es muss sich endlich etwas tun.

Vor einigen Jahren sorgte eine wissenschaftliche Studie für Aufsehen: Im Laufe der letzten 40 Jahren seien Frauen, so hieß es, immer unglücklicher geworden. Diese Tatsache machte als «The Paradox of Declining Female Happiness» die Runde – als Widerspruch also, dass trotz verbesserter Ausgangssituation das subjektive Zufriedenheitsgefühl auf weiblicher Seite schwindet.[3] Frauen leben heute zwar gesünder und reicher, besser ausgebildet und selbstbestimmter als je, doch rundum zufrieden sind sie damit nicht. Über die Ursachen hierfür wurde viel gerätselt, doch es spricht einiges dafür, dass die wichtigste Ursache in eben jener Ernüchterung zu suchen ist, auf die zahllose Frauen früher oder später im Leben stoßen: Ihre Pläne und Lebensziele scheitern noch immer an Grenzen, von denen behauptet wird, es gäbe sie heute gar nicht mehr.

Die heutige Devise, alles zu dürfen, und die Einsicht, nicht alles zu schaffen, bleibt ein Widerspruch, mit dem Frauen weitgehend alleine zurückgelassen werden. Frauen, so zeigte die Studie, sind zwar ausgesprochen zuversichtlich und optimistisch beim Aufbruch in ihr Erwachsenleben, doch während bei Männern ab der Lebensmitte die Glückskurve stetig steigt, bis ins hohe Alter sogar immer weiter hinauf, fällt sie bei den Frauen in einem fort ab.[4]

Anscheinend ist es noch immer so, dass Männer in ihrer Lebensrolle viel eher jene Bestätigung finden, die sie sich wünschen – Frauen dagegen nicht. Irgendetwas klafft in deren Erfahrungswelt so weit auseinander, dass es ihnen nicht vergleichbar gut gelingen will, stolz und erfüllt auf ihr Leben und darin Geleistetes zu blicken. Frauen müssen durchaus auch heute noch darin bestärkt werden, sich zu besseren Anwältinnen ihrer selbst zu machen. Wir meinen vielleicht, das tue längst nicht mehr not, doch solange Mädchen von klein auf eingeprägt wird, ihre Sehnsüchte oder sogar Selbstsüchte möglichst weit herunterzuspielen, um nicht aus dem Schnittmuster «typisch Frau» zu fallen, täuschen wir uns. «Mädchen sein» – das heißt auch im 21. Jahrhundert immer noch nicht, aus der Rolle der Sanftmütigen und Duldsamen, einer Nachgiebigen und Selbstlosen aussteigen zu können.

Im Kreuzfeuer aller Erwartungen

Es kann durchaus helfen, sich bewusst zu machen, wie stark diese Prägungen tatsächlich sind und wie Frauen durch solche in einen inneren Zwiespalt geraten können: Längst sitzen uns allen bereits die modernen «emanzipierten Ideale» im Kopf – daneben stehen wir aber weiter im Kreuzfeuer dessen, was von uns traditioneller Weise erwartet wird. «Der Druck auf uns ist größer als je zuvor», schrieb Carolin Kebekus einmal pointiert in einer Kolumne in der *Brigitte*: «Ich muss nicht nur immer geil aussehen und studiert haben, ich muss auch 'ne Firma leiten, ein Haus bauen, meine Eltern pflegen und im Durchschnitt noch 1,3 Kinder bekommen. Wann soll ich das denn alles machen?»[5]

Wer sich fragt, warum es vielen Frauen bloß so schwerfällt, einfach unbeirrt eigenen Lebensvorstellungen und Selbstidealen zu folgen, übersieht einen wichtigen Aspekt: Natürlich müssen wir alle – Frauen wie Männer – immerzu entscheiden, wie wir leben möchten, und am Ende selbst verantworten, wohin uns das trägt. Doch junge Mädchen werden in ihrem Bestreben, ein Selbstbild zu entwickeln, bereits früh verunsichert. Aneckende und eigenwillige Mädchen werden nicht, so wie «Trouble» machende Jungen, als willensstark angesehen, sondern meist nur als «schlecht erzogen» oder als «zickig». Doch zugleich ist – fatalerweise – die Zielgerade in der Entwicklung für beide Geschlechter genau die gleiche: «In unserer Gesellschaft gelten Selbstverwirklichung und Autonomie als wichtige, wenn nicht als wichtigste Entwicklungsziele», sagt die Psychologin Ursula Nuber.[6]

Während also Söhne darin bestärkt werden, autonom und unabhängig in die Welt zu preschen, legen wir unseren Töchtern – oft unbewusst – ans Herz, für andere da zu sein, sich anzupassen und ihr Glück in Beziehungen zu finden. Spätestens im Laufe der Pubertät erfahren junge Mädchen aber, wie genau dieses Verhalten plötzlich abgewertet wird und gesellschaftlich weniger Anerkennung erntet als das der Jungen. Dieser Bruch in der eigenen Erfahrungswelt führt dazu, dass an zahllosen Frauen auch später noch latent ein Gefühl nagt, grundverkehrt im Leben zu stehen.[7]

Es gibt viele Stimmen, die heute genau dieses vage Gefühl von Frauen, ihr Leben falsch anzugehen, auch noch befeuern: Wir müssen nur in unsere jüngste Emanzipationsdebatte hineinhorchen und wissen sofort, wovon hier die Rede ist. Da melden sich zwar durchaus Frauen zu Wort, allerdings fast nur, um wiederum anderen Frauen vorzuwerfen, wie diese leben: «Karriere-Barbies» wird auf jene geschimpft, die angeblich zu fixiert auf die berufliche Erfolgsschiene sind.[8] Das «Heimchen am Herd» sind dann die anderen, die vermeintlich 40 Jahre Gleichberechtigung in häuslicher Höhle und munterer Kinderschar verpennt hätten.

Müssen wir uns eigentlich noch fragen, warum sich viele Frauen inzwischen selbst nicht mehr sicher sind, wo eigentlich ihre eigenen Bedürfnisse beginnen – und wo der Forderungskatalog der anderen? Wenn statistische Erhebungen uns zeigen, dass Männer mit ihrem Leben weitaus zufriedener sind als Frauen, dann liegt dies vermutlich insbesondere an einem Umstand: Das männliche Rollenverständnis mag sich inzwischen gewandelt haben, aber es ist heute «bei Weitem nicht so erschüttert wie das der Frauen».[9] Die Journalistin Kerstin Kullmann brachte es einmal etwas flapsig auf den Punkt: «Für junge Männer ist Gleichberechtigung oft eine abstrakte Frage, die sie so selbstverständlich mit ‹Ja gerne!› beantworten wie die Frage, ob man ihnen ein Bier aus dem Keller mitbringen soll.»[10] Für Frauen stellt diese Sache eine wesentlich größere Herausforderung dar.

Längst wird der Ruf nach «mehr Jungenförderung» lauter und lauter und es wird gemahnt, wir sollten uns doch lieber um unsere Buben und deren Bedürfnisse kümmern, weil unsere Mädels – als Musterschülerinnen und Einserkandidatinnen in den Schulen – schon auf ausgesprochen starkem Fuße stünden. Doch da liegen wir falsch. Es ist zwar so, dass auch Jungen viel zu kurz kommen, wenn es darum geht, Heranreifende beiderlei Geschlechts darin zu unterstützen und zu bestärken, uralte Klischees und Rollenbilder von Mann und Frau zu hinterfragen und abzustreifen, doch genau diese rollenspezifischen Zumutungen sind für Mädchen de facto kein bisschen schwächer geworden. Inmitten der boomenden Geschlechterstereotypen in den Medien, der Werbung und den Spielzeugkisten von heute muss es uns also weiterhin ein Anliegen bleiben, unseren Töchter den Rücken zu stärken, deutliche Grenzen zu ziehen und «Nein» zu sagen, wo andere etwas von ihnen erwarten, was sie selbst gar nicht wollen.

Was will ich selbst?

Eve Ensler führte mit einem Bühnenprojekt vor Augen, wie man es anstellen kann, dass Mädchen mehr Vertrauen in das gewinnen, was sie selbst fühlen, denken und wahrnehmen. Die Amerikanerin ist als Frauenrechtlerin bekannt und wurde weltweit durch ihre «Vagina-Monologe» berühmt, ein Stück, in dem Frauen offen über Sex, Gewalt und ihre Beziehungserfahrungen sprechen. «I am an Emotional Creature» wendete sich als Theaterprogramm im Jahr 2011 dann den jüngeren Mädchen zu und gab diesen die Möglichkeit, sich über ihre Wünsche und Ängste zu äußern. Dabei geht es in den vorgetragenen Texten um Dinge, die einen wütend oder auch neugierig machen, um «zu kurze» Röcke oder «zu hässliche» Nasen, Verstand und Gefühle. Man erlebt die Mädchen dabei, zu erspüren, wo Angepasst-Sein und Gefallen-Wollen auch durchaus Spaß machen können, wo daneben aber ein Aus-der-Rolle-Fallen dringend angebracht wäre, um eigene Ansprüche zu behaupten.[11]

Auf den ersten Blick scheint es merkwürdig, dass die jungen Mädchen dabei mit einer Botschaft ins helle Bühnenlicht treten, die doch gar nicht typischer «weiblich» sein könnte: «Ich bin ein emotionales Wesen.» Doch genau hier setzt Enslers Methode an, den Mädchen das Gefühl zurückzugeben, so sein zu können, wie sie selbst gerne sein möchten. Die Mädchen sollen eben nicht dazu bewogen werden, ihre Selbstbilder gleich wieder zu hinterfragen, sondern darin bestärkt werden, aus diesen heraus aktiv zu werden. Ensler fordert sie dazu auf, in sich hineinzuhorchen und selbst festzustellen, was da in welcher Weise Resonanz findet – oder eben auch nicht, weil es mit der eigenen «inneren Stimme» möglicherweise gar nicht so d'accord geht, wie man dachte.

Ensler erntete für dieses Projekt Kritik, indem einige es als nicht ernst zu nehmende «Urschreitherapie» zur Bestärkung junger Frauen abtun wollten. Doch im Grunde ist der Ansatz Enslers auch in der sozialpädagogischen Mädchenarbeit zu entdecken, denn auch diese weiß längst, dass es nicht um ein «falsch verinnerlicht» oder «richtig gelebt» gehen kann, sondern nur darum, dass Mädchen für sich selbst aktiv werden und lernen, bewusster zu entscheiden, wo es ein Gewinn für sie sein könnte, ihre eigene Weiblichkeit zu entdecken und auszuleben – und wo nur Zwang herrscht, eine weibliche Norm zu erfüllen und eigene Ambitionen dabei zu vernachlässigen.[12]

Es ist keine einfache Sache, dies herauszufinden. Auch für erwachsene Frauen nicht. Auch diese stehen immer wieder vor der Frage, was ihnen wichtiger ist: um jeden Preis schön sein oder sich auch mit fettigen Haaren vor die Tür wagen? In Muttergefühlen aufgehen oder auf berufliche Ziele pochen? Für *ihn* ans Ende der Welt ziehen oder bei *sich* bleiben – und sich trennen? In einem Artikel in der *Frankfurter Allgemeinen Zeitung* brachte die Journalistin Antonia Baum das alles auf den Punkt: «Woher weiß man, was der eigene Menschenwunsch und was der eingeflüsterte Geschlechter-Performanz-Wunsch ist?»[13] Die Antwort darauf hat niemand. Die meisten Frauen werden, wenn sie tief in sich hineinhorchen, dort vermutlich eher auf innere Ambivalenzen und Konflikte stoßen als auf ein eindeutiges Echo. Denn schließlich ticken viele ihrer Bedürfnisse wirklich oft *typisch weiblich*, aber nicht immer und bei allen gehen diese Bedürfnisse deshalb auch in weiblichen Rollenzuweisungen auf. Es ist wichtig, dass Frauen das zu einem gesellschaftlichen Thema machen, dass sie die Konflikte, die sich in ihrem «Frausein» auftun, besser nach außen tragen – sowohl an ihre Lebenspartner heran als auch in die Debatte hinein, wie «Frausein» heute gehen könnte.

Dieses Buch zeigt, dass die Lebensrealität, in der Frauen sich zahlreich wiederfinden, keineswegs nur deren persönliches Problem ist, sondern auch von Bedeutung dafür, wie wir Chancengleichheit verwirklicht sehen. Da Frauen dazu neigen, bereits in Mädchenjahren ihre eigene Stimme zu dämpfen, wäre sicherlich schon viel gewonnen, wenn unsere Gesellschaft das Wort von Frauen ernster nehmen würde, als es derzeit de facto geschieht – und dies möglichst auch in den Momenten, in denen es nicht nur darum geht, eine Frau gegen die andere auszuspielen und sogenannte «Zickenkriege» zu goutieren. Egal, welche Bedürfnisse und Belange von einer Frau angemeldet werden, unsere Geschlechterdebatte verträgt es, sich in einer Vielfalt von Stimmen zu bewegen. Denn Gleichberechtigung fängt erst da an, wo Frauen genauso viel Stimmengewicht, Raum, Lautstärke und nuancenreiche Töne zugestanden werden wie Männern. Dass wir hier noch lange nicht angekommen sind, dürfte an dieser Stelle längst klar sein.

«Das muss ein Ende haben»

Dass es auch zukünftig kein leichtes Spiel sein wird, sich als Frau öffentlich und ernsthaft Gehör zu verschaffen, zeigte sich, als im September 2014 Emma Watson vor den Vereinten Nationen eine bewegende Rede hielt, in der sie Männer dazu einlud, sich für die Gleichberechtigung der Geschlechter einzusetzen.[14] Die Schauspielerin sprach als UN-Botschafterin der Kampagne «He for She» darüber, wie sie selbst erfuhr, mit welcher Macht uns stereotype Rollenbilder einschränken und uns die Freiheit nehmen, wir selbst zu sein. «Sowohl Frauen als auch Männer sollten sensibel sein dürfen. Sowohl Frauen als auch Männer sollten stark sein dürfen.» Eigentlich klingt das völlig selbstverständlich, doch bereits als 8-Jährige habe die Schauspielerin, die aus «Harry Potter»-Filmen bekannt ist, zu spüren bekommen, wie sie daheim dafür gerügt wurde, dass sie bei

Theateraufführungen Regie führen wollte – und damit als herrisch galt, die Jungen neben ihr aber nicht. Sie habe im Alter von 14 Jahren erlebt, wie sie von Teilen der Medien sexualisiert wurde, wie gleichaltrige Freundinnen aus einem Sportverein austraten, um nicht «zu muskulöse Körper» zu bekommen, und wie später, als sie 18 Jahre alt war, ihre Boyfriends sich schwertaten, über Gefühle zu sprechen. Während all das Emma Watson dazu bewogen hat, sich zum Feminismus zu bekennen, wurde ihr in der vergangenen Zeit als UN-Kampagnenbotschafterin allmählich immer klarer, dass der Kampf für Frauenrechte gleichgesetzt wird mit Männerhass. Watson sprach hier deutliche Worte: «Das muss ein Ende haben.»

Für ihren Auftritt erntete die Schauspielerin zwar zunächst tosenden Beifall aller Zuhörenden im Saal, jedoch auch denkwürdige Reaktionen in den Medien: «Nett», «niedlich», «ein süßer Overkill» – so lautete ein Echo aus seriöser Feder. Es wurden viele Worte darum gemacht, wie aufgeregt Watson war und wie ihre Stimme zitterte und wie «tapfer sie sich dennoch ein Herz fasste», ihre Brandrede in den Raum zu stellen.[15] Einfach nur «rührend» dieser Auftritt?[16] Niemand ließ unbeachtet, dass sich tatsächlich erstaunlich viele Menschen von diesem feministischen Plädoyer stark angesprochen fühlten und es gerade in sozialen Netzwerken ungemein gehypt wurde, doch stieß Watsons Rede auch auf aggressive Gegenwehr und laute Drohgebärden. Bemerkenswert ist, dass insbesondere Teenager ausgesprochen hellhörig auf den Wortbeitrag reagierten, obwohl das Thema der Gleichberechtigung bei vielen sonst eher als uncool gilt. Watson hatte also durchaus einen Tonfall gefunden, der einschlug. Und trotzdem wurde in einigen Berichten an den Rand gedrängt, was Watsons eigentliche Botschaft und der scharfe Stachel ihres Anliegens war: dass wir aufhören müssten, in einer Frau nur typisch «weibliche Zartheit» zu sehen und in Männern den stets «männlich harten» Kern.

Es ist noch immer so, dass Forderungen von Frauen schnell untergehen können, doch Frauen sollten sich davon nicht abhalten lassen, dennoch vorzubringen, was sie zu sagen haben. Im Zweifelsfall geben dann die Reaktionen darauf von allein zu erkennen, wie eng – aller gelobten Gleichstellung beider Geschlechter zum Trotz – die Spielräume für Frauen selbst heute, selbst hierzulande, noch sind. Sich das bewusst zu machen, ist ein vielversprechender Anfang.

6. Schlusswort

Wir haben gesehen, wie sehr wir als Frauen noch auf der Stelle treten, unsere eigenen Bedürfnisse hintanstellen und unsere innere Stimme bereits in jungen Jahren zum Schweigen bringen. Wir haben aufgezeigt, wie mächtig die Bilder sind, die die Medien verbreiten, indem sie unablässig sexy, schlanke und hübsche Frauen in den Vordergrund stellen. Wir haben dargelegt, wie in all unseren Köpfen Vorstellungen von Weiblichkeit regieren, die Mädchen zu braven, angepassten Frauen erziehen, die sich bereitwillig in die zweite Reihe fügen und den Männern die Spielwiesen überlassen. Wir haben erkenntlich gemacht, wie eindimensional – und hier und da sogar einfältig – immer noch über Frauen gedacht wird.

Wenn wir es ernst meinen mit der Emanzipation, reichen die Frauenquote, der Ausbau der Kita-Plätze und der jährliche «Girls' Day» nicht aus. Vielmehr müssen wir unsere Denkweisen gehörig ausmisten und die Bilder in unseren Köpfen neu besetzen: mit Frauen, die sowohl fürsorglich als auch fordernd, neben passiv auch aktiv und nicht nur leise, sondern auch laut sein dürfen. Wir dürfen als Gesellschaft den Mädchen, jungen und erwachsenen Frauen nicht durch die Hintertür veraltete Rollenmodelle aufnötigen und sie durch stereotype Geschlechterklischees einschränken. Stattdessen müssen wir Mädchen darin bestärken, ihre Möglichkeiten und ihr Aktionsfeld zu erweitern und sämtliche Potenziale auszuschöpfen. Das wird nicht von heute auf morgen geschehen können, doch viele kleine Schritte und Aktionen wie die von «Pinkstinks» oder «Camera Shy» weisen in die richtige Richtung. Wesentlich ist hierbei vor allem die Erkenntnis, warum Frauen bislang so zurückhaltend agieren, obwohl sie anderes vorhatten mit ihrem Leben. Das Wissen darüber, wie uns Klischees und Geschlechterstereotype von frühester Kindheit an bremsen, ist der Grundstein für Veränderung. Wenn dieses Buch dazu beitragen konnte, ein wenig Licht ins Dunkel zu bringen, hat es seinen Zweck erreicht.

Die Zeit ist reif, sich von einer «Typisch Mädchen»-«Typisch Junge»-Kategorisierung zu verabschieden. Wir alle müssen diese Haltungen abschütteln – Männer und Frauen. Wir brauchen keine Frauenbratwürste, keine Bücher, die uns erklären, dass Frauen nicht rückwärts einparken können, niemanden, der uns glauben lässt, wir würden unsere Weiblichkeit einbüßen, weil wir unsere beruflichen Träume verfolgen und unsere Kinder vom Vater oder der Tagesmutter betreuen lassen. Fußballerinnen müssen sich nicht sexy herausputzen und Make-up auflegen, nachdem sie erfolgreich ein Spiel absolviert haben – nur um der Welt zu beweisen, dass sie trotzdem noch ganz Frau sind.

Wir danken dem Verlag C.H.Beck dafür, dass er an dieses Buch glaubte und es uns damit ermöglichte, ein breites Publikum anzusprechen. Wir danken unserer Lektorin Daniela Riepe für wertvollen Input und die stets fruchtbare Zusammenarbeit. Nicht minder dankbar sind wir unseren Partnern, Jonas und Markus, die uns in lebhaften Diskussionen hartnäckig Paroli boten und damit das Beste aus uns herausgekitzelt haben. Danken müssen und wollen wir auch unseren Kindern, die in den letzten Monaten viel über «Mädchenfallen» hören mussten und geduldig warteten, bis ihre Mütter wieder für anderes ansprechbar waren als für «die Frauenfrage». Zu guter Letzt gilt unser Dank all jenen Frauen, die dafür kämpfen, dass weibliche Ziele und Ambitionen ungeachtet von Klischees verfolgt werden können. Weiter so. Nicht nachlassen.

Anmerkungen

Vorwort

1 Soraya Chemaly: «Warum niemand Frauen zuhört, aber Männern schon». In: Huffington Post, 5. 7. 2014, http://www.huffingtonpost.de/soraya-chemaly/warum-niemand-frauen-zuho_b_5557772.html.

2 Vgl. Johannes König, Christine Wagner und Renate Valtin: «Jugend – Schule – Zukunft. Psychosoziale Bedingungen der Persönlichkeitsentwicklung. Ergebnisse der Längsschnittstudie AIDA». 2011, insbesondere S. 416–426.

3 Vgl. Nadine Lange: «Fußballerinnen in der Nachschminkzeit». In: Der Tagesspiegel-Online, 12. 6. 2014, http://www.tagesspiegel.de/kultur/vor-der-wm-fussballerinnen-in-der-nachschminkzeit/4278166.html.

4 Wie zum Beispiel in Theresa Bäuerlein und Friederike Knüpling: «Die Tussikratie. Warum Frauen nichts falsch und Männer nichts richtig machen können». 2014 oder in Julia Korbik: «Stand Up. Feminismus für Anfängerinnen und Fortgeschrittene». 2014.

5 Simone de Beauvoir: «Das andere Geschlecht. Sitte und Sexus der Frau». 1987, S. 8.

1. Das große Rätseln

1 Auf ZDFneo wurde die erste Staffel der Fernsehserie «Mad Men» von Oktober 2010 an auf Deutsch ausgestrahlt. Zitiert nach: Jörg Lau: «Was wollen Frauen? – Wen kümmert's? Über die geniale TV-Sendung Mad Men». In: Zeit-Online, 12. 1. 2010, http://blog.zeit.de/joerglau/2010/01/12/was-wollen-frauen-wen-kummerts-uber-die-geniale-tv-serie-mad-men_3370.

2 Vgl. ausführlicher hierzu Cordelia Fine: «Die Geschlechterlüge. Die Macht der Vorurteile über Mann und Frau». 2012, S. 108 f.

3 Zitiert nach: Linus Schöpfer: «Ja, diese Sendung ist frauenfeindlich». In: Tagesanzeiger-Online, 13. 9. 2011, http://www.tagesanzeiger.ch/kultur/fernsehen/Ja-diese-Serie-ist-frauenfeindlich/story/23516128.

4 Vgl. etwa Meike Winnemuth: «Wer braucht eigentlich Tussi-Technik?». In: Cosmopolitan-Online, ohne Datum, http://www.cosmopolitan.de/lifestyle/kultur/a-25565/-tussi-technik.html. Vgl. weiterhin zum 2009 lancierten Online-Portal «Della» etwa Katharina Borchert: «Dell, Della, am Dollsten». In: WAZ-Online, 22. 5. 2009, http://www.derwesten.de/waz-info/dell-della-am-dollsten-id323914. html.

5 Vgl. hierzu auch Daniela Otto: «Verrückt nach bösen Männern. Warum Frauen Mad Men lieben». Auf der Website der Zeitschrift Medienobservationen, 21. 11. 2012, S. 5, www.medienobservationen. uni-muenchen.de/tv.htm.

6 Hella von Sinnen, zitiert nach: «Eine echt starke und taffe Frau». Interview in: CityNEWS-Online, 26. 3. 2014, http://www.citynews-koeln.de/hella-frauen-sinnen-citynews-interview-klischee-_id9942. html.

7 Christine Hohwieler: «Wir sind schön genug!» In: Brigitte Women Heft 2, 2013, S. 37.

2. Starke Frauen, schwache Bilanz

2.1. Die nackten Fakten

1 Antje Lorenz: «Neue GM-Chefin Mary Barra verdient nur halb so viel wie ihr Vorgänger». Veröffentlicht auf N24.de am 5. 2. 2014, http://www.n24.de/n24/Nachrichten/n24-netzreporter/d/4234404/neue-gm-chefin-mary-barra-verdient-nur-halb-so-viel-wie-ihr-vorgaenger. html.

2 Vgl. Institut für Demoskopie Allensbach und BILD der FRAU (Hrsg.): «Der Mann 2013. Arbeits- und Lebenswelten – Wunsch und Wirklichkeit». Studie, 2013, S. 3 ff. Vgl. auch Benedikt Peters: «Traditionelle Geschlechterrollen werden wieder beliebter». In: Der Tagesspiegel-Online, 5. 10. 2013, http://www.tagesspiegel.de/weltspiegel/zurueck-an-den-herd-traditionelle-geschlechterrollen-werden-wieder-beliebter/8888966.html.

3 Dorothee Krings: «Die Zukunft gehört den Frauen». In: Rheinische Post-Online, 19. 1. 2013, http://www.rp-online.de/kultur/die-zukunft-gehoert-den-frauen-aid-1.3140274.

4 Bettina Weiguny: «Die Powerfrauen erobern Davos». In: Frankfurter Allgemeine Zeitung-Online, 27. 1. 2013, http://www.faz.net/aktuell/wirtschaft/weltwirtschaftsforum/weltwirtschaftsforum-die-power-frauen-erobern-davos-12040648.html.

5 Vgl. Ricardo Hausmann, Laura D. Tyson und Saadia Zahidi: «Global Gender Gap Report 2012». Bericht des Weltwirtschaftsforums. 2012. Oder auch vgl. Ileana Grabitz: «Deutschland rutscht bei der Gleichstellung ab». In: Die Welt-Online, 24. 10. 2012, http://www.welt.de/wirtschaft/karriere/article110183729/Deutschland-rutscht-bei-der-Gleichstellung-ab.html.

6 Vgl. ohne Angabe des Verfassers: «Islands Frauen als Vorbilder». In: Süddeutsche Zeitung-Online vom 25. 10. 2013, http://www.sueddeutsche.de/panorama/gleichstellungsbericht-des-weltwirtschaftsforums-islands-frauen-als-vorbilder-1.1803763. Vgl. auch Ricardo Hausmann, Laura D. Tyson und Yasmina Bekhouche: «Global Gender Gap Report 2013». Bericht des Weltwirtschaftsforums, 2013.

7 Vgl. Kerstin Bund: «Nicaragua vor Deutschland». In: Zeit-Online, 2. 11. 2012, http://www.zeit.de/2012/44/Weltwirtschaftsforum-Arbeitsmarkt-Frauen.

8 Vgl. Organisation für wirtschaftliche Zusammenarbeit und Entwicklung (OECD) (Hrsg.): «Gleichstellung der Geschlechter – Zeit zu handeln». Studie, 2012. Oder auch: Ulrike Heidenreich: «Deutschland ganz unten». In: Süddeutsche Zeitung-Online, 18. 12. 2012, http://www.sueddeutsche.de/karriere/oecd-studie-deutschland-ganz-unten-1.1553035.

9 Vgl. z. B. Sibylle Haas: «Deutschland weist Europas größte Lohnlücke auf». In: Süddeutsche Zeitung-Online, 5. 3. 2014, http://www.sueddeutsche.de/karriere/verdienst-von-maennern-und-frauen-deutschland-weist-europas-groesste-gehaltsluecke-auf-1.1904669.

10 Gern wird die sogenannte Gender Pay Gap (also die Lohnkluft zwischen den Geschlechtern) damit erklärt, dass Frauen zu selten Männerberufe ergreifen, die oft besser bezahlt sind. Das ist allerdings eine verkürzende Erklärung, weil hier auch zahlreiche andere Faktoren hineinspielen, die letztlich alle mehr oder minder mit Rollenbildern zu tun haben. So sind etwa auch die Effekte von Teilzeitarbeit und Elternzeit, die Frauen auf sich nehmen, entscheidend, daneben aber auch die Tatsache, dass Frauen seltener als Männer befördert werden – und oft weniger Gehalt bekommen. Vgl. hierzu etwa: ohne Angabe des Verfassers: «Weibliche Chefs verdienen weniger». In: Frankfurter Allgemeine Zeitung-Online, 5. 9. 2012, http://www.faz.net/aktuell/beruf-chance/recht-und-gehalt/diskriminierung-weibliche-chefs-verdienen-weniger-11879878.html. Vgl. auch Kapitel 2.3 in diesem Buch.

11 Vgl. Martin Greive: «Frauen verdienen nur halb so viel wie Männer». In: Die Welt-Online, 26. 8. 2014, http://www.welt.de/wirtschaft/ar-

ticle131620693/Frauen-verdienen-nur-halb-so-viel-wie-Maenner.
html.

12 Juli Zeh, zitiert nach: Mareen Linnartz: «Beim Thema Kind denkt jeder, er dürfe mitreden». Interview mit der Schriftstellerin. In: Nido-
Magazin, Heft 2, 2013, S. 55.

13 Antonia Baum: «Töchter einer Revolution». In: Frankfurter Allgemeine Zeitung-Online, 26. 12. 2012, S. 1 f., http://www.faz.net/aktuell/
feuilleton/feminismus-toechter-einer-revolution-12002763.html.

14 Malte Welding: «Schatz, was trägst du denn so schwer?» In: Berliner
Zeitung-Online, 4. 12. 2010, http://www.berliner-zeitung.de/archiv/
die-frau-ist-der-packesel-der-emanzipation--erkenntnisse-eines-
mannes-schatz--was-traegst-du-denn-so-schwer-,10810590,10758366.
html.

15 Dass es genau so ist, zeigt detailreich eine Studie (und nicht nur
diese) auf, die vom Bundesfamilienministerium in Auftrag gegeben
wurde. Diese konnte beobachten: «Unabhängig davon, ob erwerbs-
tätige Mütter viel verdienen oder wenig, einen hohen oder niedri-
gen Bildungsgrad haben, ob sie in Leipzig oder Frankfurt am Main
leben, die Hauptlast der Familienarbeit liegt auf ihren Schultern,
und zwar auch dann, wenn sie 40 Stunden pro Woche und mehr
erwerbstätig sind.» Und weiter: «Selbst in den Fällen, in denen
Mütter den überwiegenden Teil des Haushaltsnettoeinkommens
durch ihre Erwerbsarbeit verdienen– also in der Rolle der ‹Familie-
nernährerin› sind–, erfahren sie in der Mehrheit durch ihren Partner nur wenig Entlastung im Haushalt und bei der Kindererziehung.» Bundesministerium für Familie, Senioren, Frauen und Jugend (Hrsg.): «Erster Gleichstellungsbericht. Neue Wege – Gleiche
Chancen. Gleichstellung von Frauen und Männern im Lebensverlauf». 2011, S. 174 ff.

16 Laurie Penny, zitiert nach: Antonia Baum: «Töchter einer Revolution». In: Frankfurter Allgemeine Zeitung-Online, 26. 12. 2012, http://
www.faz.net/aktuell/feuilleton/feminismus-toechter-einer-
revolution-12002763.html. Von der Engländerin ist ein Buch erschienen, das aufmuntern möchte, dieses Muster nicht für unabänderlich
und in Stein gemeißelt zu halten: Laurie Penny: «Fleischmarkt. Weiblicher Körper im Kapitalismus». 2012.

17 Vgl. Deutsches Institut für Wirtschaftsforschung (DIW) (Hrsg.):
«Manager-Barometer». 2013. Vgl. hier auch: ohne Angabe des Verfassers: «Weibliche Chefs verdienen weniger». In: Frankfurter Allgemeine Zeitung-Online, 5. 9. 2012, http://www.faz.net/aktuell/beruf-

chance/recht-und-gehalt/diskriminierung-weibliche-chefs-verdienen-weniger-11879878.html.

18 Tina Hildebrandt und Elisabeth Niejahr: «Was haben diese Frauen bloß gegen diese Frau?» In: Zeit-Online, 6. 6. 2012, http://www.zeit. de/2012/24/Frauen.

19 Carsten Brönstrup und Antje Sirleschtov: «Verbändeland in Männerhand». In: Der Tagesspiegel, 18. 3. 2014, S. 12.

20 Anonym, zitiert nach: Brönstrup u. Sirleschtov: «Verbändeland in Männerhand», wie Anm. 19. Siehe auch Alfons Frese: «Allein unter Männern». In: Der Tagesspiegel-Online, 10. 2. 2008, http://www.tagesspiegel.de/wirtschaft/gesamtmetall-allein-unter-maennern/1162340. html.

21 Barbara Hans: «Die Meinungsmacker». In: Spiegel-Online, 30. 3. 2012. http://www.spiegel.de/panorama/gesellschaft/mehrheit-der-leitartikel-wird-von-maennern-geschrieben-a-824372.html. Das hier erwähnte Ergebnis kam auch nur dank der vielen weiblichen Stimmen der tageszeitung (taz) zustande: «Rechnet man sie und ihre zahlreichen Kommentarschreiberinnen heraus, bieten die großen deutschen Tageszeitungen in nur 14 Prozent der Fälle eine weibliche Sicht.»

22 Vgl. Brigitta M. Schulte: «Media-Monitoring. Ergebnisse national». 2010, S. 1. Zusammenfassung der Ergebnisse des Gender Media Monitoring Project für Deutschland. Veröffentlicht auf der Website des Journalistinnenbunds, https://www.journalistinnen.de/journalistinnenbund/projekte/gmmp/gmmp-beitrag-lesen/items/media-monitoring-wer-macht-die-nachrichten-177.html.

23 Schulte: «Media-Monitoring. Ergebnisse national». 2010, wie Anm. 22, S. 2.

24 Swantje Dake: «Das deutsche Frauen-Dilemma». In: Stern-Online, 8. 3. 2012, http://www.stern.de/politik/deutschland/oecd-studie-zu-lohngefaelle-das-deutsche-frauen-dilemma-1796819.html.

25 Vgl. Bascha Mika: «Die Feigheit der Frauen. Rollenfallen und Geiselmentalität. Eine Streitschrift wider den Selbstbetrug». 2011.

26 Vgl. Kristina Schröder und Caroline Waldeck: «Danke, emanzipiert sind wir selber! Abschied vom Diktat der Rollenbilder». 2012.

27 Caren Miosga, zitiert nach: ohne Angabe des Verfassers: «Caren Miosga. ‹In der Tagesthemen-Woche triffst du niemanden außer den Kollegen und deiner Pflanze im Büro›». In: FinanzNachrichten.de, 10. 12. 2013, http://www.finanznachrichten.de/nachrichten-2013–12/28849296-caren-miosga-in-der-tagesthemen-woche-triffst-du-niemanden-ausser-den-kollegen-und-deiner-pflanze-im-buero-007.htm.

28 Vgl. Christine Hoffmann: «Alles schläft, Mutti wacht». In: Der Spiegel, Heft 39, 2013, S. 32.

29 Vgl. Iris Radisch: «Mädel oder Mutti». In: Zeit-Online, 2.10.2013, http://www.zeit.de/2013/41/rollenbilder-frauen-medien-politik.

30 Evelyn Roll: «Die Kanzlerin und die Macht: Glück gehabt, die Kleine!» In: Süddeutsche Zeitung-Online, 29.5.2012, http://www.sueddeutsche.de/politik/kanzlerin-merkel-und-die-macht-glueck-gehabt-die-kleine-seltsame-frisur-1.1368759.

2.2. Verschenkte Potenziale oder Spagat auf High Heels

1 Christina Bylow: «Altersarmut. Warum das Geld später nicht reichen wird». In: Brigitte woman, Heft 4, 2014, via http://woman.brigitte.de/leben-lieben/beruf-gesellschaft/altersarmut-1192461.

2 Frauke Hunfeld und Andrea Rungg: «Wir müssen reden!» In: Stern, 24.4.2014, S. 47.

3 Vgl. Hunfeld u. Rungg: «Wir müssen reden», wie Anm. 2. Dazu ausführlicher Christina Bylow und Kristina Vaillant: «Die verratene Generation. Was wir den Frauen in der Lebensmitte zumuten». 2014, S. 59 ff.

4 Vgl. Organisation für wirtschaftliche Zusammenarbeit und Entwicklung (OECD) (Hrsg.): «Gleichstellung der Geschlechter – Zeit zu handeln». 2012. Dazu auch Ulrike Heidenreich: «Deutschland ganz unten». In: Süddeutsche Zeitung-Online, 18.12.2012, http://www.sueddeutsche.de/karriere/oecd-studie-deutschland-ganz-unten-1.1553035.

5 Vgl. Bundesministerium für Familie, Senioren, Frauen und Jugend (Hrsg.): «Erster Gleichstellungsbericht. Neue Wege – Gleiche Chancen. Gleichstellung von Frauen und Männern im Lebensverlauf». 2011, S. 111 ff.: «Misst man statt der Erwerbstätigenquote die Entwicklung der Frauenerwerbstätigkeit in Vollzeitäquivalenten, so lässt sich seit Langem eine Stagnation verzeichnen. Die erhöhte Frauenerwerbstätigkeit ist also mit einer Umverteilung der Erwerbstätigkeit unter Frauen einhergegangen». Vgl. hierzu auch S. 114 u. S. 238 des Gleichstellungsberichts 2011.

6 Vgl. Bundesministerium für Familie, Senioren, Frauen und Jugend (Hrsg.): «Erster Gleichstellungsbericht». 2011, wie Anm. 5, S. 153.

7 Vgl. Bundesministerium für Familie, Senioren, Frauen und Jugend (Hrsg): «Erster Gleichstellungsbericht». 2011, wie Anm. 5, S. 115 ff. (zu Abwärtseffekten von Teilzeitarbeit) und S. 141 ff. (zu den Niedriglöhnen von Frauen).

8 Vgl. Bundesministerium für Familie, Senioren, Frauen und Jugend (Hrsg.): «Erster Gleichstellungsbericht» 2011, wie Anm. 5, S. 122 sowie die Zahlen von 2010, die hier zur Elternzeit der Männer genannt werden, in: «Gleichstellungsbericht im Fokus. Thematische Fact-Sheets zum ersten Gleichstellungsbericht der Bundesregierung». Veröffentlicht auf der Website der Frauenhofer-Gesellschaft: http:\\ www.frauenhofer.de/content/dam/zv/de/ueber-frauenhofer/Geschäftsstelle%20Gleichstellung/Gleichstellungsbericht_Factsheets_2011–11-02.pdf.

9 Bundesministerium für Familie, Senioren, Frauen und Jugend (Hrsg.): «Erster Gleichstellungsbericht». 2011, wie Anm. 5, S. 120.

10 Bundesministerium für Familie, Senioren, Frauen und Jugend (Hrsg.): «Erster Gleichstellungsbericht». 2011, wie Anm. 5, S. 7.

11 Bundesministerium für Familie, Senioren, Frauen und Jugend (Hrsg.): «Erster Gleichstellungsbericht». 2011, wie Anm. 5, S. 80.

12 Vgl. Jutta Allmendinger: «Verschenkte Potenziale? Lebensverläufe nicht erwerbstätiger Frauen». 2010, S. 110 sowie 145 f.

13 Hunfeld u. Rungg: «Wir müssen reden», wie Anm. 2, S. 48.

14 Bundesministerium für Familie, Senioren, Frauen und Jugend (Hrsg.): «Erster Gleichstellungsbericht». 2011, wie Anm. 5, S. 121.

15 Christina Bylow und Kristina Vaillant: «Die verratene Generation: Was wir den Frauen in der Lebensmitte zumuten». 2014, S. 10.

16 Vgl. Hunfeld u. Rungg: «Wir müssen reden», wie Anm. 2, S. 46.

17 Vgl. Bundesministerium für Familie, Senioren, Frauen und Jugend (Hrsg.): «Erster Gleichstellungsbericht». 2011, wie Anm. 5, S. 174.

18 Till-R. Stoldt: «Männer lassen noblen Worten kaum Taten folgen». In: Die Welt-Online, 1. 12. 2014, http://www.welt.de/regionales/koeln/article124413142/Maenner-lassen-noblen-Worten-kaum-Taten-folgen.html.

19 Bundesministerium für Familie, Senioren, Frauen und Jugend (Hrsg.): «Erster Gleichstellungsbericht». 2011, wie Anm. 5, S. 114.

20 Vgl. Bundesministerium für Familie, Senioren, Frauen und Jugend (Hrsg.): «Erster Gleichstellungsbericht». 2011, wie Anm. 5, S. 127.

21 Bundesministerium für Familie, Senioren, Frauen und Jugend (Hrsg.): «Erster Gleichstellungsbericht». 2011, wie Anm. 5, S. 91.

22 Bundesministerium für Familie, Senioren, Frauen und Jugend (Hrsg.): «Erster Gleichstellungsbericht». 2011, wie Anm. 5, S. 176.

23 Bundesministerium für Familie, Senioren, Frauen und Jugend (Hrsg.): «Erster Gleichstellungsbericht». 2011, wie Anm. 5, S. 176.

24 Vgl. Bundesministerium für Familie, Senioren, Frauen und Jugend (Hrsg.): «Erster Gleichstellungsbericht». 2011, wie Anm. 5, S. 176.

25 Eine Beauftragte für Chancengleichheit auf dem Arbeitsmarkt, zitiert nach: Allmendinger: «Verschenkte Potenziale?» wie Anm. 12, S. 108.

26 Zit. n. Allmendinger: «Verschenkte Potenziale?», wie Anm. 12, S. 104.

27 Zit. n. Allmendinger: «Verschenkte Potenziale?», wie Anm. 12, S. 104.

28 Allmendinger: «Verschenkte Potentiale?», wie Anm. 12, S. 141.

2.3. Das Gleichstellungsparadox – über «Gehirnwäsche» und «Neurosexismus»

1 Zitate aus Harald Eia: «Gehirnwäsche: Das Gleichstellungsparadox». Veröffentlichung der Reportage «Hjernevask», ausgestrahlt am 1. 3. 2010 im norwegischen Fernsehsender NRK1, hier mit dt. Untertiteln auf: YouTube am 2. 7. 2013, http://www.youTube.com/watch?v=3Ofo-ZR8aZt4.

2 Vgl. Guido Kleinhubbert: «Irgendwas mit Tieren». In: Der Spiegel, Heft 39, 2018, S. 54 f. Zu den beliebtesten Ausbildungsberufen bei Frauen im Jahr 2013 vgl. etwa «Datenreport 2013. Ein Sozialbericht Deutschland», hrsg. von der Bundeszentrale für politische Bildung, dem Statistischen Bundesamt (Destatis), dem Wissenschaftszentrum Berlin (WZB) und dem Sozio-ökonomischen Panel (SOEP) des Deutschen Instituts für Wirtschaftsforschung (DIW Berlin).

3 Vgl. Ann-Christin Hausmann und Corinna Kleinert: «Berufliche Segregation auf dem Arbeitsmarkt: Männer- und Frauendomänen kaum verändert». IAB-Kurzbericht Ausgabe 9, 2014, hrsg. vom Institut für Arbeitsmarkt- und Berufsforschung (Forschungseinrichtung der Bundesagentur für Arbeit). Veröffentlicht auch auf der Homepage des Instituts (http://www.iab.de/764/section.aspx/Publikation/k140430301), insb. S. 4.

4 Vgl. z. B. ohne Angabe des Verfassers: «Studienfachwahl – typisch Mann, typisch Frau» (mit Zahlen des Statistischen Bundesamts zum Wintersemester 2012/13), http://www.studienwahl.de/de/orientieren/frau-im-studium.htm.

5 Vgl. Hausmann u. Kleinert: «Berufliche Segregation auf dem Arbeitsmarkt», wie Anm. 3.

6 Vgl. ohne Angabe des Verfassers «Frauen in technischen Berufen: Der Weg der Frauen – Von der Schule in den Job». In: Zeit Magazin, 24. 10. 2013. (Quelle der Zahlen hier: Bundesinstitut für Berufsbildung, Insti-

tut der deutschen Wirtschaft Köln und Statistisches Bundesamt u. a.), S. 78 f.

7 Oliver Koppel, zitiert nach: Friederike Lübke: «Mechatronik klingt vielleicht abschreckend». Interview in: Die Zeit, 4. 11. 2013, S. 78.

8 Wie etwa auch Anja Huth, Sprecherin der Bundesagentur für Arbeit, betont, vgl. Kleinhubbert: «Irgendwas mit Tieren», wie Anm. 2, S. 55.

9 Hausmann u. Kleinert: «Berufliche Segregation auf dem Arbeitsmarkt», wie Anm. 3, S. 5.

10 Vgl. hierzu etwa: Cordelia Fine: «Die Geschlechterlüge. Die Vorurteile über Mann und Frau». 2012, S. 158–167. Oder: Susan Pinker: «Das Geschlechterparadox. Über begabte Mädchen, schwierige Jungs und den wahren Unterschied zwischen den Geschlechtern». Lizenzausgabe für die Bundeszentrale für politische Bildung, 2008, S. 100 ff. Oder auch: Gisela A. Erler: «Schluss mit der Umerziehung. Vom artgerechten Umgang mit den Geschlechtern». 2012, S. 204 ff.

11 Vgl. Fine: «Die Geschlechterlüge», wie Anm. 10, 163 f.

12 Vgl. Pinker: «Das Geschlechterparadox», wie Anm. 10, S. 101 f.

13 Vgl. Svein Sjøberg und Camilla Schreiner: «The ROSE Project. An Overview and Key Findings». University of Oslo, March 2010. ROSE steht hier für «The Relevance of Science Education», http://rosepro-ject.no/network/countries/norway/eng/nor-Sjoberg-Schreiner-overview-2010.pdf

14 Vgl. hierzu die entsprechenden Grafiken bei Sjøberg u. Schreiner: «The ROSE Project», wie Anm. 13, S. 8 ff.

15 Vgl. Sjøberg u. Schreiner: «The ROSE Project», wie Anm. 13, S. 18.

16 Vgl. Sjøberg u. Schreiner: «The ROSE Project», wie Anm. 13, S. 20 und 22.

17 Svein Sjøberg, zitiert nach: ohne Angabe des Verfassers: «Von Werten und Alternativen». Interview mit Svein Sjøberg und Camilla Schreiner über die Ergebnisse des ROSE Projects. In: «Bildung: Wissenschaftlicher Unterricht neu belebt». research.eu, Magazin des europäischen Forschungsraums (Sonderausgabe Juni 2007), S. 9.

18 Vgl. Pinker: «Das Geschlechterparadox», wie Anm. 10.

19 Vgl. Susan Pinker, zitiert nach: Bettina Weiguny: «Vielen Frauen ist der Chefsessel nicht wichtig». Interview in: Frankfurter Allgemeine Zeitung-Online, 12. 1. 2010, http://www.faz.net/aktuell/beruf-chance/arbeitswelt/psychologin-susan-pinker-vielen-frauen-ist-der-chefsessel-nicht-wichtig-1612639.html.

20 Vgl. etwa Simon Baron-Cohen: «Vom ersten Tag an anders. Das weibliche und das männliche Gehirn», 2004. Zur Kritik an den Thesen des

Forschers siehe z. B. Christine Zunke: «Falsche Anthropologie der Differenz. Biologismus unter dem Label von Nicht-Sexismus». Online-Artikel veröffentlicht auf der Website des BdWi (Bund demokratischer Wissenschaftlerinnen und Wissenschaftler), 15. 12. 2004, http://www.bdwi.de/forum/archiv/archiv/97753.html.

21 Vgl. etwa Cordelia Fine und andere Forscherinnen, die hier von einem zusehends erstarkenden «Neurosexismus» sprechen, zitiert nach: Augusta Dachs: «Lesen aus der Gehirnstruktur». In: dieStandard.at, 12. 9. 2012, http://diestandard.at/1345166762901/Lesen-aus-der-Gehirnstruktur.

22 Oliver Koppel, zitiert nach: Friederike Lübke: «Mechatronik klingt vielleicht abschreckend». Interview in: Die Zeit, 4. 11. 2013, S. 79.

23 Camilla Schreiner, zitiert nach: ohne Angabe des Verfassers: «Von Werten und Alternativen», wie Anm. 17, S. 9.

24 Ursula Nuber: «Wer bin ich ohne dich? Warum Frauen depressiv werden und wie sie zu sich selbst finden». 2012, S. 139.

3. Persönliche Wendepunkte

3.1. Das Verstummen der Mädchen

1 So lautete der Spiegel-Titel der Ausgabe 24 in 2007.

2 Barbara Supp u. a.: «Mein Kopf gehört mir». In: Der Spiegel, Ausgabe 24, 2007, S. 56.

3 Meredith Haaf, Susanne Klingner und Barbara Streidl: «Wir Alphamädchen. Warum Feminismus das Leben schöner macht». 2008, S. 7.

4 Ohne Angabe des Verfassers: «Mädchen und Frauen sind Bildungsgewinner». In: Die Welt, 13. 4. 2013, S. 20.

5 Matthias Rumpf und Anja Karrasch: «Die Zukunft ist weiblich». In: Zeit-Online, 22. 7. 2004, http://www.zeit.de/2004/18/C-Forscherinnen.

6 Lisa Jervis: «Feminismus. Die dritte Welle?» In: Emma, Ausgabe Mai/Juni 2008 via www.emma.de.

7 Ein Schulmädchen, zitiert nach: Renate Valtin: «... weil ich im Stehen pinkeln kann». In: Der Tagesspiegel-Online, 2. 11. 2010, http://www.tagesspiegel.de/wissen/geschlechterstereotypen-weil-ich-im-stehen-pinkeln-kann/1971882.html.

8 Vgl. Johannes König, Christine Wagner, Renate Valtin: «Jugend – Schule – Zukunft. Psychosoziale Bedingungen der Persönlichkeitsentwicklung. Ergebnisse der Längsschnittstudie AIDA». 2011.

9 Heide Pilarczyk, zitiert nach: ohne Angabe des Verfassers: «Wie nett sind Frauen zueinander?». In: emotion, Ausgabe Mai, 2012, S. 37 f.

10 Vgl. Bettina Hannover: «Vom biologischen zum psychologischen Geschlecht. Die Entwicklung von Geschlechtsunterschieden». In: Alexander Renkl (Hrsg.): «Pädagogische Psychologie», 2008, S. 339–388. Sie stellt darin einen Überblick über eine Vielzahl von Forschungsergebnissen und Quellen dar (insbesondere S. 342 ff.).

11 Vgl. König, Wagner u. Valtin: «Jugend – Schule – Zukunft», wie Anm. 8, S. 423 ff., sowie Hannover: «Vom biologischen zum psychologischen Geschlecht», wie Anm. 10, S. 369 f.

12 Astrid Kaiser: «Wie Kinder sich ihre Zukunft vorstellen». In: Einblicke, Ausgabe 43, Frühjahr 2006, S. 10.

13 Es entstand ein ausführlicher Bericht, dargelegt in dem Buch: Carol Gilligan und Lyn Brown: «Die verlorene Stimme. Wendepunkte in der Entwicklung von Mädchen». 1997.

14 Brown u. Gilligan: «Die verlorene Stimme», wie Anm. 13, S. 29.

15 Elizabeth Debold: «Frauen auf dem Weg in die Zukunft. Führung jenseits von Ego». Interview mit dem Onlinemedium «Sein», 2013, http://www.sein.de/gesellschaft/zusammenleben/2013/frauen-auf-dem-weg-in-die-zukunft-fuehrung-jenseits-von-ego.html.

16 Brown u. Gilligan: «Die verlorene Stimme», wie Anm. 13, S. 243.

17 Eine Mutter, zitiert nach: Peggy Orenstein: «Starke Mädchen – brave Mädchen. Was sie in der Schule wirklich lernen». 2000, S. 96 f.

18 Vgl. Orenstein: «Starke Mädchen – brave Mädchen», wie Anm. 17, S. 60 ff.

19 Orenstein: «Starke Mädchen – brave Mädchen», wie Anm. 17, S. 12.

20 Zwei Schülerinnen, zitiert nach: Orenstein: «Starke Mädchen – brave Mädchen», wie Anm. 17, S. 59.

21 Ursula Nuber: «Wer bin ich ohne dich? Warum Frauen depressiv werden – und wie sie zu sich selbst finden». 2012, S. 140.

22 Vgl. Ute-Regina Roeder: «Selbstkonstruktion und interpersonale Distanz». Dissertation an der FU Berlin, November 2003, S. 17.

23 Hannover: «Vom biologischen zum psychologischen Geschlecht», wie Anm. 10, S. 368.

24 Ein Mädchen, zitiert nach: Andrea Schrattenecker und Barbara Witzmann-Werthner: «Mädchenpower, Powermädchen». Workshop auf der Tagung «Männersüchte, Frauensüchte» am 8. 6. 2009 in Linz, http://www.praevention.at/upload/documentbox/Schrattenecker.pdf.

25 Miriam Gebhardt: «Zeit des Erwachens». In: Cosmopolitan, Ausgabe Dezember 1995, http://www.maryellenmark.com/text/magazines/cosmopolitan%20germany/907H-000–001.html.

26 Vgl. Claudia Wallner: «Drama oder Dramatisierung? Geschlechterverhältnisse heute und ihre Auswirkungen auf die Lebensbedingungen von Mädchen und jungen Frauen». In: Gabriele Rohmann (Hrsg.): «Krasse Töchter. Mädchen in Jugendkulturen». 2007, S. 284.

27 Wallner: «Drama oder Dramatisierung?» wie Anm. 26, S. 285 (Hervorhebung durch die Verfasserinnen).

28 So auch die Soziologin und Frauenforscherin Karin Flaake. Vgl. Karin Flaake: «Geschlechterverhältnisse – Adoleszenz – Schule. Männlichkeits- und Weiblichkeitsinszenierungen als Rahmenbedingungen für pädagogische Praxis». In: Sabine Jösting und Malwine Seemann (Hrsg.): «Gender und Schule». 2006, S. 35 f.

29 Claudia Wallner: «‹Alles cool!›. Weiblichkeitsvorstellungen und Lebensperspektiven von Mädchen». In: Bundesarbeitsgemeinschaft Mädchenpolitik (Schriftenreihe), Ausgabe 14, 2013, S. 26.

30 Regina Rauw: «Mädchen zwischen allen Stühlen». In: Regina Rauw und Ilka Reinert (Hrsg.): «Perspektiven der Mädchenarbeit, Partizipation, Vielfalt, Feminismus». 2001, S. 5.

31 Vgl. Maria Bitzan: «Mädchen befragen – Eine gute Idee?!». Vortrag bei der Jahrestagung der LAG Mädchenarbeit in NRW am 16. 10. 2007, hier insbesondere S. 3, via http://www.maedchenarbeit-nrw.de.

32 Wallner: «‹Alles cool!› Weiblichkeitsvorstellungen und Lebensperspektiven», wie Anm. 29, S. 26.

33 Regina Rauw: «Mädchenleben heute». Vortrag am 1. 12. 2008 beim IB/Frankfurt, S. 8.

3.2. Barrieren aus Beton – die Berufsjahre

1 Nina Mattenklotz, zitiert nach: Barbara Supp u. a.: «Mein Kopf gehört mir». In: Der Spiegel, Ausgabe 24, 2007, S. 71.

2 Rhea Leonhardt, zitiert nach: Supp u. a.: «Mein Kopf gehört mir», wie Anm. 1, S. 57.

3 Heike Faller: «Haben wir die Emanzipation verspielt?». In: Zeit-Online, 20. 4. 2006, http://www.zeit.de/2006/17/Titel_Feminismus.

4 Vgl. Supp u. a.: «Mein Kopf gehört mir», wie Anm. 1, S. 64.

5 Judith Lembke: «Steckengeblieben». In: Frankfurter Allgemeine Zeitung, 17. 5. 2014, S. 20.

6 Bundesministerium für Familie, Senioren, Frauen und Jugend (Hrsg.): «Erster Gleichstellungsbericht. Neue Wege – Gleiche Chancen. Gleichstellung von Frauen und Männern im Lebensverlauf». 2011, S. 88 ff.

7 Teresa Bücker, zitiert nach: Kathrin Koehler: «@fraeulein_tessa: ‹Ich hätte gern eine lautere Stimme›». In: Portraitzentrale, 17.3.2013, http://www.portraitzentrale.de/teresa-buecker.

8 Bettina Weiguny: «Die Männer sind nicht schuld». In: Frankfurter Allgemeine Sonntagszeitung, 18.5.2014, S. 17.

9 Eine Beauftragte für Chancengleichheit, ohne Namensnennung, zitiert nach: Jutta Allmendinger: «Verschenkte Potenziale? Lebensverläufe nicht erwerbstätiger Frauen». 2010, S. 111.

10 Vgl. Verena Becker (Name von der Redaktion geändert), zitiert nach: Wolfgang Uchatius: «Die Hausfrau im Kopf». In: Zeit-Online, 6.3.2008, http://www.zeit.de/2008/11/Frauen-Verdienste.

11 Der vielsagende Ausdruck stammt aus dem Mund einer für Vielfalt zuständigen Sprecherin der Telekom, wo man mittlerweile in den Auswahlrunden versucht, diesen Effekt gezielt auszuschalten. Ohne Namensnennung, zitiert nach: Julia Löhr und Lena Schipper: «Frauen an die Macht». In: Frankfurter Allgemeine Zeitung-Online, 22.11.2012, http://www.faz.net/aktuell/beruf-chance/nachwuchskraefte-frauen-an-die-macht-11968927.html.

12 Bundesministerium für Familie, Senioren, Frauen und Jugend (Hrsg.): «Erster Gleichstellungsbericht». 2011, wie Anm. 6, S. 129.

13 Wolfgang Mackens, zitiert nach: Supp u. a.: «Mein Kopf gehört mir», wie Anm. 1, S. 62.

14 Das berichtet Alessandra Rusconi, Studienleiterin am Wissenschaftszentrum Berlin für Sozialforschung, von den Beobachtungen, die sie und ihr Forscherteam in der Privatwirtschaft anstellen: Alessandra Rusconi, zitiert nach: ohne Angabe des Verfassers: «Karriere ist Männersache». In: Süddeutsche Zeitung-Online, 17.5.2010, http://www.sueddeutsche.de/karriere/diskriminierung-von-frauen-karriere-ist-maennersache-1.405283.

15 Carsten Wippermann, zitiert nach: Tina Groll: «Die Männer sind die Hüter der gläsernen Decke». In: Zeit-Online, 19.10.2009, http://www.zeit.de/karriere/2009-09/interview-carste-wippermann.

16 Vgl. Carsten Wippermann für das Sinus Sociovision Institut: «Frauen in Führungspositionen. Barrieren und Brücken». Studie im Auftrag des Bundesministeriums für Familie, Senioren, Frauen und Jugend. 2010, S. 20.

17 Wippermann: «Frauen in Führungspositionen», wie Anm. 16, S. 19.

18 Vgl. Christine Silva, Nancy M. Carter und Anna Beninger: «Good Intentions, Imperfect Execution?», hrsg. von Catalyst Inc., 2012, S. 5 (Übersetzung der Verfasserinnen).

19 Vgl. Sabine Meuter: «Ist der Meister nicht da?». In: Spiegel-Online, 11.4.2014, http://www.spiegel.de/karriere/berufsstart/frauen-als-lehrlinge-haben-in-maennerberufen-gute-chancen-a-963778.html.

20 Bundesministerium für Familie, Senioren, Frauen und Jugend (Hrsg.): «Erster Gleichstellungsbericht». 2011, wie Anm. 6, S. 128.

21 Julia Becker, zitiert nach: Steve Ayan: «Sexismus ist heute subtiler». In: Gehirn und Geist, Ausgabe 4, 2013, S. 14.

22 Sookee, zitiert nach Julio Prosinger und Karl Grünberg: «Sookee und der Aufschrei». In: Der Tagesspiegel-Online vom 3.2.2013, http:\\ www.tagesspiegel.de/politik/sexismus-debatte-sookee-und-der-auf-schrei/772578.html.

23 Hatice Akyün: «Wie man Womanizern den Stecker zieht». In: Der Tagesspiegel-Online, 27.1.2013, http://www.tagesspiegel.de/mei-nung/sexismus-debatte-wie-man-womanizern-den-stecker-zieht/7694890.html.

24 Vgl. Annett Meiritz: «Debatte: Man liest ja so einiges über Sie». In: Spiegel-Online, 14.1.2013, http://www.spiegel.de/spiegel/annett-mei-ritz-ueber-die-frauenfeindlichkeit-in-der-piratenpartei-a-877558.html.

25 Til Raether: «Das ist die Frau mit dem besten Arsch im Büro». In: Bri-gitte, Heft 6, 2013, S. 149.

26 Raether: «Das ist die Frau mit dem besten Arsch im Büro», wie Anm. 25, S. 150.

27 Barbara Sichtermann, zitiert nach: Jasper Barenberg: «Es geht um die viel zitierte Augenhöhe». In: Deutschlandfunk, Beitrag vom 29.1. 2013, http://www.deutschlandfunk.de/es-geht-um-die-viel-zitierte-augenhoehe.694.de.html?dram:article_id=235759.

28 Teilnehmerin eines Workshops, zitiert nach: Ulrike Ley und Regina Michalik: «Karrierestrategien für Frauen. Neue Spielregeln für Kon-kurrenz- und Konfliktsituationen». 2009, S. 20.

29 Vgl. European Women's Management Development (EWMD): «Women On Board – Arbeitspaket 2». 2012, S. 4, via http://www.helga-stoedter-stiftung.de/wp-content/uploads/2012/01/WomenONBoard-AP2-final.pdf.

30 Ley u. Michalik: «Karrierestrategien für Frauen», wie Anm. 28, S. 21.

31 Vgl. Thea Dorn, zitiert nach: Supp u.a.: «Mein Kopf gehört mir», wie Anm. 1, S. 64.

32 Vgl. Angelika Wagner, zitiert nach: Uta Jungmann: «Gemeinsam durch die gläserne Decke». In: Frankfurter Allgemeine Zeitung-Online, 11.3.2010, http://www.faz.net/aktuell/beruf-chance/campus/

damenverbindungen-gemeinsam-durch-die-glaeserne-decke-1593926.html.

33 Das zeigt zum Beispiel folgende Studie: Sebastian Schuh u. a.: «Gender differences in leadership role occupany. The mediating role of power motivation». In: Journal of Business Ethics, Ausgabe 3, 2014, S. 363–379.

34 Vgl. hierzu auch Eva Tenzer: «Frauen: Kein Verhältnis zur Macht?» In: Psychologie heute, Ausgabe Januar, 2014, S. 66.

35 Vgl. Ingegerd Schäuble und Karin Schreifeldt: «Karrieremuster von Frauen an Universitäten: Erschwernisse durch strukturelle und sexualisierte Diskriminierung», 2007, S. 13 f.

36 Sheryl Sandberg: «Lean In. Women, work, and the will to lead». 2013, S. 149 (Übersetzung der Verfasserinnen).

37 Carolin Silbernagl, zitiert nach: Lena Schipper: «Was würde Sheryl tun?» In: Frankfurter Allgemeine Sonntagszeitung, 6. 4. 2014, S. 19.

38 Sandberg: «Lean In», wie Anm. 36, S. 160 (Übersetzung der Verfasserinnen).

3.3. «Bitterfotze» – Tiefpunkte einer Paarbeziehung

1 Judith Lembe: «Vereinbarkeit ist eine Lüge». In: Frankfurter Allgemeine Zeitung, 1. 3. 2014, S. 20.

2 Judith Holofernes (im Interview), zitiert nach: Meike Dinklage: «Kinderkriegen ist der ultimative Reality-Check für den Feminismus». In: Brigitte, Ausgabe 4, 2014, S. 72.

3 Malte Welding: «Schatz, was trägst du denn so schwer?» In: Berliner Zeitung-Online, 4. 12. 2010, http://www.berliner-zeitung.de/archiv/die-frau-ist-der-packesel-der-emanzipation--erkenntnisse-eines-mannes-schatz--was-traegst-du-denn-so-schwer-,10810590,10758366.html. Der Text ist ein Auszug aus seinem Buch «Frauen und Männer passen nicht zusammen – auch nicht in der Mitte».

4 Vgl. Katja Wippermann und Carsten Wippermann für das Sinus Sociovision Institut: «20-jährige Frauen und Männer heute. Lebensentwürfe, Rollenbilder, Einstellungen zur Gleichstellung», Untersuchung im Auftrag des Bundesministeriums für Familien, Senioren, Frauen und Jugend, 2007, S. 9.

5 Vgl. Martina Gille und Sabine Sardei-Biermann: «Jugend im neuen Jahrtausend – Angleichung der Geschlechter?» In: Gender, DJI Bulletin Plus, Ausgabe 2, 2006, S. 13.

6 Vgl. Hans-Peter Blossfeld und Marina Rupp: «Innerfamiliale Ar-

beitsteilung als Prozess». Studie von 2005 bis 2007, siehe www.ifb.
bayern.de.

7 Vgl. Blossfeld u. Rupp: «Innerfamiliale Arbeitsteilung als Prozess»,
wie Anm. 6.

8 Vgl. Gille u. Sardei-Biermann: «Jugend im neuen Jahrtausend», wie
Anm. 5, S. 13.

9 Urs Grob und Karin Stuhlmann: «Arbeitsteilung in der Partnerschaft». In: Helmut Fend u. a. (Hrsg.): «Lebensverläufe, Lebensbewäl-
tigung, Lebensglück – Ergebnisse der LifE-Studie». 2009, S. 324.

10 Bundesministerium für Familie, Senioren, Frauen und Jugend (Hrsg.):
«Erster Gleichstellungsbericht. Neue Wege – Gleiche Chancen.
Gleichstellung von Frauen und Männern im Lebensverlauf». 2011,
S. 188.

11 Daniela Weber-Rey, zitiert nach: Eva Buchhorn: «Rolle rückwärts». In:
Manager Magazin, Ausgabe 1, 2014, S. 127.

12 Olaf Storbeck: «Viele Mütter steigen freiwillig aus». In: Zeit-Online,
8. 3. 2012, http://wrapper.zeit.de/karriere/beruf/2012–03/wiederein-
stieg-muetter-beruf.

13 Bernd Fitzenberger, zitiert nach: Storbeck: «Viele Mütter steigen freiwillig aus», wie Anm. 12.

14 Jutta Allmendinger im Interview mit Claudia Kirsch: «Die jungen
Frauen stehen gewaltig unter Druck». In: Brigitte, Heft 20, 2013, S. 135.

15 Eine Sammlung aller Rezensionen der wichtigsten Medien findet sich
auf der Verlagsseite unter www.kiwi-verlag.de/buch/bitterfotze/
978–3-462–04083-8/.

16 www.kiwi-verlag.de/autoren/interviews/im-interview-maria-
sveland.html.

17 Tanja Beuthien: «Willkommen in der Familienhölle». In: Stern-
Online, 8. 3. 2009, http://www.stern.de/kultur/buecher/schwedischer-
bestseller-bitterfotze-willkommen-in-der-familienhoelle-656851.
html (siehe dort auch die Kommentare der weiblichen Leserinnen des
Artikels).

18 Bundesinstitut für Bevölkerungsforschung: «(Keine) Lust auf Kinder?», 2012, S. 53, siehe auch http://www.bib-demografie.de/Shared-
Docs/Publikationen/DE/Broschueren/keine_lust_auf_kinder_2012.
pdf?__blob=publicationFile&v=17.

19 Susanne Sman: «Lasst mich in Ruhe!». In: Der Spiegel, Heft 52, 2012,
S. 32

20 Die Theorie der «kognitiven Dissonanz» wurde von dem Sozialpsychologen Leon Festinger in den 1950er Jahren entwickelt und ist seit-

her eine der einflussreichsten Theorien der Psychologie, die eine Menge individueller und gesellschaftlicher Phänome erklären kann. Vgl. Peter Fischer u. a.: «Sozialpsychologie für Bachelor». 2013, S. 15 ff.

21 Miriam Meckel: «Symbolische Selbstverleugnung». Rede zum Jahrestreffen der ARD-/ZDF-/ORF-Medienfrauen im November 2009 in Baden-Baden, siehe www.miriammeckel.de.

22 Vgl. Michael Meuser im Interview mit Katrin Hörnlein: «Es entstehen neue Konflikte». In: Zeit-Online, 13. 6. 2014, http://www.zeit.de/2014/23/gleichberechtigung-kindererziehung-rollenverteilung.

23 Angela McRobbie: «Top Girls. Feminismus und der Aufstieg des neoliberalen Geschlechterregimes». 2010, S. 117 f.

24 Elisabeth Badinter im Interview mit Michaela Wiegel: «Französinnen sind zuallererst Frauen – dann Mütter». In: Frankfurter Allgemeine Zeitung, 26. 11. 2013, S. 7.

4. Die (un)heimlichen Erzieher

4.1. Trügerische Geschlechterklischees

1 Gespräch, das zu Hause bei der Autorin Bärbel Kerber stattfand.

2 Renate Valtin: «‹Warum ich gern ein Mädchen oder ein Junge bin›. Selbstbilder und Stereotype von Mädchen und Jungen». In: Bulletin/Zentrum für Transdisziplinäre Geschlechterstudien/Humboldt-Universität zu Berlin, Ausgabe 37, 2009, S. 102–106.

3 Vgl. Brigit Kelle: «Dann mach doch die Bluse zu. Ein Aufschrei gegen den Gleichheitswahn». 2013.

4 Birgit Kelle: «Diktatur des Feminismus». In: The European-Online, 10. 4. 2011, http://www.theeuropean.de/birgit-kelle/6238-diktatur-des-feminismus.

5 Vgl. OECD: «Geschlechtsbezogene Vorurteile beeinflussen die Bildungsergebnisse von Jungen und Mädchen», Pressemitteilung vom 26. 5. 2009, rg/berlin/presse/geschlechtsbezogenevorurteilebeeinflussendiebildungsergebnissevonjungenundmadchen.htm.

6 Vgl. Martina Powell: «Deutsche Mädchen haben Angst vor Mathe». In: Zeit-Online, 3. 12. 2013, http://www.zeit.de/gesellschaft/2013–12/pisa-studie-ergebnisse-bildungspolitik.

7 Vgl. Anna von Ow und Vera Husfeldt: «Geschlechterdifferenzen und schulische Leistungen». Studie im Auftrag der Stabstelle Gleichstellung der Pädagogischen Hochschule Nordwestschweiz. 2011, S. 9 ff.

8 Marianne Horstkemper, zitiert nach: Adelheid Müller-Lissner: «Auch Mädchen können Mathe». In: Der Tagesspiegel-Online, 6. 1. 2012,

http://www.tagesspiegel.de/wissen/geschlechterstereotypen-auch-maedchen-koennen-mathe/6024392.html.

9 Powell: «Deutsche Mädchen haben Angst vor Mathe», wie Anm. 6.

10 Vgl. von Ow u. Husfeldt: «Geschlechterdifferenzen und schulische Leistungen», wie Anm. 7, S. 18 f.

11 Vgl. Rebecca Jordan-Young, zitiert nach: Jürgen Schönstein: «Die Suche nach dem kleinen Unterschied». Interview mit der Sozialmedizinerin. In: Focus Magazin, Nr. 19, 2010, http://www.focus.de/wissen/mensch/neurowissenschaft/tid-18356/neurowissenschaft-die-suche-nach-dem-kleinen-unterschied_aid_506269.html.

12 Vgl. Cordelia Fine: «Die Geschlechterlüge. Die Macht der Vorurteile über Frau und Mann». 2012, S. 80.

13 Vgl. Terri Apter: «Delusions of Gender: The Real Sciene Behind Sex Differences by Cordelia Fine». In: The Guardian-Online, 11.9.2010, http://www.theguardian.com/books/2010/oct/11/delusions-gender-sex-cordelia-fine.

14 Fine: «Die Geschlechterlüge», wie Anm. 12, S. 75.

15 Vgl. Hannah-Hanh Nguyen und Anne Marie Ryan: «Does stereotype threat affect test performance of minorities and women?». In: Journal of Applid Psychology, Ausgabe 6, 2008, S. 1314–1334, hier insbesondere S. 1314.

16 Vgl. Fine: «Die Geschlechterlüge», wie Anm. 12, S. 75.

17 Vgl. Jing Feng, Ian Spence und Jay Pratt: «Playing an Action Video Game Reduces Gender Differences in Spatial Cognition». In: Psychological Science, Nr. 10, 2007, S. 850–856.

18 Vgl. Jordan-Young, zitiert nach: Schönstein: «Die Suche nach dem kleinen Unterschied», wie Anm. 11.

19 Vgl. Matthias Mehl u.a.: «Are women really more talkative than men?» In: Science, 6.7.2007, S. 82.

20 Vgl. Lise Eliot: «Wie verschieden sind sie? Die Gehirnentwicklung bei Mädchen und Jungen». 2010, S. 204.

21 Eliot: «Wie verschieden sind sie?», wie Anm. 20, S. 206.

22 Fine: «Die Geschlechterlüge», wie Anm. 12, S. 191.

23 Vgl. Fine: «Die Geschlechterlüge», wie Anm. 12, S. 190–197.

24 Vgl. Eliot: «Wie verschieden sind sie?», wie Anm. 20, S. 204.

25 Martin Greive: «Mit drei sind wir noch gleich». In: Die Welt am Sonntag, 23.8.2009, http://www.welt.de/welt_print/wirtschaft/article4379311/Mit-drei-sind-wir-noch-gleich.html.

26 Vgl. ohne Angabe des Verfassers: «Kleine Unterschiede». In: Frankfurter Allgemeine Zeitung, 4.12.2013, S. N1.

27 Eliot: «Wie verschieden sind sie?», wie Anm. 20, S. 15.

28 Eliot: «Wie verschieden sind sie?», wie Anm. 20, S. 16.

29 Jordan-Young, zitiert nach: Schönstein: «Die Suche nach dem kleinen Unterschied», wie Anm. 11.

30 Sandra Garthaus: «Rosa oder hellblau? Über angelernte Stereotypen». 2008, S. 1–7.

31 Vgl. Markus Hausmann, zitiert nach: Eva-Maria Schnurr: «Frauen sind auch nur Männer». In: Zeit-Online, 13. 12. 2006, http://www.zeit.de/zeit-wissen/2007/01/Titel-Frauen-Maenner.

32 Lutz Jäncke, zitiert nach: Schnurr: «Frauen sind auch nur Männer», wie Anm. 31.

33 Studien zeigen sehr deutlich, wie stark die Resultate in Mathematik-tests davon abhängig sind, so zum Beispiel eine Studie von Carol Dweck von der Stanford-Universität. Vgl. Carol S. Dweck: «Is Math a Gift? Beliefs That Put Females at Risk». In: S. J. Ceci und W. Williams (Hrsg.): «Why aren't more women in science? Top researchers debate the evidence». 2006.

34 Ohne Angabe des Verfassers: «Was Vorurteile und Stereotype alles können ... wissenschaftlich gesehen». In: Unique-Online, 2. 11. 2003, www.unique-online.de/was-vorurteile-und-stereotype-alles-konnen-wissenschaftlich-gesehen/293/.

35 Vgl. Gesa Gottschalk: «Typisch Junge? Typisch Mädchen?». In: Geo Wissen «Mütter», Ausgabe 52, 2013, S. 90.

36 Vgl. Fine: «Die Geschlechterlüge», wie Anm. 12, S. 337–352.

37 Vgl. Gottschalk: «Typisch Junge? Typisch Mädchen», wie Anm. 35, S. 89 und 92.

4.2. Der heimliche Lehrplan

1 Renate Valtin: «‹Warum ich gern ein Mädchen oder ein Junge bin›. Selbstbilder und Stereotype von Mädchen und Jungen». In: Bulletin/Zentrum für Transdisziplinäre Geschlechterstudien/Humboldt-Universität zu Berlin, Nr. 37, 2009, S. 106.

2 Nils Pickert: «Von Masken und Mädchen». In: Die Standard-Online, 29. 1. 2014, http://diestandard.at/1389858552420/Von-Masken-und-Maedchen.

3 Vgl. Ina Hunger: «Familiäre Bewegungssozialisation von Jungen und Mädchen in der frühen Kindheit». In: Motorik, Ausgabe 4, 2010, S. 153.

4 Vgl. Cordelia Fine: «Die Geschlechterlüge. Die Macht der Vorurteile über Frau und Mann». 2012, S. 306 f.

5 Vgl. Emily Kane: «The Gender Trap: Parents and the Pitfalls of Raising Boys and Girls». 2012, S. 29.

6 Anonym, zitiert nach: Kane: «The Gender Trap», wie Anm. 5, S. 29 (Übersetzung der Verfasserinnen).

7 Vgl. Lise Eliot: «Wie verschieden sind sie? Die Gehirnentwicklung bei Mädchen und Jungen». 2010, S. 134 f.

8 Vgl. Fine: «Die Geschlechterlüge», wie Anm. 4, S. 316 f.

9 Fine: «Die Geschlechterlüge», wie Anm. 4, S. 341.

10 Vgl. Fine: «Die Geschlechterlüge», wie Anm. 4, S. 309.

11 Vgl. Fine: «Die Geschlechterlüge», wie Anm. 4, S. 333–336.

12 Vgl. Hunger: «Familiäre Bewegungssozialisation», wie Anm. 3, S. 152.

13 Ina Hunger: «Empirische Annäherungen an die frühkindliche Bewegungswelt unter dem Aspekt ‹Gender›». In: Tim Bindel (Hrsg.): «Feldforschung und ethnographische Zugänge in der Sportpädagogik», Forum Sportpädagogik, Band 2, 2011, S. 11.

14 Ein Mädchen, zitiert nach: Joachim Schulz: «Geschlechterrollen in der Erziehung». In: SciLogs, ein Wissenschaftsblog des Verlags Spektrum der Wissenschaft, 2. 12. 2012, http://www.scilogs.de/quanten-welt/geschlechterrollen-in-der-erziehung.

15 Studien zu geschlechtstypisierendem Handeln und Haltungen von Erziehern und Erzieherinnen siehe bei Hunger: «Empirische Annäherungen» wie Anm. 13.

16 Vgl. Hunger: «Empirische Annäherungen» wie Anm. 13, S. 14.

17 Elisabeth Raffauf, zitiert nach: Johanna Bruckner: «Mädchen machen sich gegenseitig Druck». In: Süddeutsche Zeitung-Online, 11. 1. 2013, http://www.sueddeutsche.de/bildung/geschlechterdebatte-in-der-schule-maedchen-machen-sich-gegenseitig-druck-1.1815434.

18 Vgl. Hannelore Faulstich-Wieland: «Spielt das Geschlecht (k)eine Rolle im Schulalltag? Plädoyer für eine Entdramatisierung von Geschlecht». Vortrag in der Reihe Gender, Lectures an der Humboldt-Universität Berlin am 11. 7. 2005.

19 Olaf Jantz und Susanne Brandes: «Geschlechtsbezogene Pädagogik an Grundschulen. Basiswissen und Modelle zur Förderung sozialer Kompetenzen bei Jungen und Mädchen». 2006, S. 32.

20 Vgl. Monika Stürzer: «Trotz besserer Leistungen der Mädchen noch keine Geschlechtergerechtigkeit in der Schule». In: DJI Bulletin 65, Winter 2003, S. 3.

21 Vgl. Freya Diepenbrock: «Koedukation und ‹heimlicher Lehrplan›. Hausarbeit an der Universität Erfurt». 2002, S. 9 f.

22 Vgl. ohne Angabe des Verfassers: «Pons, Aufsatzübungen für Mädchen». 2010, und ähnliche Bücher aus dem Programm des Pons-Verlags.

23 Vgl. Jantz u. Brandes: «Geschlechtsbezogene Pädagogik an Grundschulen», wie Anm. 19, S. 24, sowie Statistik der Bundesagentur für Arbeit und Mikrozensus des Statistischen Bundesamtes 2012.

24 Vgl. Stürzer: «Trotz besserer Leistungen», wie Anm. 20, S. 3.

25 Vgl. Brigitta vom Lehn: «Faul, fahrig, Junge». In: Frankfurter Allgemeine Zeitung-Online, 11.4.2013, http://www.faz.net/aktuell/berufchance/campus/geschlechterrollen-in-der-schule-faul-fahrig-junge-12145909.html.

26 Vgl. Jantz u. Brandes: «Geschlechtsbezogene Pädagogik an Grundschulen», wie Anm. 19, S. 22.

27 Vgl. Hannelore Faulstich-Wieland: «Soziale Konstruktion von Geschlecht in der Schule». In: Kirche und Schule, Ausgabe 164, Dezember 2012, S. 3–9.

28 Vgl. Faulstich-Wieland: «Soziale Konstruktion von Geschlecht in der Schule», wie Anm. 27, S. 4 f.

29 Wiltrud Thies und Charlotte Röhner: «Erziehungsziel Geschlechterdemokratie». 2000, S. 164, zitiert nach: Faulstich-Wieland: «Soziale Konstruktion von Geschlecht in der Schule», wie Anm. 27, S. 5.

30 Vgl. Jantz u. Brandes: «Geschlechtsbezogene Pädagogik an Grundschulen», wie Anm. 19, S. 30 f.

31 Vgl. Linda Tutmann: «Löten Mädchen anders?» In: Zeit-Online, 3.9. 2010, http://www.zeit.de/2010/36/C-Schule.

32 Astrid Kaiser: «FrauenStärken – ändern Schule», 1996, S. 47, zitiert nach: Jantz u. Brandes: «Geschlechtsbezogene Pädagogik an Grundschulen», wie Anm. 19, S. 31.

33 Jantz u. Brandes: «Geschlechtsbezogene Pädagogik an Grundschulen», wie Anm. 19, S. 31.

34 Vgl. Renate Valtin: «Koedukation macht Mädchen brav!?» In: Gertrud Pfister und Renate Valtin (Hrsg.): «MädchenStärken». 1996, S. 31.

35 Valtin: «Koedukation macht Mädchen brav!?», wie Anm. 34, S. 31.

36 Helke Dreier und Regina Löneke: «Karriere mit Tradition». In: Frauen-Rat, Ausgabe 4, 2013, S. 5.

4.3. Die geballte Macht von Kino und Fernsehen

1 Vgl. hierzu z.B. die Infografik «Gender Inequality in Film» auf der Website der New York Film Academy und ihre Zahlen zum unausge-

wogenen Geschlechterverhältnis bei der Verteilung von Rollen in Hollywood (vor und hinter den Kameras), http://www.nyfa.edu/film-school-blog/gender-inequality-in-film/. Hier insbesondere: «Gender Bias in Awards».

2 Vgl. Stacy L. Smith u. a.: «Gender Inequality in 500 Popular Films. Examining On-Screen Portrayals and Behind-the-Scenes Employment Patterns in Motion Pictures Released between 2007–2012». Studie der Annenberg School for Communication and Journalism (University of Southern California), 2013, S. 3.

3 Vgl. Martha M. Lauzen: «It's a Man's (Celluloid) World. On-Screen Representations of Female Characters in the Top 100 Films of 2011». Studie des Center for the Study of Women in Television & Film (San Diego State University), 2012, S. 1.

4 Geena Davis: «Two Easy Steps to Make Hollywood Less Sexist». In: The Hollywood-Reporter, 11.12.2013, http://www.hollywoodreporter.com/news/geena-davis-two-easy-steps-664573 (Übersetzung der Verfasserinnen).

5 Margreth Lünenborg: «Hat das ‹Muttchen am Herd› ausgedient? Konstruktion der Kategorie ‹Geschlecht› in den Medien». In: «Geschlechterstereotype Bilderwelten. Mach sie dünner, mach sie kurvenreicher!», TELEVIZION, Ausgabe 26, 2013, hrsg. vom Internationalen Zentralinstitut für das Jugend- und Bildungsfernsehen, S. 7.

6 Dan Romer, zitiert nach: Pressemitteilung des Annenberg Public Policy Center vom 26.4.2012 (Übersetzung der Verfasserinnen).

7 Vgl. hierzu Barbara Schweizerhof: «Die Braut, die auf die Straße scheißt». In: taz-Online, 21.07.2011, http://www.taz.de/!74832.

8 Martha M. Lauzen, zitiert nach: Edward Helmore: «The naked truth: Hollywood still treats it's women as second class citizens». In: The Guardian-Online, 1.12.2013, S. 2, http://www.theguardian.com/lifeandstyle/2013/dec/01/hollywood-women-inequality-film-industry (Übersetzung der Verfasserinnen).

9 Vgl. Bechdel Test Movie List im Internet, www.bechdeltest.com.

10 Anita Sarkeesian im Videopost «The Bechdel Test for Women in Movies», 7.12.2009, http://www.feministfrequency.com/2009/12/the-bechdel-test-for-women-in-movies/ (Übersetzung der Verfasserinnen).

11 Vgl. hierzu weiter etwa Anne Hemmes: «Frauen, die mit Frauen sprechen». In: Süddeutsche Zeitung-Online, 8.11.2013, http://www.sueddeutsche.de/kultur/bechdel-test-in-schwedischen-kinos-frauen-die-mit-frauen-sprechen-1.1813032.

12 «Frauen, die Geschichte machten». TV-Reihe in: ZDF-History, gesendet vom 1.12.–17.12.2013.

13 Vgl. Stefan Niggemeier: «Peinlichste Missgeschicke der History». In:
Frankfurter Allgemeine Zeitung-Online, 10.12.2013, http://www.faz.
net/aktuell/feuilleton/medien/zdf-geschichtsfernsehen-peinlichste-
missgeschicke-der-history-12700000.html.

14 Vgl. «Sophie Scholl – Die Seele des Widerstands», 6. Folge der ZDF-
Reihe «Frauen, die Geschichte machten», gesendet am 17.12.2013.

15 Vgl. hierzu Kapitel 4.1 in diesem Buch.

16 Vgl. Margreth Lünenborg: «Hat das ‹Muttchen am Herd› ausgedient?», wie Anm. 5, S. 8. Vgl. auch Isabel Rodde: «Coole Powerfrauen
und kämpfende Glucken. Genderrollen-Darstellung in Film und Fernsehen». In: medien praktisch, Ausgabe 3, 2002, S. 10–13.

17 Barbara Sichtermann: «Rollenbilder in den Medien». Vortrag auf
der Fachtagung des SWR und des Ministeriums für Arbeit und Soziales Baden-Württemberg am 26.22.2008 in Stuttgart. Gekürzte Fas-
sung in: AKTIV. Frauen in Baden-Württemberg, Ausgabe 3–1, 2009,
S. 2.

18 Sichtermann: «Rollenbilder in den Medien», wie Anm. 17, S. 2.

19 Sichtermann: «Rollenbilder in den Medien», wie Anm. 17, S. 4.

20 Eine Produzentin, zitiert nach: Wilfried Urbe: «Auf Stöckelschuh-
Safari». In: taz-Online, 11.3.2013, http://www.taz.de/!112392.

21 Vgl. die entsprechende Programmseite im Internet, http://www.zdf.
de/Herzkino.

22 Vgl. TV-Film «Therese geht fremd», gesendet in der Herzkino-Reihe
im ZDF am 16.6.2013.

23 Barbara Sichtermann: «Fauler Frauenzauber». In: Der Tagesspiegel,
2.6.2013, S. 30.

24 Vgl. Sabine Eder, zitiert nach: Julia Spurzem: «Rollenklischees sind
im Kinderfernsehen noch verbreitet». Sabine Eder im Gespräch mit
dem Evangelischen Pressedienst (epd), 7.5.2013, http://www.kirche-
oldenburg.de/index.php?id=7929&tx_kesearch_pi1%5Bs-
word%5D=geschlechterstereotypen&tx_kesearch_pi1%5Bpa-
ge%5D=1&tx_kesearch_pi1%5BresetFilters%5D=0&tx_kesearch_
pi1%5BsortByField%5D=&tx_kesearch_pi1%5BsortByDir%5D=.

25 Vgl. Eder nach Spurzem: «Rollenklischees sind im Kinderfernsehen
noch verbreitet», wie Anm. 24.

26 Kommentar zu Eders Aussagen auf www.evangelisch.de, 10.05.2013,
https://aktuell.evangelisch.de/comment/29199#comment-29199.

27 Tilman P. Gangloff: «Das zweite Geschlecht – Schlau oder Frau: Über

ein krasses Missverhältnis nicht nur im Kinderfernsehen». In: tv dis-
kurs, Ausgabe 39, 2007: Verlust oder Wandel? Werteentwicklung und
die Rolle der Medien, S. 83.

28 Maya Götz: «Sexualisierte Mädchen und machohafte Siegertypen –
Geschlechterbilder im Kinderfernsehen». Veröffentlicht auf der
Homepage des Goethe Instituts (http://www.goethe.de/ges/mol/gen/
geb/de4213113.htm). Vgl. auch: Maya Götz: «Die Hauptfiguren im
deutschen Kinderfernsehen». In: «Welche Rolle spielt Geschlecht?»,
TELEVIZION, Ausgabe 19, 2006, hrsg. vom Internationalen Zentralinstitut für das Jugend- und Bildungsfernsehen, S. 4–7.

29 «Die aktuellen Fernsehlieblingsfiguren der 6- bis 12-Jährigen: Sponge-
Bob SchwammKopf und Hannah Montana ungeschlagen». Presse-
mitteilung des Internationalen Zentralinstituts für das Jugend- und
Bildungsfernsehen vom 3. 2. 2012, S. 1.

30 Vgl. Götz: «Sexualisierte Mädchen und machohafte Siegertypen», wie
Anm. 28.

31 Ohne Angabe des Verfassers: «Klapperdürr im Zeichentrickland». In:
Der Tagesspiegel-Online, 6. 3. 2011, http://www.tagesspiegel.de/welt-
spiegel/gesundheit/studie-klapperduerr-im-zeichentrickland/
1467406.html.

32 Vgl. Gangloff: «Das zweite Geschlecht», wie Anm. 27, S. 84.

33 Götz: «Sexualisierte Mädchen», wie Anm. 28.

34 Vgl. «Wollen Kinder dünne Zeichentrickfiguren?» Ergebnisse einer
Studie des Internationalen Zentralinstituts für das Jugend- und Bildungsfernsehen von 2008, veröffentlicht auf der Website: http://
www.br-online.de/jugend/izi/deutsch/forschung/maedchen_jun-
gen_TV.htm.

35 Christian Doelker: «Medien und Wirklichkeit». Hrsg. vom Medienpädagogischen Forschungsverbund Südwest (mpfs), 2013, S. 1.

36 Heidi Klum, zitiert nach: Bernd Gäbler: «Hohle Idole: Was Bohlen,
Klum und Katzenberger so erfolgreich macht». Eine Studie der Otto
Brenner Stiftung, 2012, S. 49 ff.

37 Gäbler: «Hohle Idole», wie Anm. 36, S. 49.

38 Gäbler: «Hohle Idole», wie Anm. 36, S. 1.

39 Vgl. JIM-Studie 2011. Hrsg. vom Medienpädagogischen Forschungsverbund Südwest (mpfs), S. 27.

40 Maya Götz und Johanna Gather: «Wer bleibt drin, wer fliegt raus?» In:
TELEVIZION, Ausgabe 23, 2010, S. 57.

41 Maya Götz, zitiert nach: Christina Herbert und Franziska Seng: «Die
Mädchen sollen willig sein». Interview, Süddeutsche Zeitung-Online,

27.2.2012, S.3, http://www.sueddeutsche.de/leben/studie-zu-germanys-next-topmodel-kritisch-sein-ist-uncool-1.955567.

42 Gäbler: «Hohle Idole», wie Anm. 36, S. 64.

43 Vgl. Götz u. Gather: «Wer bleibt drin, wer fliegt raus?», wie Anm. 40, S. 55.

44 Gäbler: «Hohle Idole», wie Anm. 36, S. 94.

45 Vgl. Stacey Smith: «Gender Progress in Popular Film? Paltry Numbers Suggest Problems Persist». In: The Huffington Post-Online, 13. 5. 2013, http://www.huffingtonpost.com/stacy-smith/gender-progress-in-popular-film_b_3269274.html.

46 Maya Götz: «Wer produziert Kinderfernsehen?» In: TELEVIZION, Ausgabe 26, 2013, S. 18.

47 Vgl. Martha M. Lauzen: «The Celluloid Ceiling: Behind-the-Scenes Employment of Women on the Top 250 Films of 2013». Studie des Center for the Study of Women in Television & Film (San Diego State University), 2014, S. 1.

48 Vgl. dazu etwa Silvia Hallensleben: «Frauen in der Filmbranche: Wir sind stinksauer». In: Die Standard-Online, 16. 2. 2014, http://diestandard.at/1389860514715/Frauen-in-der-Filmbranche-Wir-sind-stinksauer.

49 Sophie Albers: «Warum Oscar ein Sexist ist». In: Stern-Online, 7. 3. 2010, http://www.stern.de/kultur/film/oscar/82-academy-awards-warum-oscar-ein-sexist-ist-1548569.html.

50 Götz: «Die Hauptfiguren im deutschen Kinderfernsehen», wie Anm. 28, S. 7.

51 Vgl. Pressemitteilung des Bundesministeriums für Bildung und Forschung, 6. 9. 2010 (147/2010). Und auch: ohne Angabe des Verfassers: «Wie im Fernsehen, so im Leben – oder? Berufsprestige und Medien». In: Abi. Dein Weg in Studium und Beruf, Ausgabe 2, 2012.

52 Vgl. ohne Angabe des Verfassers: «Wie im Fernsehen, so im Leben – oder?», wie Anm. 51.

53 Oliver Koppel, zitiert nach: Friederike Lübke: «Mechatronik klingt vielleicht abschreckend». Interview in: Die Zeit, 4. 11. 2013, S. 79.

54 Vgl. Lauzen: «It's a Man's (Celluloid) World», wie Anm. 3, S. 2.

55 Maya Götz: «Und täglich grüßt das Stereotyp. Warum sich bei den Geschlechterstereotypen so wenig bewegt und bewegen wird». In: TELEVIZION, Ausgabe 26, 2013, S. 63.

56 Kathrin Bigelow, zitiert nach: Sophie Albers: «Die starke Frau von

Hollywood». In: Stern-Online, 8. 3. 2010, http://www.stern.de/kultur/
film/oscar/82-academy-awards-warum-oscar-ein-sexist-ist-1548569.
html.

4.4. «Sei heiß, Baby»

1 Chiara Walde, zitiert nach: Lara Fritzsche: «My Donna». In: Die Zeit,
Nr. 19, 2012, via http://www.zeit.de/2012/19/Madonna-Erinnerungen/
komplettansicht.

2 Vgl. Dove: «Die ganze Wahrheit über Schönheit». Weltweite Umfrage
unter 6407 Frauen im Alter zwischen 18 und 64 Jahren zum Thema
Schönheit und Selbstbewusstsein in 20 Ländern, Mai 2010. Eine Über-
sicht der deutschen Zahlen findet man unter http://www.dove.de/de/
Tipps-Themen-and-Artikel/Tipps-and-Rat/Die-ganze-Wahrheit-uber-
Schonheit.aspx.

3 Natasha Walter: «Living Dolls. Warum junge Frauen heute lieber
schön als schlau sein wollen». 2011, S. 12.

4 Susie Orbach, zitiert nach: «Interview mit Susie Orbach» von arte-TV,
30. 3. 2011, http://www.arte.tv/de/interview-mit-susie-orbach/
3412116,CmC=3640192.html.

5 Vgl. Christopher Pramstaller: «Schöne Netto-Fleischeinwaage». In:
Süddeutsche Zeitung-Online, 25. 11. 2012, http://www.sueddeutsche.
de/medien/raabs-tv-total-turmspringen-schoene-netto-
fleischeinwaage-1.1531283.

6 Das ist eine zentrale Aussage eines Filmes der Organisation «Miss Representation», siehe http://film.missrepresentation.org/.

7 Exemplarisch herausgegriffen wurde hier die «Vogue», Ausgabe März
2014, die einen Gesamtumfang von 375 Seiten hatte, wovon alleine
142 Werbeseiten waren, auf denen perfekte Frauenkörper Produkte
vorführten.

8 Neele: «‹Brigitte ohne Models› oder ‹Wie man Leser veräppelt›». In:
modelblog.de vom 17. 7. 2012, http://www.themodelblog.de/brigitte-
ohne-models-oder-wie-man-leser-verappelt.

9 Vgl. ohne Angabe des Verfassers: «‹Brigitte› begründet Rückkehr der
Profi-Models». In: Zeit-Online, 6. 12. 2012, http://www.zeit.de/lebens-
art/mode/2012–09/brigitte-professionelle-models.

10 Vgl. Ada Borkenhagen: «Warum Menschen ihren Körper tunen».
In: Spiegel-Online, 22. 1. 2011, http://www.spiegel.de/wissenschaft/
medizin/plastische-chirurgie-warum-menschen-ihren-koerper-
tunen-a-737233.html.

11 Susie Orbach: «Bodies. Schlachtfelder der Schönheit». 2009, S. 89 (Übersetzung der Verfasserinnen).

12 Vgl. Sherrie Delinsky: «Cosmetic Surgery: A Common and Accepted Form of Self-Improvement?» In: Journal of Applied Social Psychology, Heft 10, 2005, S. 2012–2028.

13 Vgl. Constanze Rossmann und Hans-Bernd Brosius: «Vom hässlichen Entlein zum schönen Schwan? Zur Darstellung und Wirkung von Schönheitsoperationen im Fernsehen». In: Medien & Kommunikationswissenschaft, 2005, S. 520.

14 Vgl. Ada Borkenhagen: «Der Natur nachgeholfen». In: Gehirn und Geist, Heft 1–2, 2011, S. 30–36, insbesondere S. 32.

15 Vgl. Maya Götz und Johanna Gather: «Wer bleibt drin, wer fliegt raus?». In: TELEVIZION, Heft 1, 2010, S. 56.

16 Anne Becker u.a.: «Eating behaviours and attitudes following prolonged exposure to television among ethnic Fijian adolescent girls». In: British Journal of Psychiatry, 2002, S. 509–514, Onlinearchiv, ohne Seitenangabe, http://bjp.rcpsych.org/content/180/6/509.full. pdf+html (Übersetzung der Verfasserinnen).

17 Waltraud Posch: «Projekt Körper. Wie der Kult um die Schönheit unser Leben prägt». 2009, S. 172.

18 Darauf verwies er im Rahmen einer Presserklärung zur Brigitte-No-Models-Kampagne. Vgl. Dialika Krahe: «Modell Gabi». In: Der Spiegel, Heft 41, 2009, 5. 10. 2009.

19 Slavenka Drakulic: «Essstörungen. Schlachtfeld Frauenkörper». In: Emma, Heft 5, 2006, ohne Seitenangabe, via http://www.emma.de/artikel/essstoerungen-schlachtfeld-frauenkoerper-263607.

20 Paula-Irene Villa, zitiert nach: Sophie Burfeind: «Schlank um jeden Preis». In: Süddeutsche Zeitung-Online, 7. 1. 2014, http://www.sueddeutsche.de/bayern/schoenheitswahn-im-kinderzimmer-schlank-um-jeden-preis-1.1856963 (Anmerkung der Autorinnen: Der Satz ist grammatikalisch nicht richtig, aber so steht er tatsächlich im Original).

21 Selbst vor dem Alter macht die Entwicklung nicht mehr halt. Experten sprechen davon, dass der Anteil der Senioren an den Schönheitsoperationen in Zukunft deutlich wachsen wird. Vgl. Ingrid Kupczik: «Schönheits-Operationen bei Senioren». In: Senioren Ratgeber, 16. 1. 2012, http://www.senioren-ratgeber.de/Medizin/Schoenheits-Operationen-bei-Senioren-147065.html.

22 Schülerin Sarah, zitiert nach Burfeind: «Schlank um jeden Preis», wie Anm. 20.

23 Vgl. ohne Angabe des Verfassers: «Thigh-Gap und Bikini Bridge. Vom Internetscherz zum Magerwahn». In: n24-Online vom 14. 1. 2014, http://www.n24.de/n24/Nachrichten/Panorama/d/4120484/vom-internetscherz-zum-magerwahn.html.

24 Marie Schmidt: «Schlachtfeld Frau». In: Die Zeit, Nr. 11, 2012, S. 47.

25 Vgl. Timothy Judge und Daniel Cable: «When it comes to pay, do the thin win? The effect of weight on pay for men and women». In: Journal of Applied Psychology, 2011, S. 95–112.

26 Vgl. Judge u. Cable: «When it comes to play», wie Anm. 25.

27 Hierzu gibt es eine Vielzahl von Studien, z. B. Pressemitteilung des «DIW Berlin» vom 22. 4. 2004; ebenso: Katrin Giel: «Übergewicht bringt berufliche Nachteile». Universität Tübingen, Hochschulkommunikation, 23. 8. 2012; u. v. a. m.

28 Judge u. Cable: «When it comes to play», wie Anm. 25, S. 109–110.

29 Susanne Klingner: «Aufstieg leicht gemacht». In: Cosmopolitan, Februar 2014, S. 60.

30 Vgl. Angela McRobbie: «Top Girls. Feminismus und der Aufstieg des neoliberalen Geschlechterregimes». 2010, S. 103.

31 Laurie Penny: «Fleischmarkt. Weibliche Körper im Kapitalismus». 2012, S. 70.

32 Klingner: «Aufstieg leicht gemacht», wie Anm. 29, S. 59.

33 Vgl. Christiane Zschirnt: «Wir Schönheits-Junkies. Plädoyer für eine gelassene Weiblichkeit». 2008, die verschiedene Frauen dazu befragt hat, S. 19.

34 John Berger hatte in einer vierteiligen BBC-Serie in den 1970er Jahren diesen Ausspruch geprägt.

35 Vgl. Projektgruppe ARD/ZDF-Multimedia: «ARD/ZDF-Onlinestudie 2013. Medienausstattung/-nutzung». Im Auftrag der ARD/ZDF-Medienkommission, www.ard-zdf-onlinestudie.de.

36 Vgl. ohne Angabe des Verfassers: «Our Rising Ad Dosage: It's not as oppressive as some think». In: Media Matters, Heft 3, 2007, 15. 2. 2007, via http://www.mediadynamicsinc.com/UserFiles/File/MM_Archives/Media%20Matters%2021507.pdf.

37 Vgl. Posch: «Projekt Körper», wie Anm. 17, S. 173.

38 Meike Brill, Raphael Fetzer und Heike Smykalla: «Sicher nichts für Frauenhände». Untersuchung der Technischen Universität Darmstadt, 2007, S. 2.

39 Ungleich Besser Diversity Consulting: «Einfältige Werbung geht an Marktvielfalt vorbei». Pressemitteilung zur Studie «Gendermarketing», 12. 9. 2007.

40 Christina Holtz-Bacha: «Köcheln auf kleiner Flamme. Frauen und Männer in der Werbung – ein thematischer Dauerbrenner». In: Christina Holtz-Bacha (Hrsg.): «Stereotype? Frauen und Männer in der Werbung». 2008, S. 9 f.

41 Vgl. Paul Davies u. a.: «Consuming Images: How Television Commercials that Elicit Stereotype Threat Can Restrain Women Academically and Professionally». In: Personality and Social Psychology Bulletin, Ausgabe 12, 2002, S. 1625.

42 Vgl. Brill, Fetzer u. Smykalla: «Sicher nichts für Frauenhände», wie Anm. 38, S. 16.

43 Ungleich Besser Diversity Consulting: «Einfältige Werbung geht an Marktvielfalt vorbei», wie Anm. 39.

44 Vgl. Silke Burmeister: «Die Dose trägt Dessous, hihi». In: Spiegel-Online, 25. 8. 2013, http://www.spiegel.de/kultur/gesellschaft/silke-burmester-ueber-sexistische-werbung-dose-traegt-dessous-a-918255.html.

45 Vgl. Andrea Heinz: «Wenn Werbung weh tut». In: Die Standard-Online, 2. 3. 2014, http://diestandard.at/1392686842575/Wenn-Werbung-weh-tut.

46 Vgl. Deutscher Werberat: «Bilanz 2013». www.werberat.de/content/inhalte-der-werbekritik-2013.

47 Vgl. FashionLoca: «Wer Tabus bricht, sorgt für Aufmerksamkeit». In: Fashionpolizei-Online, 9. 6. 2012, www.fashionpolizei.com/wer-tabus-bricht-sorgt-fur-aufmerksamkeit.

48 Vgl. ohne Angabe des Verfassers: «Frauenfeindliche Werbung: Sexismus im Alltag». In: Brigitte-Online, http://www.brigitte.de/frauen/gesellschaft/frauenfeindliche-werbung-1175443/4.html.

49 Burmeister: «Die Dose trägt Dessous», wie Anm. 44.

50 Holtz-Bacha: «Köcheln auf kleiner Flamme», wie Anm. 40.

51 Christina Holtz-Bacha: «Am Rande der Disziplin». In: Luise Angerer und Johanna Dorer (Hrsg.): «Gender und Medien». 1994, S. 41, zitiert nach: Sabine Winter: «Sexismus in deutschen Nachrichtenmagazinen». 2001, S. 10.

52 Vgl. ohne Angabe des Verfassers: «Zapfenstreich! Bild schafft Seite-1-Girl ab!». In: Bild, 9. 3. 2012, S. 1.

53 Vgl. Erin Hatton und Mary Nell Trautner: «Equal Opportunity Objectification? The Sexualization of Men and Women on the Cover of Rolling Stone». In: Sexuality and Culture, Heft 3, 2011, S. 256–278.

54 Vgl. Hatton u. Trautner: «Equal Opportunity Objectification», wie Anm. 53, S. 274.

55 Vgl. Philippe Bernard u. a.: «Integrating Sexual Objectification With Object Versus Person Recognition: The Sexualized-Body-Inversion Hypothesis». In: Psychological Science, Ausgabe 23, 2012, S. 470.

56 Alexa Hennig von Lange: «Die Waffen einer Frau». In: Frankfurter Allgemeine Sonntagszeitung, 25. 9. 2011, S. 28.

57 Verena Reygers: «Gesteigerte Hechelfrequenz». In: Der Freitag-Online, 16. 5. 2011, https://www.freitag.de/autoren/verena-reygers/gesteigerte-hechelfrequenz.

58 Zschirnt: «Wir Schönheitsjunkies», wie Anm. 33, S. 78 f.

59 Ulrike Helmer: «Muschiland. Exkursionen in eine kulturelle Intimzone». 2012, S. 136.

60 Ohne Angabe des Verfassers: «Barbie-Ferien für Mädchen: Feministinnen laufen Sturm». In: Schweizer Illustrierte-Online, 4. 6. 2014, http://www.schweizer-illustrierte.ch/gesellschaft/thema/barbie-ferien-sardinien-forte-village-kritik-shitstorm-feministinnen.

61 Lutz Jäncke, zitiert nach: Mathias Plüss: «Die Geschlechter gleichen sich an». In: Die Weltwoche-Online, 14. 3. 2014, http://www.weltwoche.ch/ausgaben/2006–41/artikel-2006–41-die-geschlechter.html.

62 Vgl. Deutsche Gesellschaft der Plastischen, Rekonstruktiven und Ästhetischen Chirurgen (DGPRÄC): «Schönheit ist nicht alles!» Pressemitteilung vom 4. 6. 2013. Vgl. auch hierzu Eva Berendsen: «Das genormte Geschlecht». In: Frankfurter Allgemeine Sonntagszeitung, 9. 3. 2014, S. 58. Detaillierte Informationen über den Trend zur Schamlippenkorrektur und die Kritik dazu findet man bei wikipedia.org. wiki/Schamlippenverkleinerung.

63 Sarah Creighton und Lih Mei Liao, zitiert nach: ohne Angabe des Verfassers: «Designer-Vagina: Warnung vor dem Schnitt im Schritt». In: Spiegel-Online, 25. 5. 2007, http://www.spiegel.de/wissenschaft/mensch/designer-vagina-warnung-vor-dem-schnitt-im-schritt-a-484816.html.

64 Franca Sozzani, zitiert nach: Chiara Sambuchi: «Die Stadt der Frauen». 90-minütiger Dokumentarfilm aus 2012, ausgestrahlt auf arte-TV am 12. 3. 2014, www.arte.tv.

65 Grace Dent: «There's more to life ...». In: The Independent, 5. 12. 2012, S. 13 (Übersetzung der Verfasserinnen).

66 Lily Allen, zitiert nach: Anne-Marie Curtis: «Lily». In: Elle UK, Ausgabe März, 2014, S. 288 (Übersetzung der Verfasserinnen).

67 Anonym, zitiert nach Sambuchi: «Die Stadt der Frauen», wie Anm. 64.

68 Kat Banyard: «The Equality Illusion. The Truth about Women and Men Today». 2010, S. 12 (Übersetzung der Verfasserinnen).

4.5. Prinzessin Lillifee und Frauenbratwürste

1 Anonym, zitiert nach Judith Lierre: «Ein einziger Blondinenwitz». In: Süddeutsche Zeitung-Online, 16. 5. 2013, http://www.sueddeutsche. de/leben/eroeffnung-des-barbie-dreamhouse-in-berlin-ein-einziger-blondinenwitz-1.1674480.

2 Christoph Rahofer, zitiert nach: Alexandra Kilian: «Wer Barbie nicht mag, muss nicht herkommen». In: Die Welt-Online, 16. 5. 2013, http://www.welt.de/print/welt_kompakt/berlin/article116232898/Wer-Barbie-nicht-mag-muss-nicht-herkommen.html.

3 Dominique Grisard, zitiert nach: ohne Angabe des Verfassers: «Die neue pinkfarbene Barbie-Welt in Berlin». In: Berliner Zeitung-Online,15. 5. 2013, http://www.berliner-zeitung.de/reise/-nicht-unumstritten-die-neue-barbie-welt-in-berlin,10808656,22775974.html.

4 Lise Eliot: «Wie verschieden sind sie? Die Gehirnentwicklung bei Mädchen und Jungen». 2010, S. 190.

5 Vgl. Peggy Orenstein: «Cinderella ate my daughter. Dispatches from the Front Lines of the New Girlie-Girl Culture». 2011, S. 195.

6 Sylvia Pritsch, zitiert nach: Charlotte Zink: «Feministinnen kritisieren rosa Überraschungseier». In: Focus-Online, 23. 8. 2012, http://www.focus.de/panorama/welt/sex-sells-kinderspielzeug-feministinnen-kritisieren-sexy-kinderueberraschung_aid_805461.html.

7 Mads Nipper, Lego-Vizepräsident, zitiert nach: Christopher Pramstaller: «Gender-Ghetto in Pink und Lila». In: Süddeutsche Zeitung-Online vom 28. 2. 2012, http://www.sueddeutsche.de/leben/lego-produktlinie-fuer-maedchen-gender-ghetto-in-pink-und-lila-1.1289860.

8 Pramstaller: «Gender-Ghetto in Pink und Lila», wie Anm. 7.

9 Uta Brandes, zitiert nach: «Ich glaube nicht, dass Mädchen ein pinkes Gen haben». Interview in: Frankfurter Allgemeine Sonntagszeitung, 17. 3. 2013, S. 55.

10 Vgl. Lisa Serbin u. a.: «Effects of peer presence on sex-typing of children's play behavior». In: Journal of experimental Child Psychology, Ausgabe 2, 1979, S. 303–309.

11 Vgl. Laurie A. Rudman und Peter Glick: «The social psychology of gender: How power and intimacy shape gender relations», 2008, S. 60, zitiert nach: Cordelia Fine: «Die Geschlechterlüge. Die Macht der Vorurteile über Frau und Mann». 2012, S. 357.

12 Vgl. Fine: «Die Geschlechterlüge», wie Anm. 11, S. 357.

13 Uta Brandes, zitiert nach: Gabriele Kuhn: «Pink macht alles harmlos,

süß und klein». In: Der Kurier-Online, 11.3.2014, http://kurier.at/thema/weltfrauentag/weltfrauentag-so-viel-geschlecht-steckt-im-design/54.697.221.

14 Vgl. Vanessa Green u.a.: «The Variability and Flexibility of Gender-Typed Toy Play. A Close Look at Children's Behavioral Responses to Counterstereotypic Models». In: Sex Roles, Ausgabe 7–8, 2004, S. 371–386.

15 Orenstein: «Cinderella ate my daughter», wie Anm. 5, S. 197 (Übersetzung der Verfasserinnen).

16 Vgl. Eliot: «Wie verschieden sind sie?», wie Anm. 4, S. 184.

17 Eliot, zitiert nach Orenstein: «Cinderella», wie Anm. 5, S. 64.

18 Vgl. www.princessfreezone.com.

19 Riley, zitiert nach: youtu.be/-CU04oHqbas (Übersetzung der Verfasserinnen).

20 Michael Milewski: «Coke zero löscht den Durst echter Männer». In: Absatzwirtschaft, Sonderausgabe zum Marken-Award, 13.3.2008, S. 108, via http://www.absatzwirtschaft.de/Content/_p=1004040,an=030813035.

21 Brandes, zitiert nach Kuhn: «Pink macht alles harmlos, süß und klein», wie Anm. 13.

22 Vgl. Kathrin Werner: «Die Waffen der Frauen». In: Süddeutsche Zeitung, 9./10.11.2013, S. 30.

23 Katrin Hinz, zitiert nach Dominique Esser: «Buchvorstellung: Du Tarzan Ich Jane – Gender Codes im Design». In: Design Made in Germany, http://www.designmadeingermany.de/2011/55158/.

24 Vgl. Birgit Weller und Katharina Krämer: «Du Tarzan Ich Jane – Gender Codes im Design». 2012.

25 Brandes, zitiert nach Kuhn: «Pink macht alles harmlos, süß und klein», wie Anm. 13.

26 Birgit Weller im Videointerview: «Jungsspielzeug und Mädchenkram», Brut Magazin, www.brut-magazin.de/jungsspielzeug-und-maedchenkram/?startpos=.

27 Anne Haeming: «Für sie oder für ihn?». In: Der Freitag-Online, 1.4.2012, https://www.freitag.de/autoren/der-freitag/fur-sie-oder-fur-ihn.

28 Andrew Holding: «Why science and engineering toys aren't for Girls». In: The Guardian-Online, 12.10.2012, http://www.theguardian.com/science/the-lay-scientist/2012/oct/12/1 (Übersetzung der Verfasserinnen).

29 Fine: «Die Geschlechterlüge», wie Anm. 11, S. 361.

30 Charlotte: «Beschwerdebrief an Lego: ‹Ich will, dass ihr Mädchen mehr Spaß haben lasst›». In: Spiegel-Online, 5. 2. 2014, http://www. spiegel.de/schulspiegel/ausland/lego-beschwerde-per-brief-verlangt-charlotte-mehr-maedchenspass-a-951714.html.

5. Zeit für neue Geschlechterbilder

5.1. Wege aus der Mädchenfalle

1 Ohne Angabe des Verfassers: «Was ist schön?». In: Berliner Kurier, 24. 6. 2013, http://www.berliner-kurier.de/promi---show/magerwahn-der-modeindustrie-was-ist-schoen-,7169226,23504992.html.

2 «The Esquire Survey of the American Woman». Umfrage des amerikanischen Männermagazins Esquire. Auf: Esquire.com, 20. 4. 2010, http://www.esquire.com/women/women-issue/survey-of-american-women-0510.

3 Daniela Otto: «Verrückt nach bösen Männern. Warum Frauen *Mad Men* lieben». Veröffentlicht auf dem Onlineportal Medienobservationen, http://www.medienobservationen.uni-muenchen.de/tv.htm.

4 Erica Hoholick, zitiert nach: Petra Apfel: «Nur vier Prozent aller Frauen finden sich schön». In: Focus-Online, 15. 07. 2013, http://www.focus.de/gesundheit/ratgeber/psychologie/persoenlichkeit/weibliches-selbstbild-auf-dem-dld-podium-nur-vier-prozent-aller-frauen-finden-sich-schoen_aid_1043862.html.

5 Vgl. «Dove Camera Shy». Veröffentlicht auf YouTube, 10. 7. 2013, http://www.youtube.com/watch?v=5_Lwgbtd12E.

6 «Dove Camera Shy», wie Anm. 5.

7 Heinz Polak, zitiert nach: ohne Angabe des Verfassers: «Wir brauchen keine Mini-Alice-Schwarzers». In: Bezirksblätter Salzburg, 19. 2. 2014, http://www.meinbezirk.at/salzburg-stadt/chronik/standpunkt-wir-brauchen-keine-mini-alice-schwarzers-d833455.html.

8 Gerhard Scheuer, zitiert nach: ohne Angabe des Verfassers: «Wir brauchen auch keine Möchtegern-Hugh-Hefners». In: Bezirksblätter Salzburg, 2. 02. 2014, http://www.meinbezirk.at/salzburg-stadt/wirtschaft/wir-brauchen-auch-keine-moechtegern-hugh-hefners-d850886.html.

9 Robert Thalheim, zitiert nach: Christian Schröder: «Sieben Tage Chaos». In: Der Tagesspiegel-Online, 14. 12. 2013, http://www.tagesspiegel.de/kultur/der-neue-thalheim-film-sieben-tage-chaos/9077726.html.

10 Vgl. Videoclip «Labels Against Women», veröffentlicht auf YouTube am 9. 11. 2013, http://www.youtube.com/watch?v=kOjNcZvwjx.

11 Vgl. hierzu etwa Claire Suddath: «Pantene's Anti-Sexism Shampoo Commercial Comes to the U. S.» In: Bloomberg Businessweek-Online, 19. Dezember 2013, http://www.businessweek.com/articles/2013–12-19/pantenes-anti-sexism-shampoo-commercial-comes-to-america.

12 Ohne Angabe des Verfassers: «Schönheit kommt von innen: Warum Werte das neue Must-Have der Beauty-Branche sind». Blogbeitrag auf Werteindex.de, 12. 12. 2013, http://www.werteindex.de/blog/schonheit-kommt-von-innen-warum-werte-das-neue-must-have-der-beauty-branche-sind.

13 Vgl. Pamela Grossman, zitiert nach: Sacha Verna: «Neue weibliche Vorbilder schaffen», Beitrag in Deutschlandfunk, Information und Musik, 1. 5. 2014, http://www.deutschlandfunk.de/lean-in-collection-neue-weibliche-vorbilder-schaffen.691.de.html?dram:article_id=284097.

14 Charlotte Klonk, zitiert nach: Liane von Billerbeck: «Das ist sicher ein Aufbruch». Beitrag in Deutschlandradio Kultur, 18. 6. 2014, www.deutschlandradiokultur.de.

15 Stevie Schmiedel, zitiert nach: Henning Hönicke: «Pinkstinks: Mädchen sind bunter als nur rosa». Interview, Brigitte-Online, 1. 9. 2013, http://www.brigitte.de/frauen/gesellschaft/pinkstinks-1176514.

16 Stevie Schmiedel, zitiert nach: Paula Emilia Huppertz: «Frauen setzen sich nicht genug zur Wehr». Interview, Fluter-Online, 26. 5. 2014, http://www.fluter.de/de/135/thema/12943.

17 «Die Brücke – Transit in den Tod» ist eine dänisch-schwedische Krimiserie, deren erste Staffel 2012 in Deutschland vom ZDF ausgestrahlt wurde. Eine der Hauptfiguren in dieser ist Saga Noren, eine schwedische Kriminalkommissarin, die sich auch aufgrund einer autistischen Störung häufig kein bisschen so verhält, wie es andere von ihr erwarten. Dieser Drehbuchkniff erlaubt es, mit geschlechtsspezifischen Erwartungen zu spielen, diese zu entlarven und oft ins Komische zu verdrehen. «Borgen – Gefährliche Seilschaften» ist eine dänische Fernsehserie, die 2012 in Deutschland auf Arte zu sehen war.

18 Adam Price, zitiert nach: Oriane Hurard: «Interview mit Drehbuchautor Adam Price». Arte TV, 31. 1. 2012, www.arte.tv/de.

19 Anna-Maria Wallner: «Borgen: Verspätete Landung der weltbesten Serie». In: Die Presse.com, 6. 7. 2013, http://diepresse.com/home/kultur/medien/1427335/Borgen_Verspaetete-Landung-der-weltbesten-Serie.

20 Sandra Kegel: «Dann gründe ich eben meine eigene Partei». In: Frankfurter Allgemeine Zeitung-Online, 1. 10. 2013, http://www.faz.net/aktuell/feuilleton/medien/serien/dritte-staffel-der-serie-borgen-dann-gruende-ich-eben-meine-eigene-partei-12600059.html. Sowie weiter: Peter Henning: «Diktatur der Quote». In: Der Tagesspiegel-Online, 16. 3. 2014, http://www.tagesspiegel.de/medien/gute-serie-schlechte-serie-diktatur-der-quote/9621288.html. Und weiterhin: Rabea Weihser: «Macht festhalten, Prinzipien loslassen». In: Zeit-Online, 19. 11. 2012, http://www.zeit.de/kultur/film/2012–11/borgen-gefaehrliche-seilschaften.

21 Vgl. etwa zu der Frage, inwiefern Katniss für einen «neuen, rebellischen und autarken Mädchentyp» steht und damit einen Gegenentwurf zu den klischeehaften Rollenbildern von Mädchen heute zu bieten hat, auch einen Artikel von Petra Steinberger: «Heldin, nicht nur für einen Tag». In: Süddeutsche Zeitung-Online, 17. 4. 2012, http://www.sueddeutsche.de/kultur/bestseller-hunger-games-heldin-nicht-nur-fuer-einen-tag-1.1334133.

22 Vgl. hierzu etwa auch Kelsey Wallace: «The Rebel Warrior and the Boy with the Bread: Gale, Peeta and Masculinity in the Hunger Games». In: Bitch Magazine-Online vom 6. 3. 2012, http://bitchmagazine.org/post/the-rebel-warrior-and-the-boy-with-the-bread-gale-peeta-and-masculinity-in-the-hunger-games.

23 Michael Meuser, zitiert nach: Katrin Hörnlein: «Es entstehen neue Konflikte». Interview. In: Zeit-Online, 13. 6. 2014, http://www.zeit.de/2014/23/gleichberechtigung-kindererziehung-rollenverteilung.

24 Geena Davis, zitiert nach: ohne Angabe des Verfassers: «Geena Davis: Tschüss, Sexismus». In: Schweizer Nachrichtenportal, 15. 12. 2013, http://www.news.ch/Geena+Davis+Tschuess+Sexismus/609803/detail.htm.

25 Basha Mika: «Mutprobe. Das höllische Spiel mit dem Älterwerden». 2014, S. 288.

5.2. Was will ich selbst?

1 Teresa Bücker, zitiert nach: Kathrin Koehler: «@fraeulein_tessa: ‹Ich hätte gern eine lautere Stimme›». In: Portraitzentrale, 17. 3. 2013, http://www.portraitzentrale.de/teresa-buecker.

2 Carolin Kebekus: «Liebe Brigitte, ich hasse dich!» In: Brigitte-Online, Juli 2014, http://www.brigitte.de/frauen/stimmen/carolin-kebekus-1201685.

3 Vgl. Justin Wolfers und Betsey Stevenson: «The Paradox of Declining Female Happiness». In: American Economic Journal: Economic Policy, Volume 1, Issue 2, August 2009, S. 190–255.

4 Petra Steinberger: «Ganz schön traurig». In: Süddeutsche Zeitung, 10./11. Oktober 2009, S. V2/3.

5 Kebekus: «Liebe Brigitte, ich hasse dich!», wie Anm. 2.

6 Ursula Nuber: «Wer bin ich *ohne dich*? Warum Frauen depressiv werden und wie sie zu sich selbst finden». 2012, S. 135.

7 Vgl. etwa Nuber: «Wer bin ich *ohne dich*?», wie Anm. 6, S. 138–166.

8 Vgl. etwa das Buch von Theresa Bäuerlein und Friederike Knüpling: «Tussikratie. Warum Frauen nichts falsch und Männer nichts richtig machen können». 2014. Hier zitiert nach: Charlotte Theile: «Es reicht! Oder doch nicht?» In: Süddeutsche Zeitung-Online, 19. 4. 2014, http://www.sueddeutsche.de/kultur/emanzipation-es-reicht-oder-doch-nicht-1.1939667.

9 Steinberger: «Ganz schön traurig», wie Anm. 4.

10 Kerstin Kullmann: «Wutlos glücklich». In: Neon-Magazin-Online, 3. 7. 2006, S. 5. http://www.neon.de/artikel/sehen/gesellschaft/wutlos-gluecklich/683755.

11 Vgl. hierzu etwa Bärbel Kerber: «Wir sind ‹Emotional Creatures›». In: MissTilly.de, 15. 09. 2011, http://www.misstilly.de/artikel/artikel/wir-sind-emotional-creatures.html. Oder: Claudia Bröll: «Tabubrecherin aus Leidenschaft». In: Frankfurter Allgemeine Zeitung-Online, 12. 9. 2001, http://www.faz.net/aktuell/beruf-chance/mein-weg/eve-ensler-tabubrecherin-aus-leidenschaft-11166228.html. Das Theaterprojekt mündete in die Buchveröffentlichung von Eve Ensler: «I am an Emotional Creature. The Secret Life of Girls Around the World». 2010.

12 Vgl. hierzu etwa Regina Rauw: «Mädchen zwischen allen Stühlen – Paradoxieerfahrungen und Entscheidungsspielräume in der Sozialisation von Mädchen». In: Regina Rauw und Ilka Reinert: «Perspektiven der Mädchenarbeit, Partizipation, Vielfalt, Feminismus». 2001, S. 15–28.

13 Antonia Baum: «Töchter einer Revolution». In: Frankfurter Allgemeine Zeitung-Online, 26. 12. 2012, http://www.faz.net/aktuell/feuilleton/feminismus-toechter-einer-revolution-12002763.html.

14 Die Rede Emma Watsons ist unter «Emma Watson UN Speech» auf YouTube nachzuhören, hier veröffentlicht am 21.09.2014, http://www.youtube.com/watch?v=p-iFl4qhBsE&feature=youtu.be.   Den vollständig abgedruckten Text der Rede «Gender Equality is Your Is-

sue, too» findet man unter http://www.unwomen.org/en/news/sto-ries/2014/9/emma-watson-gender-equality-is-your-issue-too.

15 Vgl. etwa Lea Beiermann: «Feminismus darf ruhig auch mal nett sein». In: Frankfurter Allgemeine Zeitung-Online, 23.9.2014, http://www.faz.net/aktuell/feuilleton/debatten/feminismus-emma-watsons-un-rede-13169282.html. Oder auch Marie Schmidt: «Wie auf dem Schulhof». In: Zeit-Online, 23.9.2014, http://www.zeit.de/kultur/2014–09/emma-watson-gleichberechtigung-kommentar.

16 Vgl. auch die Berichterstattung auf dem RTL-Nachrichtenportal vom 23.09.2014: «‹He for She›-Gleichberechtigungskampagne der UN: Emma Watsons Feminismus-Rede bewegt das Netz», http://www.rtl.de/cms/news/rtl-aktuell/he-for-she-gleichberechtigungskampagne-der-un-emma-watsons-feminismus-rede-bewegt-das-netz-407ce-51ca.23–2060740.html.

Aus dem Verlagsprogramm

Frauenbiografien

Sonia Sotomayor
Meine geliebte Welt
Aus dem Englischen von Sabine Roth und Rudolf Hermstein
2014. 349 Seiten mit 41 Abbildungen. Gebunden

Andreas Lorenz
Aung San Suu Kyi
Ein Leben für die Freiheit
2015. 320 Seiten mit 30 Abbildungen. Gebunden

Thomas Kielinger
Elizabeth II.
Das Leben der Queen
3., durchgesehene Auflage. 2012. 285 Seiten mit 27 Abbildungen
und 1 Stammbaum. Gebunden

Karina Urbach
Queen Victoria
Eine Biografie
3. Auflage. 2014. 191 Seiten mit 14 Abbildungen. Broschiert
Beck Paperback Band 1975

Friederike Hausmann
Beck Paperback
Herrscherin im Paradies der Teufel
Maria Carolina, Königin von Neapel
2014. 319 Seiten mit 14 Abbildungen und 2 Karten.
Klappenbroschur

Verlag C.H.Beck München

Thema Frau

Anonyma
Ganz oben
Aus dem Leben einer weiblichen Führungskraft
Mit einem Vorwort von Monika Schulz-Strelow
3. Auflage. 2013. 160 Seiten. Klappenbroschur
Beck›sche Reihe Band 6076

Elisabeth Badinter
Der Konflikt
Die Frau und die Mutter
Aus dem Französischen von Ursula Held und Stephanie Singh
2. Auflage. 2010. 222 Seiten. Gebunden

Nicholas D. Kristof, Sheryl WuDunn
Die Hälfte des Himmels
Wie Frauen weltweit für eine bessere Zukunft kämpfen
Mit einem Vorwort von Margot Käßmann, aus dem Englischen von
Karl-Heinz Siber, die Seiten 11 bis 86 wurden übersetzt von Grete
Osterwald
2. Auflage. 2013. 359 Seiten mit 43 Abbildungen. Paperback
Beck›sche Reihe Band 6001

Frauke Geyken
Wir standen nicht abseits
Frauen im Widerstand gegen Hitler
2014. 352 Seiten mit 49 Abbildungen. Gebunden

Ute Gerhard
Frauenbewegung und Feminismus
Eine Geschichte seit 1789
2. Auflage. 2012. 128 Seiten. Paperback
C.H.Beck Wissen Band 2463

Verlag C.H.Beck München